Dietrich W.R. Paulus

Objektorientierte und wissensbasierte Bildverarbeitung

Artificial Intelligence

Künstliche Intelligenz

herausgegeben von Wolfgang Bibel und Walther von Hahn

Künstliche Intelligenz steht hier für das Bemühen um ein Verständnis und um die technische Realisierung intelligenten Verhaltens.
Die Bücher dieser Reihe sollen Wissen aus den Gebieten der Wissensverarbeitung, Wissensrepräsentation, Expertensysteme, Wissenskommunikation (Sprache, Bild, Klang, etc.), Spezialmaschinen und -sprachen sowie Modelle biologischer Systeme und kognitive Modellierung vermitteln.

Bisher sind erschienen:

Automated Theorem Proving
von Wolfgang Bibel

Die Wissensrepräsentationssprache OPS 5
von Reinhard Krickhahn und Bernd Radig

LISP
von Rüdiger Esser und Elisabeth Feldmar

Logische Grundlagen der Künstlichen Intelligenz
von Michael R. Genesereth und Nils J. Nilsson

Wissensbasierte Echtzeitplanung
von Jürgen Dorn

Modulare Regelprogrammierung
von Siegfried Bocionek

Automatisierung von Terminierungsbeweisen
von Christoph Walther

Logische und Funktionale Programmierung
von Ulrich Furbach

Parallelism in Logic
von Franz Kurfeß

Relative Complexities of First Order Calculi
von Elmar Eder

Schließen bei unsicherem Wissen in der Künstlichen Intelligenz
von der Gruppe Léa Sombé

Wissensbasierte Systeme
von Doris Altenkrüger und Winfried Büttner

Objektorientierte und wissensbasierte Bildverarbeitung
von Dietrich W.R. Paulus

Dietrich W.R. Paulus

Objektorientierte und wissensbasierte Bildverarbeitung

Mit einem Geleitwort von Heinrich Niemann

Die Deutsche Bibliothek - CIP-Einheitsaufnahme

Paulus, Dietrich W. R.:
Objektorientierte und wissensbasierte Bildverarbeitung /
Dietrich W. R. Paulus. Mit einem Geleitw. von Heinrich
Niemann. - Braunschweig ; Wiesbaden : Vieweg, 1992
(Künstliche Intelligenz)

UNIX ist Warenzeichen der Firma A.T. & T. Bell Laboratories.
DEC und VAX sind Warenzeichen der Firma Digital Equipment Corporation.
CADMUS ist Warenzeichen der Firma PCS.

Das in diesem Buch enthaltene Programm-Material ist mit keiner Verpflichtung oder Garantie irgendeiner Art verbunden. Der Autor und der Verlag übernehmen infolgedessen keine Verantwortung und werden keine daraus folgende oder sonstige Haftung übernehmen, die auf irgendeine Art aus der Benutzung dieses Programm-Materials oder Teilen davon entsteht.

Softcover reprint of the hardcover 1st edition 1992
Der Verlag Vieweg ist ein Unternehmen der Verlagsgruppe Bertelsmann International.

Druck und buchbinderische Verarbeitung: Lengericher Handelsdruckerei, Lengerich
Gedruckt auf säurefreiem Papier

ISBN-13: 978-3-528-05270-6 e-ISBN-13: 978-3-322-86004-0
DOI: 10.1007/978-3-322-86004-0

Zum Geleit

Die automatische Analyse und Interpretation von Bildern bzw. Bildfolgen hat inzwischen einen Stand erreicht, der es erlaubt, komplexe praktisch relevante Probleme zu lösen. Aufgrund des erheblichen Entwicklungsaufwandes gewinnen die Forderungen nach Erweiter–, Wart– und Wiederverwendbarkeit von Programmteilen neben Forderungen wie Korrektheit, Laufzeit– und Speichereffizienz zunehmend an Bedeutung. Ein Hilfsmittel zur Erreichung dieser Ziele ist die objektorientierte Programmierung, in der (Software)–Objekte mit gleichen Eigenschaften in Klassen zusammengefaßt werden. Damit entsteht eine Klassenhierarchie abstrakter Datentypen, die Datenstrukuren und auf ihnen arbeitende Algorithmen eines Problemkreises definieren.

Für den Anwender stellt sich das Problem, eine Klassenhierarchie zu definieren, die einerseits so spezialisiert ist, daß die aktuelle Aufgabe (hier: aus dem Bereich der Bildverarbeitung) angemessen gelöst wird, und die andererseits so allgemein ist, daß sie entweder direkt oder mit geeigneten Ergänzungen auch für andere Aufgaben genutzt werden kann.

In dem vorliegenden Band wird eine Klassenhierarchie für die Schritte und Abstraktionsebenen der Bildverarbeitung vorgestellt, die kein aufgabenspezifisches Wissen erfordern. Das Ergebnis ist eine "initiale symbolische Beschreibung" eines Bildes durch Segmentierungsobjekte (wie zum Beispiel Linien oder Regionen) und ihre Attribute (wie zum Beispiel Länge, Ort oder Bewegung). Die Objekte werden maschinenunabhängig extern repräsentiert. Das Klassensystem ist in der Sprache C++ realisiert.

Damit liegt eine Klassenhierarchie vor, die eine Schnittstelle zur weiteren wissensbasierten Verarbeitung darstellt, für die ergänzende Klassen angegeben werden. Ihre Anwendung in laufenden Arbeiten hat ihre Zweckmäßigkeit unter Beweis gestellt. Weitere Untersuchungen dieser Thematik sind erforderlich, da das oben genannte Problem nicht eine eindeutige und offensichtliche Lösung hat und da Fortschritte der Bildverarbeitung immer wieder neue Anforderungen stellen.

H. Niemann

Kurzfassung

Bildanalysesysteme transformieren Sensordaten in eine dem Problemkreis angepaßte symbolische Beschreibung, zu deren Ermittlung eine Folge von Verarbeitungsschritten durchlaufen wird. In diesen erfolgt eine Beschreibung des Bildinhalts auf zunehmend höherem Abstraktionsniveau, wobei ein Teil der Beschreibung unabhängig von der speziellen Anwendung erfolgen kann. Die höchste Stufe, die ohne Verwendung von problemabhängigem Wissen über die Szene errreicht werden kann, stellt die initiale symbolische Beschreibung dar.

Moderne Programmiermethodik faßt Datenstrukturen und dazugehörige Methoden zu abstrakten Datentypen zusammen. Objekte gleicher Eigenschaften werden in Klassen vereinigt. Durch Vererbung von Eigenschaften entsteht eine hierarchische Struktur von Klassen, die zur objektorientierten Programmierung geeignet ist.

In dieser Arbeit wird für die problemunabhängig verlaufenden Verarbeitungsschritte der Bildanalyse ein objektorientierter Ansatz vorgestellt, der die Grundlage für das System „hippos" (**HI**erarchy of **P**icture **P**rocessing **O**bject**S**) bildet. Die eingeführten Klassen erlauben eine angemessene Darstellung der Ergebnisse auf dem jeweiligen Abstraktionsniveau. In dem Segmentierungsobjekt steht eine problemunabhängige Schnittstelle zur wissensbasierten Weiterverarbeitung zur Verfügung. Eine maschinenunabhängige externe Repräsentation der Objekte vervollständigt die Schnittstellenbeschreibung. Ergänzende Klassen ermöglichen die Programmierung der wissensbasierten Bildanalyse in demselben System. Eine Implementierung in C++ belegt die Vorzüge des gewählten Ansatzes gegenüber der konventionellen Programmierung.

Notation

In der vorliegenden Arbeit werden schrittweise die Klassen des Bildverarbeitungssystems „hippos" eingeführt, die in einer objektorientierten Sichtweise aus internen Daten und Methoden bestehen. Da die Daten nur über Methoden angesprochen werden können, genügt die Angabe der Methoden zur Beschreibung. Die Methoden zu den eingeführten Klassen werden im Text informell beschrieben und in Tabellen zusammengefaßt, die aus den implementierten Klassenschnittstellen extrahiert wurden. Klassen und `Methoden` sind im Text durch die Wahl des Schrifttyps zu erkennen. Die Position der Klassen in der Hierarchie wird graphisch angegeben, wobei abgeleitete Klassen unterhalb ihrer Basis stehen.

Eine Implementierung des Systems für die Segmentierung zweidimensionaler Bilder liegt vollständig in C++ auf mehreren Rechnertypen vor. Soweit nicht gegenteilig darauf hingewiesen wird, entspricht die Implementierung der Darstellung der Klassen im Text. Für Bildfolgen und die Darstellung dreidimensionaler Objekte erfolgte die Implementierung prototypisch in wesentlichen Teilen. Projektierte und nicht implementierte Methoden oder Klassen sind mit dem hochgestellten Zeichen ^{t} versehen.

Dank

Die vorliegende Arbeit baut auf den Ergebnissen auf, die in einer Kooperation des Philips Forschungslaboratoriums Hamburg mit dem Lehrstuhl für Informatik 5 (Mustererkennung) der Universität Erlangen–Nürnberg enstanden sind. Eine erste Beschreibung des Systems erfolgte in Form einer Dissertation ([Pau91]). In die hier vorliegende Beschreibung gingen zahlreiche Erweiterungen und Änderungen ein, die sich aus der Lehre und dem praktischen Umgang mit dem System ergaben.

Danken möchte ich an dieser Stelle allen, die zur Entstehung dieser Arbeiten beigetragen haben. Mein besonderer Dank gilt dabei Herrn Prof. Dr. H. Niemann, Herrn Dr. I. C. Carlsen und meinen Kolleginnen und Kollegen am Lehrstuhl — speziell den Herren M. Harbeck, J. Hornegger und A. Winzen — und nicht zuletzt all den Studenten, die durch ihre Studien- und Diplomarbeiten dazu beitrugen, das Gesamtkonzept in der praktischen Anwendung zu überprüfen.

Inhaltsverzeichnis

Teil 1

Die Welt ist ein *Universaltropus* des Geistes – Ein symbolisches Bild desselben.

Novalis, Teplitzer Fragmente, Fragment Nr. 30

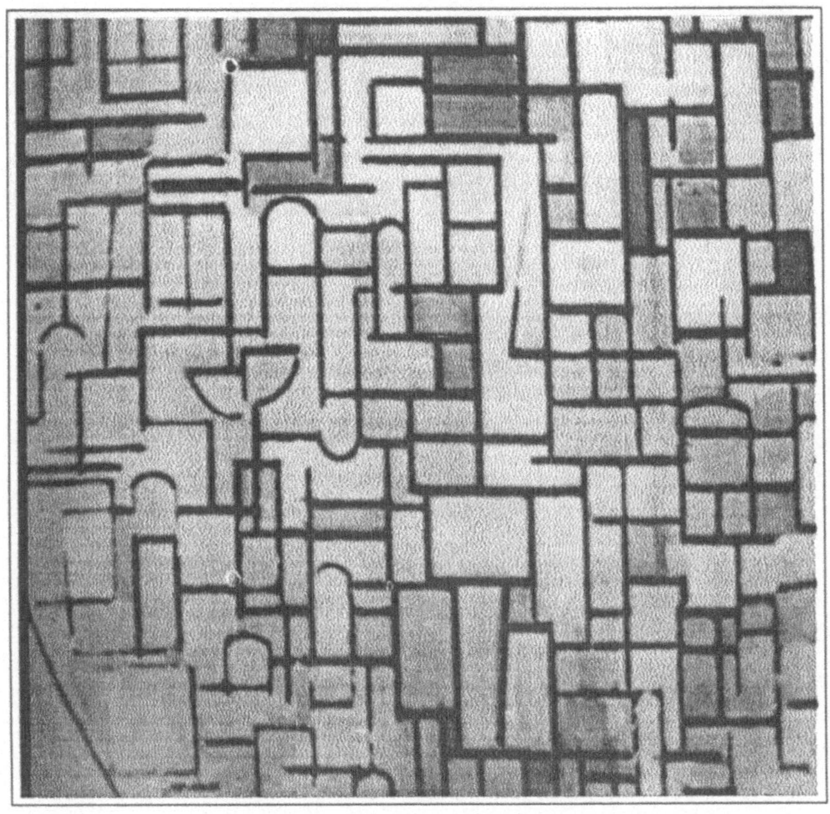

Piet Mondrian Ausschnitt aus *Ovale Komposition (Tableau III), 1914*

Original: Öl auf Leinwand, 140.5 x 102 cm Stdelijk Museum, Amsterdam

Digitalisierter Bildausschnitt, gedreht, hier dargestellt im Halbtonverfahren

Kapitel 1

Einleitung

Erkenntnis bildet sich nur ikonisch, durch konkrete Anschauung, und dic Anschaulichkeit (Ikonizität) muß absolut sein. Umberto Eco

Mit „Rechnersehen" wird heute ein umfangreiches Forschungs– und Anwendungsgebiet bezeichnet. Bildhafte Information wird dabei von Rechnern mit verschiedenen Methoden in abstraktere Beschreibungen transformiert, die zur Steuerung, Überwachung, Interpretation oder anderer Weiterverarbeitung verwendet werden können. Diese Transformation wird in der Disziplin „Mustererkennung" behandelt.

Zur Gewinnung von Bildinformation gibt es viele technische Verfahren, von denen die meisten Daten liefern, deren Struktur sich gleichzeitig am menschlichen Sehapparat und an den Erfordernissen und Möglichkeiten der digitalen Datenverarbeitung orientiert. An den Aufbau der Augen angelehnt sind die Prinzipien der Kameras, die eine zweidimensionale Projektion der erfaßten dreidimensionalen Welt liefern. Stereoaufnahmen mit zwei oder mehr Kameras bilden im Prinzip ebenfalls die zwei Augen des Menschen nach. Die Darstellung der Sensordaten, die in den meisten Fällen digital in Form einer Matrix erfolgt, ist am Aufbau der Rechner orientiert, in dem dann die Abtastung in einem regelmäßigen Gitter vorliegt.

Auf der Ebene der sensorischen Informationsgewinnung lassen sich die Analogien noch weiter treiben. Lebewesen steht in der Regel außer der visuellen Information noch weitere Sensorinformation zur Verfügung, die unter Umständen mit den bildhaften Daten kombiniert werden kann. Analog hierzu wird technisch versucht, die visuellen Daten multisensoriell zu ergänzen, wozu unter anderem Schall, Laser oder auch taktile Information dienen kann.

Diese Bezüge zwischen menschlicher und maschineller Wahrnehmung bleiben aber eine Analogie. Es soll keineswegs versucht werden, das Rechnersehen durch eine maschinelle Nachbildung des Menschen zu ermöglichen. Dennoch ist der Vergleich auch für die weitere Verarbeitung nützlich.

Eine Analyse und Interpretation der sensoriellen Information wird von intelligenten Lebewesen im allgemeinen unter Steuerung des Gehirns durchgeführt. Erlerntes oder instinktives Wissen über die Struktur der Daten und die Umwelt ermöglicht ein Verstehen der Information. Ebenso kann eine weitergehende maschinelle Analyse von Bilddaten nur dann erfolgversprechend sein, wenn Vorwissen über die Natur der betrachteten Szene eingebracht wird. Teile der Verarbeitung auf niedrigerer Ebene können aber erfolgen, ohne daß spezielles Wissen über die betrachtete Umwelt verwendet werden muß. Auch hierfür ergeben sich Analogien in der Natur [Mar82].

Eine Beschreibung von Information liefert der Mensch meist sprachlich. Sprache läßt sich schriftlich mit Symbolen repräsentieren. Daher wird diese Beschreibungsebene als „symbolisch" bezeichnet. Die visuellen Sensordaten werden „ikonisch" genannt. Bei der Analyse von Bildern erfolgt also eine Transformation von ikonischer Information in symbolische Daten. Es lassen sich dabei Abstraktionsstufen erkennen, deren unterste Ebene die Sensordaten und deren oberste die symbolische Beschreibung auf einem geeigneten Abstraktionsniveau bildet. In den dazwischenliegenden Bereichen sind je nach Art des Modells die Begriffe „Segmentierung", „Klassifikation", „Merkmalsgewinnung", „Ikonik", „Symbolik" und viele weitere Benennungen zu finden. Häufig ist auch die Dreiteilung in Bildvorverarbeitung, Segmentierung und Analyse oder in "low–", "intermediate–" und "high–level processing". Die Stufen, die ohne Verwendung von explizit repräsentiertem Wissen über die Szene auskommen, werden im weiteren als „Ikonik" bezeichnet.

Für die Programmierung und Strukturierung der Systeme zur Bildanalyse ist eine Begriffswelt erforderlich, die in den natürlichen Gegebenheiten eine Entsprechung hat. Jede der Abstraktionsstufen soll dabei über eigenständige Begriffe und Aktionen verfügen, die sich über die Abstraktionsstufen hinweg zu einer angemessenen Formulierung des gesamten Problems ergänzen.

Begriffe bekommen in der Programmierung ihre Entsprechung als Datenstrukturen; die Aktionen werden durch Funktionen und Prozeduren dargestellt. In der modernen Programmiertechnik bilden die Datenstrukturen und die dazugehörigen Funktionen eine Einheit als abstrakte Datentypen. Die Strukturierung der Datentypen durch Vererbungsbeziehungen führt zu einer objektorientierten Programmierung. In dieser Sichtweise wird in jeder Abstraktionsstufe eine Menge von Objekten benötigt, welche die verwendeten Begriffe repräsentieren und die erforderlichen Methoden bereitstellen. Ein Ziel dieser Arbeit ist die Definition der Klassen für diese Objekte.

Für die Symbolik, die gekennzeichnet ist durch die Verwendung von explizit repräsentiertem problemabhängigem Wissen, existieren eine Vielzahl von Verarbeitungsformen. Die Anzahl der Formalismen — und damit der Datenstrukturen — für die Wissensrepräsentation ist dabei beträchtlich, und es herrscht keine allgemeine Übereinstimmung in der Auswahl der Verfahren.

Die Ikonik dagegen umfaßt einen weitgehend bekannten Fundus von Operationen, der als Standard akzeptiert wird. Tatsächlich sind Bestrebungen für einen weltweiten Standard für die Bildverarbeitung im Gange [Cla92]. Ausgehend von diesen Funktionen wird in den folgenden Kapiteln eine Kollektion von Datenstrukturen ermittelt, die eine einheitliche Repräsentation beliebiger ikonischer Daten ermöglicht. Betrachtet werden dazu die Bildvorverarbeitung und die datengetriebene Segmentierung. Es entsteht ein integriertes Gesamtsystem, das die ikonische und ikonisch–symbolische Datenverarbeitung umfaßt. Ergänzende Objekte unterstützen die symbolische Verarbeitung, so daß mit den angegebenen Programmier- und Konzeptionswerkzeugen jeder Bereich des maschinellen Sehens abgedeckt wird.

Die eingeführten Objekte dienen als *Werkzeuge* zur Verarbeitung in der Ikonik und erlauben eine Repräsentation der dort auftretenden Zwischenergebnisse und Endresultate. Die Objekte beinhalten alle Grundfunktionen, die zu einer sinnvollen Verwendung benötigt werden. Die eigentliche *Gewinnung* der Information, die dann in diesen Objekten repräsentiert wird, ist nicht Teil der Beschreibung der Objekte. So wird beispielsweise die Klasse **Linie** eingeführt und Operationen für die geometrische Transformation einer Linie angegeben. Linienfindungsverfahren werden dagegen nicht angegeben.

Ziel ist ein System, mit dem die Ergebnisse aller bekannten Bildverarbeitungsalgorithmen dargestellt werden können. Neue Verfahren und Datenstrukturen sollen problemlos eingebunden werden können. Für Probleme, die aktueller Gegenstand der Forschung sind, werden Datenstrukturen angeboten, die unter Umständen auch alternative Lösungswege zu den bisher bekannten ermöglichen. Es entsteht hiermit eine Umgebung für die Programmierung von Anwendungen aus der Bildverarbeitung, die eine vollständige und einheitliche Beschreibung des Vorgangs mit objektorientierten Mitteln gestattet und damit die Programmierung nachhaltig verbessert. Über spezielle Methoden der Objekte sind vielfältige Schnittstellen zu existierenden Programmen vorgesehen, die auch einen Einsatz in inhomogenen Rechnernetzen erlauben. Dazu werden bestehende Standards genutzt.

Während sich frühere Arbeiten hauptsächlich mit der internen Organisation von Datenstrukturen für die Bildverarbeitung beschäftigten (beispielsweise [Pip85, Sha80, Nag80, Dav80] etc.), wird in neueren Publikationen eine Brücke zur objektorientierten Programmierung geschlagen. Einige Systeme verwenden einen objektorientierten Ansatz für die unteren Ebenen der Ikonik und modellieren in erster Linie Bildobjekte. Die Empfehlung für ein ikonisches Kernsystem [Gem89] umfaßt die unteren Abstraktionsstufen bis zu einer einfachen Merkmalsgewinnung. In [Gem90] wird dieser Vorschlag für Bildobjekte konkretisiert. [Pip88] untersucht C++ als mögliche Sprache für die objektorientierte Programmierung von Bildverarbeitungsroutinen und betrachtet dazu Matrizen, Bildobjekte und Bildoperationen. [Cog87] stellt ein objektorientiertes Bildverarbeitungssystem vor, das ebenfalls Bild- und Matrixobjekte sowie eine Reihe von Objekten zur Modellierung von Geräten und Benutzerinteraktionen enthält. In [Mun92, Har92] wird eine umfangreiche Klassenhierarchie für die Bildanalyse skizziert, die aber im Gegensatz zu der hier vorgestellten noch in der Planung steckt.

Andere objektorientierte Bildverarbeitungssysteme arbeiten wissensbasiert. Das System in [Cap90b] besitzt regelmäßige geometrische Objekte, die nicht zur Repräsentation von Ergebnissen der Segmentierung vorgesehen sind, sondern zur Modellierung von szenenspezifischem Wissen dienen. Es ist für die Klassifikation von Mustern konzipiert. [Che90] schlägt ein objektorientiertes Bildverarbeitungssytem vor, das mit "Black–Boards" arbeitet. Dieses System ist mit einer Datenbank gekoppelt und umfaßt alle Bereiche des Bildverstehens, insbesondere die wissensbasierte Komponente, und beschränkt die ikonischen Objekte im wesentlichen auf Bildobjekte.

In der vorliegenden Arbeit liegt eine klare Trennung von wissensbasierten und problemunabhängigen Verfahren vor. Die objektorientierte Programmierung wird zunächst auf alle Abstraktionsebenen der *ikonischen* Bildverarbeitung ausgedehnt, so daß die ikonische und ikonisch–symbolische Verarbeitung abgedeckt werden. Aufbauend auf Bild- und Matrixobjekten werden zahlreiche Klassen für zunehmend abstraktere Beschreibungen des Bildinhalts definiert, die die Darstellung von Ergebnissen der Segmentierung auf verschiedenen Ebenen gestatten, und die in der allgemeinen initialen symbolischen Beschreibung gipfeln. Hierzu wird das Segmentierungsobjekt definiert, das als allgemeine Schnittstelle zur wissensbasierten — symbolischen — Bildanalyse dient. Der dabei entstehende Klassenbaum spiegelt die Abstraktionsstufen der Verarbeitungsfolge wider und gestattet weitere Schnittstellen, die über eine maschinenunabhängige Repräsentation der Objekte definiert werden. Damit wird der Anschluß konventionell programmierter Programme einfach ermöglicht.

Klassen für Graphen und Relationen ergänzen den Klassenbaum und gestatten eine *symbolische* Verarbeitung im selben System. Die Klassen zur Modellierung von geometrischen Objekten dienen dem wissensbasierten Vergleich von Segmentierungsdaten mit den erwarteten Objekten. Die klare Strukturierung des Klassenbaums in eine Spezialisierungshierarchie erlaubt die unmittelbare Verwendung der Ergebnisse in semantischen Netzen.

Für die Beschreibung der Schnittstelle zur Symbolik sind in der Literatur einige Ansätze zu finden. Diese Formalismen werden zusammengestellt und abschließend untersucht. Es wird gezeigt, daß das Segmentierungsobjekt in seiner Allgemeinheit die bekannten Ansätze umfaßt und darüber hinaus eine einheitliche Schnittstelle für alle Segmentierungsverfahren bietet, die von den anderen Ansätzen nicht erreicht wird. Durch die Klassenhierarchie wird somit die Lücke zwischen objektorientierten Ansätzen zur Bildvorverarbeitung und beliebigen wissensbasierten Bildanalysesystemen geschlossen. Es erfolgt hier erstmals eine vollständige Beschreibung aller benötigten Objekte und deren Methoden.

In [Pip88] werden erste Angaben zu Zeit– und Platzvergleich zwischen konventionellen und objektorientierten Programmen aus der Bildverarbeitung, die auf Bildobjekten operieren, gemacht. Umfangreiche Tests ermöglichen in der vorliegenden Arbeit einen umfassenden Vergleich auf vielen Ebenen. Sie erlauben eine Einschätzung des objektorientierten Gesamtkonzepts bis hin zur Schnittstelle zwischen Ikonik und Symbolik.

======

Die vorliegende Arbeit gliedert sich in vier Teile. Im **Teil 1** (Kapitel 2–3) wird untersucht, für welche Bereiche der Bildverarbeitung sich einheitliche Datenstrukturen finden lassen. Da diese als Klassen spezifiziert werden sollen, wird geklärt, was in diesem Zusammenhang unter objektorientierter Programmierung zu verstehen ist. Die Begriffe „Ikonik" und „Symbolik" werden definiert und mit Verwendungen in der Literatur kontrastiert.

Im **Teil 2** (Kapitel 4–8) werden schrittweise Objekte eingeführt, die für die ikonische und ikonisch–symbolische Bildverarbeitung erforderlich sind. Das eingeführte System für die Bildverarbeitung erhält den Namen *ἵππος* (sprich: „hippos"). Das Kapitel 8 behandelt ein spezielles Objekt — das Segmentierungsobjekt —, das als allgemeine Schnittstelle zwischen Ikonik und Symbolik für sämtliche Segmentierungsverfahren dient. Es macht von allen zuvor eingeführten Konzepten Gebrauch.

Im **Teil 3** (Kapitel 9–11) wird die wissensbasierte Bildanalyse dargestellt. Für die symbolische Weiterverarbeitung der Ergebnisse des Teils 2 werden im Kapitel 9 spezielle Klassen angeboten.

Im **Teil 4** (Kapitel 12–13) wird untersucht, wie sich das vorgestellte Konzept realisieren läßt. Dazu wird das Segmentierungsobjekt mit anderen bestehenden Ansätzen für eine Schnittstelle „Ikonik–Symbolik" verglichen. Für eine Implementierung in C++ werden konkrete Angaben über Zeit– und Speicherbedarf gemacht.

Im **Anhang** werden Details der Implementierung und der zur Verfügung stehenden Hilfsmittel kurz dokumentiert. Das System *ἵππος* wird in ein größeres System zur Musteranalyse eingefügt.

Kapitel 2

Ikonik und Symbolik

Mir fiel auf, daß die Form des Templerkreuzes in den Kirchen je nach Region differiert – ein Problem, das sich mir schon bei der Arbeit an meiner Dissertation gestellt hatte, als ich die konfuse Ikonographie zum Thema durchsah. Umberto Eco

Bildverarbeitende Systeme erfordern heute in der Regel umfangreiche Programme und werden in den unterschiedlichsten Gebieten zu entsprechend unterschiedlichen Zwecken eingesetzt. Es liegt damit nahe, die Aufgaben der Bildverarbeitung je nach Einsatzgebiet gesondert zu betrachten. Trotz der weitgefächerten Anwendungspalette lassen sich aber gemeinsame Eigenschaften feststellen, die eine Zusammenfassung der Bildverarbeitung in ein großes Gesamtkonzept ermöglichen. In diesem Kapitel erfolgt ein Überblick über die umfangreiche Literatur zur Bildverarbeitung und ihre Beziehung zur objektorientierten Programmierung.

2.1 Abstraktionsstufen

Standardisierungsbestrebungen [Wie85, Lev85, Gem89, Cla92] versuchen die Gesamtheit der bildverarbeitenden Systeme zu beschreiben. Dabei wird auf unterschiedliche Eigenschaften Wert gelegt und bezüglich unterschiedlicher Begriffe abstrahiert. Es bilden sich mehrere *Sichten* der Bildverarbeitung, die die Systeme beschreiben, ohne miteinander in Konflikt zu stehen. Die wichtigsten Sichtweisen sind in Bild 2.1 dargestellt.

Eine operationelle Sichtweise führt zum Operationsmodell [Gem90]. Wird bezüglich der verwendeten Geräte abstrahiert, so entsteht ein Schichtenmodell [Gem89]. Eine funktionale Sichtweise ist beispielsweise unter Verwendung von

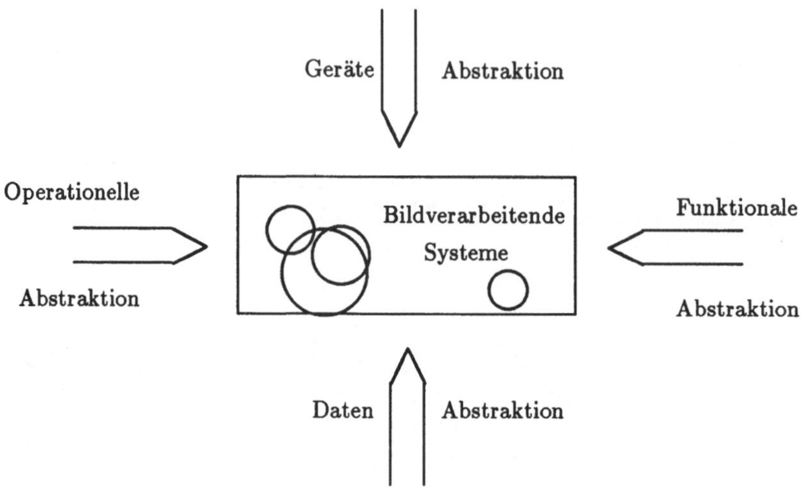

Bild 2.1: *Verschiedene Sichtweisen auf bildverarbeitende Systeme*

Bildalgebren [Rit88, Agu82] oder morphologischen Operationen [Ser82, Gia84] möglich.

Eine Abstraktion bezüglich der Datenstrukturen, die Begriffe repräsentieren, wird nun dargestellt. Ziel der Verarbeitung ist dabei eine *Beschreibung* der *Beobachtung* der Szene. Die Beschreibung erfolgt symbolisch, wobei der Grad der Komplexität von einfachen Unterscheidungen in „gut" oder „schlecht" (bei der automatischen Materialprüfung) über die symbolische Zuordnung zu Musterklassen (bei der Klassifikation einfacher Muster) bis zu komplexen Beschreibungen reicht, die die Struktur der erkannten Teile angibt. Die Gewinnung der Beschreibung ist auf vielfältige Art und Weise möglich und wird durch die operationelle Sichtweise abgedeckt. Eine Abstraktion bezüglich der Repräsentation der verwendeten Daten wird auch in [Mar82] vorgeschlagen.

Die niedrigste Stufe bildet das *Bildsignal*, das normalerweise in Rasterdaten überführt wird. Pixelnahe Information wird nun in abstrakte Beschreibungsformen überführt, wobei Pixelnähe mit „konkreter Information" identifiziert wird (vgl. [Sag90]). Aus Bild-*Matrizen* werden *Repräsentationen* geometrischer Objekte ermittelt. Daraus entstehen *geometrische Objekte*, denen unter Umständen

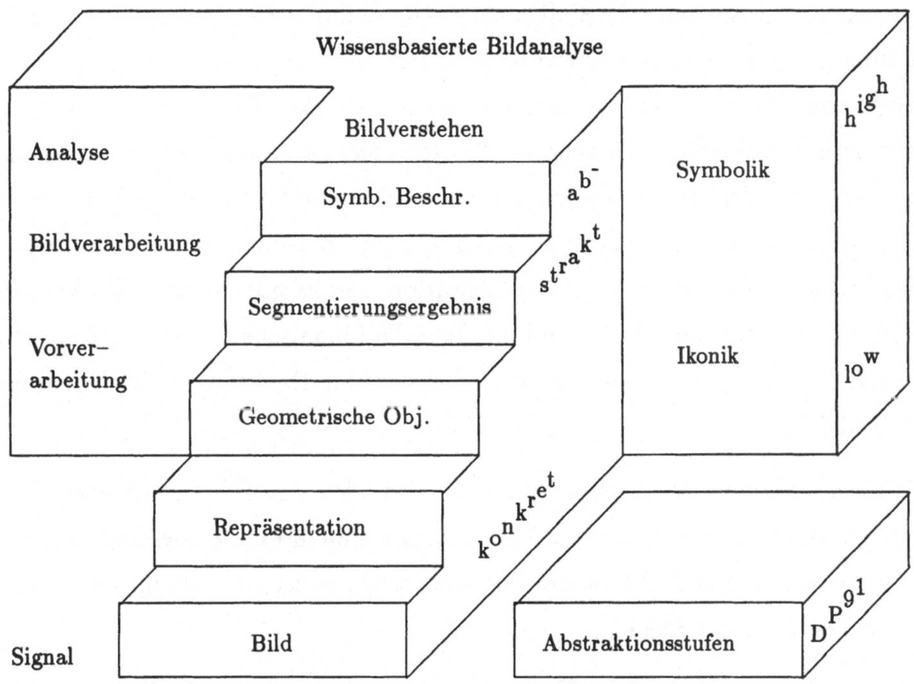

Bild 2.2: *Abstraktionsstufen bezüglich der Datenstrukturen*

weitere Merkmale und Information über die räumliche Lage zugeordnet werden können. Die Ergebnisse werden in Strukturen zur allgemeinen Repräsentation von *Segmentierungsergebnissen* zusammengefaßt. Die symbolische Beschreibung bildet die Basis für das Bildverstehen. Auf jeder Abstraktionsstufe können unter Umständen zahlreiche Verarbeitungsschritte erfolgen, deren Zwischenergebnisse auf derselben Ebene liegen. Die Abstraktionsstufen sind in Bild 2.2 dargestellt und werden dort zu weiteren Begriffen in Beziehung gesetzt, die im folgenden erläutert werden.

2.2 Begriffsbildung

Für die niedrigen Stufen der Bildverarbeitung tritt im Rahmen der erwähnten Standardisierungsvorschläge der Name „ikonisches Kernsystem" (IKS) auf, in dem ein Konzept erstellt wurde, das in der Intention vergleichbar ist mit dem graphischen Kernsystem (GKS) [End84]. GKS widmet sich dabei der Synthese von Bildern — der Grafik —, während in IKS der umgekehrte Vorgang — die Analyse von Bildern — im Vordergrund steht. Der Begriff „Ikonik" wird in der Literatur unterschiedlich verwendet. Aus den Gemeinsamkeiten der vorhandenen Beschreibungen wird in diesem Abschnitt die Ikonik neu definiert, wobei die Verwendung von explizit repräsentiertem Wissen über die Szene als Unterscheidungsmerkmal gewählt wird. Diese Definition der Ikonik umfaßt alle Verwendungen in der Literatur. Dabei sind in jedem Fall ikonische Daten mit konkreter Information und symbolische Daten mit abstrakter Darstellung gleichzustellen (vgl. Bild 2.2).

In [Gem90] werden die Begriffe „Ikonik" und „low-level" gleichgesetzt. Laut [Mol85] besteht bei der ikonischen Verarbeitung eine direkte Beziehung zwischen physischer Adresse und Bildpixeln; die Verarbeitung ist zu Anfang unabhängig vom Wissen über die Szene.

In [Tan76] findet sich eine Diskussion der Begriffe „Ikon" und „Symbol" (vgl. Bild 2.3). Ein Ikon ist dort ein Bild oder Muster, das eine „natürliche Ähnlichkeit" zu dem aufweist, was es repräsentiert. Was aber eine natürliche Ähnlichkeit ist, bleibt kontextabhängig; je nach Kontext kann ein Symbol als ein Ikon und umgekehrt betrachtet werden.

In [Han76] wird zwischen datengetriebener "Low-Level"-Verarbeitung und wissensbasierter "High-Level"-Verarbeitung unterschieden. [Pav82] trennt die Segmentierung von der Szenenanalyse, wobei für die Betrachtungen Algorithmen ausgeschlossen werden, die durch „a priori Informationen" die Segmentierung steuern.

In [Bal82, S. 318] werden die drei Stufen „verallgemeinertes Bild", „segmentiertes Bild" und „geometrische Repräsentation" als ikonisch bezeichnet. Diese Begriffe entsprechen ungefähr den ersten drei Stufen in Bild 2.2. Ein vierter Begriff „relationale Strukturen" umfaßt auch die Planung von Aktionen, die symbolisch erfolgt [Bal82, S. 319]. Der Prozess der visuellen Wahrnehmung erfordert eine Abbildung der ikonischen Eingabe auf zuvor existierende Modelle (→ Kapitel 10), die zu den symbolischen Daten gezählt werden.

Ikon	Symbol
	Nilpferde (engl. (ugs.) 'hippos')
Identifikation des Objekts auf der Basis der räumlichen Verteilung von Hell und Dunkel	Identifikation des Objekts auf der Basis von erlernten Assoziationen zwischen der Kombination von alphanumerischen, diskreten Werten und einem bekannten Begriff.

Bild 2.3: *Unterscheidung Ikonik–Symbolik in Anlehnung an [Tan76]*

In [Bun85] findet sich eine Darstellung einer Schnittstelle zwischen problemabhängigen und problemunabhängigen Verarbeitungsschritten. Der problemabhängige Teil der Verarbeitung verwendet nur noch eine symbolische Darstellung des Bildes, wie sie von der Schnittstelle bereits geliefert wird ([Bun85, S. 33]). Als mögliche Datenstrukturen für eine Schnittstelle werden Kettencodes, Pyramidenstrukturen, Quadtrees, Skizzen [Mar78] und "intrinsic images" [Bar78] angegeben. Diese Strukturen können unter Umständen auch gleichzeitig in einer Anwendung auftreten.

Die allgemeinste Beschreibung findet sich bei [Jap85]:

Definition: „Ikonik"

> „Unter Ikonik wird vor allem der Teil der Bildverarbeitung verstanden, welcher aus Bildern Objekte mit bildähnlicher Struktur erzeugt. Die Symbolik umfaßt all die Bereiche der Bildverarbeitung, die über den als Ikonik bezeichneten Teil hinausgehen. (...) Die ikonische Verarbeitung (low-level processing, Bild-Verarbeitung) umfaßt etwa den Bereich bis zur Segmentierung eines Bildes oder einer Bildfolge, soweit dies datengetrieben (bottom up) möglich ist. Dazu gehört die Ermittlung von Konturen, Knotenpunkten und Regionen sowie de-

> ren Eigenschaften wie z.B. Form, Farbe, Textur, Lage, Bewegung und Tiefe."

Unter Ikonik wird also der Bereich der Bildverarbeitung verstanden, der problemunabhängig durchgeführt werden kann. Als einziges problemabhängiges Wissen wird unter Umständen eine Annahme über das Signal/Rauschverhältnis erforderlich sein; ebenfalls gestattet sind Grundannahmen über das Finden von Mustern und Merkmalen, wie zum Beispiel problemunabhäniges Wissen über das Wesen von Kanten und Texturen. Dieses Wissen wird nicht explizit repräsentiert und kann daher als *implizit* bezeichnet werden. Problemunabhängiges Wissen ist nach [Hes87] unter anderem die Kenntnis über die Abbildungseigenschaften der Kameras, über die Beleuchtung und generelle Annahmen über die Segmentierung. Problemabhängig sind dagegen Annahmen über die im Bild zu erwartenden Objekte, deren Aussehen, Lage und Beziehung zueinander [Sch90].

In der *Ikonik* wird bildnah – ikonisch – gearbeitet. Der Übergang zu abstrakteren Beschreibungsformen der Bildinhalte führt zu einer symbolischen Informationsdarstellung, deren Interpretation Gegenstand der *Symbolik* ist. Eine Trennung dieser beiden Bereiche findet an der Schnittstelle „Ikonik/Symbolik" statt.

Einigkeit besteht in der Literatur darüber, daß die Teile der Bildverarbeitung zur Symbolik gehören, die problemspezifisches Wissen verwenden, das in expliziter Form angegeben ist (in Bild 2.3 werden beispielsweise *erlernte* Assoziationen vorausgesetzt). Damit kann zur Definition der Symbolik wiederum ein Zitat aus [Jap85] dienen:

Definition: „Symbolik"

> „Die Symbolik (high-level processing, Bild-Analyse) übernimmt die bereitgestellten Werte und ordnet ihnen — unter Ausnutzung von Wissen über Objekte und Ereignisse sowie deren aufgabenspezifischer Interpretation — eine den Anforderungen des Anwenders genügende symbolische Beschreibung zu."

Die Art der Verwendung von Wissen erlaubt also eine Trennung von Ikonik und Symbolik.

2.3 Verarbeitungsmodelle

In der Literatur gibt es bis heute wenige Artikel, die speziell zu dem Thema „Schnittstelle Ikonik–Symbolik" geschrieben wurden. Viele Veröffentlichungen befassen sich allerdings gleichzeitig mit symbolischer und ikonischer Verarbeitung und stellen damit Überlegungen zu einer Schnittstelle an, auch wenn dies nicht explizit so genannt wird.

Explizite Schnittstellendefinitionen finden in sich in [Han76] und sonst vor allem in Artikeln zu speziellen Rechnerarchitekturen für die Bildverarbeitung, so beispielsweise in [Tan85, Pfe86, Mol85, Law84]. Diese Darstellungen sind auf spezielle Rechner zugeschnitten. Sie enthalten aber auch einige allgemeine Betrachtungen über die Form des Informationsaustauschs zwischen Ikonik und Symbolik.

In [Mol85] wird eine Rechnerarchitektur beschrieben, die die Überführung von ikonischen in symbolische Daten besonders begünstigen soll. Dieser Vorschlag baut direkt auf [Law84] auf. Dabei wird deutlich, daß es eine klare Schnittebene zwischen Ikonik und Symbolik nicht gibt. Statt dessen existiert eine Grauzone zwischen typisch ikonischen und typisch symbolischen Beschreibungen und Operationen. Die Darstellung in der Grauzone kann je nach Blickwinkel stärker ikonische oder stärker symbolische Züge tragen.

In [Mol85] findet sich auch ein erweitertes Modell für die Bildverarbeitung, das in Bild 2.4 dargestellt ist. Zunächst läßt sich eine klare Trennung von Ikonik und Symbolik feststellen. Die Ikonik endet mit der Merkmalsgewinnung; die symbolische Seite beginnt mit dem Vergleich eines Modells mit den Daten aus der Vorverarbeitung und Merkmalsgewinnung. Der Darstellung ist zu entnehmen, daß der Rückfluß der Information aus der Symbolik zur Ikonik nicht direkt aus dem extern repräsentierten Wissen kommt, sondern aus dem Vergleichsprozeß (vgl. Abschnitt 10.3).

Tanimoto [Tan85] stellt Überlegungen an, wie ein Chip aussehen müßte, der einen Array–Prozessor für die Ikonik mit einem (oder mehreren) "General–Purpose–Computer" für die Symbolik verbindet. Der Ausgangspunkt dafür ist, daß im Array–Prozessor "low–level–Bildvorverarbeitung" schnell und effizient stattfin-

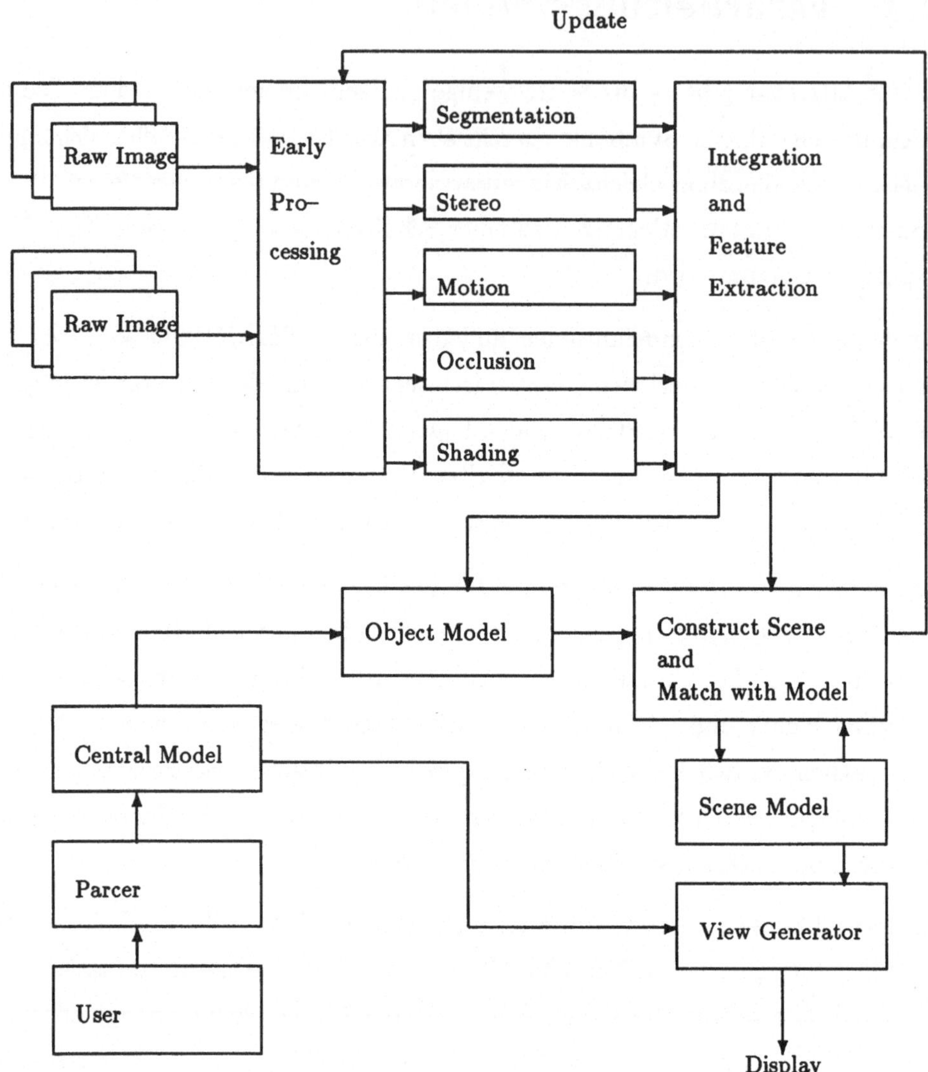

Bild 2.4: *Gesamtsystem für die Bildanalyse nach [Mol85]*

den kann. Für die symbolische Verarbeitung ist dann der von–Neumann–Rechnertyp vorgesehen. Der Artikel befaßt sich ausschließlich mit der Architektur eines Speichers und dieses Chips. Der Arrayprozessor liefert Pixeldaten an den Vermittlungschip. In [Tan89] wird dieses Konzept noch ausgebaut. Die spezielle

Architektur übernimmt die mittlere Stufe in einer dreigeteilten Sicht der Bildverarbeitung als

- "Low-Level-Processing" (Iconic Processing)
- "Intermediate-Level-Processing" (Iconic-Symbolic Transformation)
- "High-Level-Processing" (Symbolic Processing)

In [Rad84] werden der *Signal-* und der *Symbolraum* unterschieden; der Segmentierungsprozeß überführt hier die Bildbeschreibung vom Signal- in den Symbolraum.

In dem Modell für die Verarbeitung einfacher Muster (Bild 2.5) wird eine symbolische Zuordnung zu einer festen Anzahl von Musterklassen angestrebt. Die Merkmalsgewinnung erfolgt ohne Verwendung von problemspezifischem Wissen. Nur die Parametrisierung der Klassifikation erfolgt problemabhängig.

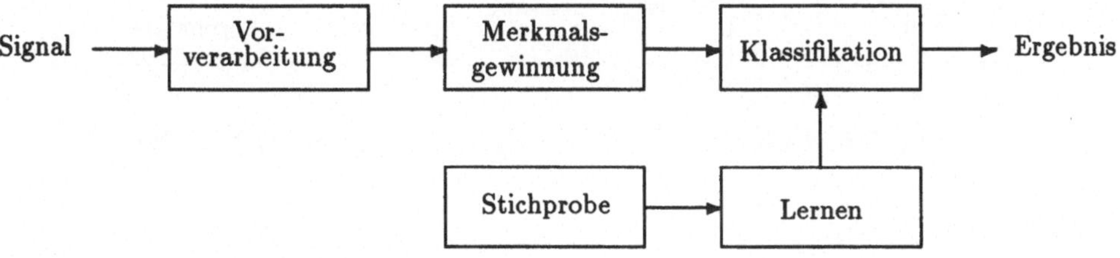

Bild 2.5: *Verarbeitung einfacher Muster aus [Nie83]*

In [Bru90] wird der Datenfluß für wissensbasierte Bildanalysesysteme untersucht. Das Ergebnis ist in Bild 2.6 dargestellt. Die Ergebnisse der Segmentierung, die die Schnittstelle zur wissensbasierten — symbolischen — Verarbeitung verkörpern, bilden gleichzeitig auch die Schnittstelle zur Wissensakquisition [Sch90]. Die erste Phase der Wissensakquisition erfolgt dabei noch datengetrieben, also ohne Verwendung von anwendungsspezifischem Wissen. Es werden jedoch Annahmen über den strukturellen Aufbau der Objektmodelle gemacht.

Das Kriterium „Verwendung von Wissen" erlaubt eine Zuordnung einzelner Algorithmen zur Symbolik oder Ikonik. Klassen von Algorithmen oder Oberbegriffe können dagegen nicht allgemeingültig auf einen der beiden Bereiche festgelegt werden. So kann beispielsweise die Segmentierung eines Bildes problemunabhängig erfolgen. Dann ist sie der Ikonik zuzuordnen. Es gibt jedoch auch Verfahren zur Segmentierung, die explizites Wissen über den Problemkreis verwenden (→ Abschnitt 10.4), und damit ikonische wie auch symbolische Züge tragen. Für die in der Ikonik verwendeten Datenstrukturen ergibt sich dagegen ein eindeutiges Bild, das im folgenden Abschnitt präzisiert wird.

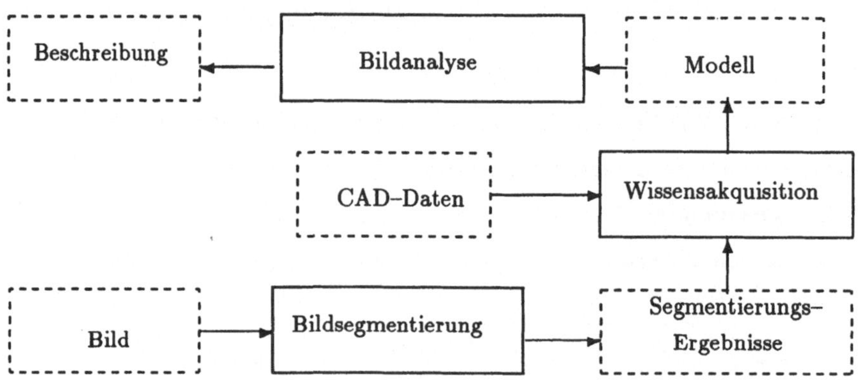

Bild 2.6: *Datenfluß in Bildanalysesystemen nach [Bru90]*

2.4 Ikonisch–symbolische Datenstrukturen

Über die Schnittstelle Ikonik/Symbolik werden *Daten* ausgetauscht. Das wesentliche Problem bei der Spezifikation der Schnittstelle besteht also darin, diese Daten zu *beschreiben.* Dies geschieht durch die Angabe der Datenstrukturen, die durch die Schnittstelle übertragen werden sollen.

Die in [Bun85] angegebe Zusammenstellung von Datenstrukturen zeigt, daß an der Schnittstelle Daten von erheblicher Komplexität erforderlich sind. Der RSE–Graph (→ Abschnitt 12.5) ist als Datenstruktur für die Schnittstelle zwischen datengetriebener und wissensbasierter Verarbeitung konzipiert [Han76]. In einigen einfachen Graphen (vgl. Kapitel 11 und [Sha80]) lassen sich ebenfalls symbolische Beschreibungen ohne Verwendung von extern repräsentiertem Wissen ansammeln. Weitere Beispiele für solche Datenstrukturen finden sich in den folgenden Kapiteln. Eine Zusammenstellung zeigt die Tabelle 2.1.

Datenstruktur	Autor und Quelle
Skizzen („Primal Sketches")	Marr [Mar78]
$2\frac{1}{2}$–D Skizzen („$2\frac{1}{2}$–D Sketches")	Marr [Mar78]
Recursive Structure for Line Drawings	Shapiro [Sha80]
Iconic–Symbolic Data Structure	Tanimoto [Tan76]
RSE–Graph	Hanson & Riseman [Han76]
Line Adjacency Graph	Pavlidis [Pav77]
Region Adjacency Graph	Pavlidis [Pav77]
Spatial Data Structure	Shapiro & Haralick [Sha80]
Region Graph	Fisher [Fis86]
Relationale Strukturen	Ballard & Brwon [Bal82]
Object–Oriented Data Base	Goodman et al. [Goo89]
Segmentierungsobjekte	Niemann & Salzbrunn [Nie89], Brünig & Anschütz [Bru90], *hier:* Kapitel 8

Tabelle 2.1: *Kandidaten für eine Schnittstelle zwischen Ikonik und Symbolik*

Für eine portable Schnittstelle ist es unbefriedigend, wenn eine Vielzahl unterschiedlicher Darstellungsformalismen exisitiert. Gesucht ist also eine Datenstruktur, die *alle* Ergebnisse der Ikonik zu repräsentieren erlaubt. Diese wird in [Nie89] abstrakt als *initiale symbolische Beschreibung* bezeichnet. Diese Datenstruktur bildet den höchsten Abstraktionsgrad, der in der Ikonik erreicht wird. Alle Datenstrukturen, die sich auf niedrigeren Stufen befinden, werden als ikonische Datenstrukturen bezeichnet.

Das *Segmentierungsobjekt* (Kapitel 8) stellt die initiale symbolische Beschreibung als Klasse in einer Hierarchie von Klassen dar. Es erlaubt eine allgemeine Darstellung aller Segmentierungsergebnisse und ist wesentlich für die Beschreibung der Schnittstelle zur Datenübertragung von Ikonik zu Symbolik.

Der RSE–Graph [Han76] hat eine ähnliche Schnittstellenfunktion wie das Segmentierungsobjekt zum Ziel. Das Verhältnis der beiden Ansätze wird im Abschnitt 12.5 genauer betrachtet. Ebenso werden dort die in [Goo89] und in [Sha80] vorgeschlagenen Strukturen untersucht. Alle anderen in der Literatur zu findenden Datenstrukturen für die Schnittstelle zwischen Ikonik und Symbolik lassen sich einfach auf ein Segmentierungsobjekt abbilden (→ Kapitel 12).

2.5 Übertragungsrichtung der Schnittstelle

In dem Modell für die Verarbeitung einfacher Muster (Bild 2.5) ist die Schnittstelle zwischen Ikonik und Symbolik unidirektional, d.h. über diese Schnittstelle werden Daten von der Ikonik zur Symbolik weitergegeben. Ein Rückfluß der Information findet nicht statt. Dies entspricht auch dem Aufbau einiger Bildverarbeitungssysteme, in denen die Vorverarbeitung zeitlich geschlossen vor der symbolischen Verarbeitung steht. Bei der wissensgesteuerten Segmentierung (→ Abschnitt 10.4) müssen hingegen Informationen aus der Symbolik in die Ikonik zurückgereicht werden. In Bild 2.4 wird dies durch den mit "Update" markierten Pfeil angedeutet.

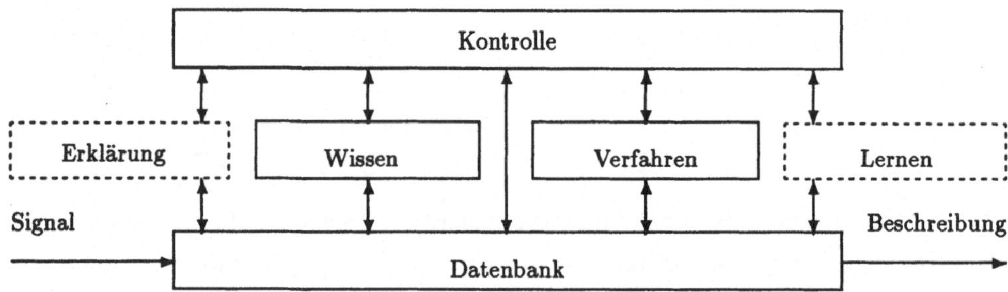

Bild 2.7: *Kernarchitektur von Musteranalysesystemen nach [Nie90a]. Im Original ist der Modul „Verfahren" mit „Methoden" bezeichnet. Er wurde hier umbenannt um Verwechslungen mit dem anderwärtig gebrauchten Begriff „Methoden" auszuschließen. Erklärung und Lernen sind nützlich, aber nicht unbedingt erforderlich [Nie91].*

Bild 2.7 zeigt die allgemeine Struktur wissensbasierter Musteranalysesysteme [Nie90a], die im Speziellen auch für Bildanalysesysteme gültig ist, die in der hier eingeführten Terminologie die Ikonik und Symbolik umfassen. Eine ähnliche Struktur wird für die Parallelverarbeitung in [Wei88] vorgeschlagen. In diese Struktur muß sich ein allgemeines Konzept für die ikonisch–symbolische Verarbeitung einfügen, falls eine wissensbasierte Verarbeitung ermöglicht werden soll, die eine flexible Verwaltung der Wissensbasis erlaubt [Nie85c]. Die Steuerung der Verfahren durch das Wissen erfolgt über das Modul „Kontrolle". Ikonische Verarbeitungsschritte sind im Modul „Verfahren" angesiedelt und können durch die Kontrolle beeinflußt und ausgewählt werden. Im Modul „Lernen" wird beschrieben, wie die Wissensbasis automatisch angereichert werden kann. Mit der Erklärungskomponente kann das System über seine Aktionen Auskunft geben. Eine weiterführende Darstellung dieser Systeme findet sich in [Sch90]. Es wird heute also hauptsächlich der klassische Weg der KI eingeschlagen, in dem eine Wissensbasis Verwendung findet. Es existieren aber auch konnektionistische Ansätze (z.B. [Kat90]), die im Rahmen dieses Buchs nicht untersucht werden.

Die im folgenden dargestellten Datenstrukturen für die Schnittstelle stellen die Hilfsmittel für den Informationsfluß aus der Ikonik in die Symbolik dar. Der Informationsrückfluß — die mögliche wissensbasierte Steuerung — verläuft unabhängig von der Ergebnisdarstellung der Ikonik und wird im Abschnitt 10.4 behandelt. Dort wird erneut die Struktur aus Bild 2.7 untersucht.

2.6 Mehrdimensionale Bilder

In der Bildverarbeitung gehen die zu verarbeitenden Daten über die Zweidimensionalität des Rasterbildes hinaus. Weitere Dimensionen ergeben sich aus der räumlichen Tiefe oder aus einer Zeitachse, wie sie bei Bildfolgen von Bedeutung ist. Die Verwendung höherer Dimensionen unterscheidet sich in Ikonik und Symbolik.

Die Ikonik wird geprägt durch die *technischen* Möglichkeiten maschinellen Sehens. In der überwiegenden Zahl der Anwendungen liefern dabei eine oder mehrere Kameras eine zweidimensionale Projektion einer dreidimensionalen realen Szene. Die technischen Einrichtungen zum passiven maschinellen Sehen orientieren sich oft am menschlichen Sehapparat. [Fel88] geht in seinem konnektionistischen Modell für die Perzeption von Form, Raum und Bewegung von zweidimensionaler Bildinformation aus. Stereometrische Verfahren [Pos90a], Verfahren, die Oberflächen aus der Schattierung ([Pen86]), Textur ([Ike84, Wit81]) oder den Spiegelungseffekten ([Hea87]) ermitteln, oder die Verwendung von Bildfolgen ([Dic90]) zur Gewinnung von dreidimensionaler Information ergeben unter Umständen Tiefen- oder Oberflächeninformation, jedoch keine *völlige* räumliche Dreidimensionalität der Bildinformation; es wird nämlich nicht zu *jedem* Punkt im Raum eine Bildinformation angegeben, sondern höchstens zu *jedem sichtbaren* Punkt, was durch die Projektion in die Bildebene bedingt ist. Gleiches gilt für die aktiven Verfahren, wie beispielsweise zusätzliche oder spezielle Aufnahmeeinrichtungen (Laser [Jar83], strukturiertes Licht [Pop75], farbiges Licht [Boy87], verschiedene Beleuchtungen [Woo78, Ike84]) und photometrisches Stereo ([Ike86]).

So kann beispielsweise ein Stereoverfahren bestenfalls eine dichte Tiefenkarte liefern, solange kein anwendungsspezifisches Wissen über die erfaßte Szene verwendet wird. Die gesamte ermittelte Information läßt sich in je einer zweidimensionalen Matrix pro Bildkanal darstellen, wobei die Elemente der Matrix Tupel sind, die die ursprüngliche Bildinformation und die Tiefeninformation des entsprechenden Punkts enthalten. Ähnliches gilt für Oberflächeninformation, in Form von Oberflächengradienten an speziellen Punkten, die unter Verwendung erwähnten Verfahren ermittelt werden. In [Mar82] werden solche Darstellungen als "$2\frac{1}{2}$–D–sketch" bezeichnet.

In Computertomograph- (CT) und Kernspinbildern (Magnetresonanz, MR) liegt erstmals eine vollständige dreidimensionale Bildinformation vor. Mit konfokaler Laser–Mikroskopie und Auswertung der Fluoreszenz wird in weiteren medizinischen Verfahren versucht, dreidimensionale Bildinformation zu gewinnen [vdV90, She90]; die Tiefenauflösung ist dabei aber relativ gering. Die Segmentierungsverfahren erfolgen hier häufig auf Schnittbildern und damit in der Ebene und liefern Ergebnisse mit zweidimensionalem Charakter (z.B. in [Lum83]). In [Wol92] wird dagegen ein echtes Volumenwachstum ("volume–growing") in drei Dimensionen implementiert, das dem Regionenwachstum ("region–growing") in der Ebene entspricht.

Die Segmentierung von Bildfolgen ist ebenfalls der Ikonik zuzuordnen, soweit sie ohne Verwendung von szenenspezifischem Wissen vor sich geht. Dies ist beispielsweise bei Verfahren des optischen Flusses ([Hor81]) oder bei Blockvergleichsverfahren ("Blockmatching", [Mus85]) der Fall. Die Verarbeitung muß häufig in der durch das Intervall bis zum Eintreffen eines neuen Bilds vorgegebenen Höchstdauer erfolgen. Dies läßt unter Umständen keine vollständige Neusegmentierung zu, sondern neue Bilder werden nur an den Stellen nachsegmentiert, an denen eine Veränderung zu erwarten ist. Zu unterscheiden sind Anwendungen mit einer fest installierten stationären Kamera und Anwendungen, in denen sich die Kamera — beispielsweise in einem Fahrzeug — bewegt. Ziel der Segmentierung ist dabei die Detektion und Beschreibung von bewegten Objekten. Die Steuerung eines autonomen Fahrzeugs erweitert das Ziel um eine Beschreibung der Bewegung der Kamera beziehungsweise des Fahrzeugs. Wegen der sehr großen Datenmenge können nicht die Segmentierungsergebnisse zu jedem Bild der Folge gespeichert werden. Die Bearbeitung von Bildfolgen hat zudem die Besonderheit, daß in einer Initialisierungsphase andere Verarbeitungsschritte erforderlich sein können, als in der eigentlichen Auswertung der Bildfolge. Eine Interpretation der Zeit als zusätzliche Dimension zur zwei- oder dreidimensionalen Bildinformation ist daher zumindest fragwürdig. Die Bewegungsdetektion sollte allerdings auch nicht als eine bloße Nachbearbeitung statischer zweidimensionaler Bilder verstanden werden [Bal82, Kap. 7].

In der Ikonik werden also meistens zunächst zweidimensionale Objekte betrachtet, denen unter Umständen rechnerisch räumliche Informationen beigefügt werden. In den Abstraktionsstufen aus Bild 2.2 bedeutet dies, daß durch die Gewinnung von Information über eine weitere Dimension ein höherer Abstraktionsgrad erreicht wird. Zeitinformation steht zusätzlich zu den Bilddaten bereit und muß nicht errechnet werden. Unter Umständen ergeben sich abgeleitete Größen, wie beispielsweise die Geschwindigkeit eines Objekts. Es liegt damit nahe, die zeitliche und räumlichen Dimensionen unterschiedlich zu behandeln.

In der Symbolik spielen dagegen Informationen über die dritte Dimension von vorneherein eine große Rolle, da in vielen Fällen 3–D Modelle für die Analyse verwendet werden. In [Mar82] werden für dreidimensionale Modelle Oberflächenprimitive vorgeschlagen. Bezeichnend ist, daß dort die Dreidimensionalität nur für Modelle — also Objekte der Symbolik — verwendet wird. In [Kak86] wird ebenfalls die Dreidimensionalität mit der wissensbasierten Analyse verknüpft.

Die im folgenden eingeführten Klassen tragen dieser Situation Rechnung. Sie bieten die Möglichkeit, Information über weitere Dimensionen zu tragen, beschränken sich aber anfänglich meistens auf die Zweidimensionalität. Damit ist es möglich, den Vorgang der Informationsgewinnung adäquat darzustellen, der aus zweidimensionalen Anfangsdaten rechnerisch Information über eine weitere Dimension gewinnt. Die Möglichkeiten der Darstellung von Raum- und Zeitinformation werden im Kapitel 3.7 erörtert. Eine Erweiterung auf volle Dreidimensionalität für MR- und CT-Anwendungen wird im Abschnitt 9.6 dargestellt.

Kapitel 3

Objektorientierte Bildverarbeitung

Was ich mir aber denken wollte ohne Maß des Raumes, das schien mir nichts. Augustinus, Bischof von Hippo

Objektorientierte Programmierung ist aktuell ein häufig gebrauchtes Schlagwort in den Anwendungen der Informatik. In der Bildverarbeitung wird mit Strukturen hantiert, die eine Beschreibung in einem objektorientierten Formalismus nahelegen. In diesem Kapitel wird untersucht, wie ein objektorientiertes Gesamtkonzept für die ikonische Bildverarbeitung und die wissensbasierte Bildanalyse aussieht. Dazu wird zunächst der Begriff „Objektorientierung" untersucht. Die angegebenen Definitionen erfolgen jeweils mit konkretem Bezug auf die Bildverarbeitung.

3.1 Grundlagen

Datenstrukturen sind Beschreibungen, die angeben, wie ein Sachverhalt im Rechner dargestellt wird. Ein *Begriff* faßt Dinge zusammen, die „gleiche explizit benennbare Eigenschaften haben" [Sto84]. Jedem Begriff, der in der Beschreibung eines Problems verwendet wird, wird in der Programmierung ein Datentyp zugeordnet. Damit werden Begriffe im Programm syntaktisch unterscheidbar. Ein *abstrakter Datentyp* ist eine Datenstruktur, zu der Operationen geliefert werden, die auf der Datenstruktur definiert sind (vgl. [Bau84]). Er kann als untrennbares Paar von einer Datenstruktur und den dazugehörigen Operationen angesehen werden.

Datentyp	Verwendung
Aufzählungstypen	Farbkanäle: „Rot", „Grün", „Blau"
Verkettete Liste	Polygonzug
Baum	Pyramiden, Quadtrees
Graphen	Semantische Netze, „Region Adjacency Graph"
Vektoren	Histogramme
Mengen	Ergebnisse der Segmentierung: z.B. Menge von Linien
Matrizen	Bilder

Tabelle 3.1: *Beispiele für Datentypen in der Bildverarbeitung*

In der Bildverarbeitung finden alle gängigen Datentypen Verwendung, wie in der Tabelle 3.1 anhand von Beispielen belegt wird. Für diese Datentypen stehen unabhängig von der Anwendung klare Definitionen bereit, die auch die verfügbaren Algorithmen beschreiben (z.B. in [Wir79]).

Diese *elementaren Datentypen* finden in der Bildverarbeitung zur internen Darstellung eines Begriffs Verwendung. Dabei kann ein Begriff unter Umständen mit verschiedenen Datentypen implementiert werden. Eine Menge kann beispielsweise intern durch eine Liste dargestellt werden. Wird auf ein Mengen–Objekt nur mit dazu zur Verfügung gestellten Operationen zugegriffen, so bleibt die interne Struktur austauschbar.

In älteren Veröffentlichungen zum Thema „Datenstrukturen für die Bildverarbeitung" findet sich in den meisten Fällen nur eine Zusammenstellung dieser allgemein bekannten Datentypen. Nur selten wird aus diesen elementaren Datenstrukturen ein Gesamtkonzept entwickelt, das speziell für die Bildverarbeitung bestimmt ist. In [Sha80] werden beispielsweise Datenstrukturen für die Bildverarbeitung aufgezählt, wobei nicht unterschieden wird, ob eine Datenstruktur nur ein Hilfsmittel zur internen Darstellung eines Begriffs ist oder ob eine Datenstruktur selbst einen Begriff der Bildverarbeitung repräsentiert.

Wenn dagegen unterschiedlichen Begriffen auch jeweils syntaktisch unterscheidbare Einheiten zugeordnet sind, so erleichtert dies das Verständnis eines umfangreichen Programmsystems erheblich und verbessert die Sicherheit bei der Wartung eines solchen Systems. In den folgenden Kapiteln werden Datentypen vorgestellt, die in der Bildverarbeitung Verwendung finden. Teilweise handelt es sich um Datentypen, die hauptsächlich in den höheren Ebenen der Bildverarbeitung — der symbolischen Verarbeitung — von Nutzen sind. Andere Datenstrukturen sind vornehmlich in der Ikonik von Bedeutung. Es werden aber auch elementare Datentypen aufgeführt, die in allen Bereichen der Bildverarbeitung Anwendung finden.

Bei der Beschreibung sind die Operationen auf den Daten von größerer Bedeutung als die Form, in der die Information gespeichert wird. Die Funktionalität der Datentypen definiert ihren Gebrauch für den Benutzer. Wird die interne Struktur geändert, so soll sich der Gebrauch der Datentypen nicht verändern. Der Zugriff auf die Information erfolgt über spezielle Funktionen. Damit bleibt die interne Struktur verborgen.

Die Abstraktion von interner Darstellung — die Datenabstraktion —, die Verknüpfung von Daten mit den dazugehörigen Operationen und die Strukturierung der Datentypen durch Vererbungsbeziehungen führen zu einer objektorientierten Sichtweise, wobei *Klassen* teilweise an die Stelle von Datentypen treten. Datentypen und Klassen haben im allgemeinen auch *nebeneinander* eine Bedeutung. Wesentliches Unterscheidungsmerkmal ist die statische Typenprüfung bei Datentypen und die dynamische bei Klassen [Weg88a].

Bildverarbeitung umfaßt in der Regel sehr rechenintensive Operationen auf umfangreichen Datenmengen, die zudem wahlfrei verfügbar sein müssen. Die Forderung nach Echtzeitfähigkeit in manchen Anwendungen bringt weitere Einschränkungen mit sich. Diese Rahmenbedingungen *müssen* bei der *Konzeption* eines objektorientierten Bildverarbeitungssystems berücksichtigt werden, da eine sinnvolle Verwendung sonst in der Praxis nicht möglich ist. Die Möglichkeit zu maschinennaher hocheffizienter Programmierung ist ebenfalls unverzichtbar. Diese Anforderungen bergen die Gefahr in sich, daß um der Effizienz willen objektorientierte Grundsätze verletzt werden. Das im folgenden eingeführte objektorientierte Bildverarbeitungssystem mit der Bezeichnung

„hippos" (**HI**erarchy of **P**icture **P**rocessing **O**bject**S**), von nun an in griechischen Buchstaben mit ἵππος (sprich: „hippos") dargestellt,[1]

weist diese Mängel jedoch nicht auf. Es ist objektorientiert konzipiert und genügt zudem hohen Ansprüchen an Effizienz, wie in der Implementierung (→ Kapitel 13) belegt wird.

Die objektorientierte Sicht dient als Konzeptions- und Beschreibungshilfe. Sie legt die Verwendung einer objektorientierten Programmiersprache in der Implementierung nahe, erzwingt diese aber nicht. Eine objektorientierte Vorgehensweise für die Bildverarbeitung wurde bereits von [Cog87] vorgeschlagen. Dort wird festgestellt, daß die objektorientierte Programmierung für die Bildverarbeitung ein naheliegendes Verfahren ist. Prototypisch wurden Teilimplementierungen von ἵππος auch in einer konventionellen Sprache erstellt [Pau91, Bru90, Ans89].

3.2 Objekte und Klassen

Urväter der objektorientierten Programmierung sind Smalltalk [Gol83] und Simula [Bir83]. Auch heute noch orientieren sich die meisten objektorientierten Systeme an diesen Ideen. Sie werden für die Bildverarbeitung aufgegriffen.

Die Begriffe „Objekt" und „Klasse" bilden das Grundgerüst für die Beschreibung einer Klassenhierarchie für die Bildverarbeitung. Obwohl „objektorientierte Programmierung" ein häufig gebrauchtes Schlagwort ist, läßt sich dennoch keine völlige Übereinstimmung beim Gebrauch der Begriffe festzustellen. Für ἵππος werden sie daher im folgenden eingeführt.

Klassen sind Beschreibungen eines Begriffs aus der betrachteten Umgebung des Problems. Wie bereits erwähnt wurde, können sie in konventionellen Programmiersprachen durch abstrakte Datentypen modelliert werden. Besitzen nun die abstrakten Datentypen zusätzlich die Fähigkeit der Vererbung, so bilden sie die Grundlage der objektorientierten Programmierung und werden als „Klassen" bezeichnet [Car85]. Anstelle von Operationen wird dann von Methoden gesprochen.

---

[1]Der Autor spielt gerne mit Buchstaben, Ikonen, Bedeutungen und Symbolen und war dabei von dem Buch [Hof80] beeinflußt.

Klassen sind eng verwandt mit Typen und Untertypenbildung, wobei aber keine völlige Übereinstimmung vorliegt.[2]

Objekte sind Instanzen einer Klasse, die im Gegensatz zu Klassen Speicherplatz beanspruchen. Sie entstehen bei der Deklaration[3] einer Variablen oder bei der dynamischen Instantiierung aus einer Klasse. Objekte können lokale (interne) Daten besitzen, die den *Zustand* des Objekts ergeben; sie werden als *Komponenten* bezeichnet.[4] Die Methoden werden durch *Nachrichten* an das Objekt aktiviert, wobei außer der Nachricht auch noch Objekte und Parameter als Operanden für die zu aktivierende Methode angegeben werden können. Die Nachricht enthält dabei einen Selektor für die gewünschte Methode. Die Einheit aus Zustand, Selektor und Methoden liefert das Objekt.

Weiterhin existiert eine spezielle Klasse Class, die Klassen (also nicht Objekte) beschreibt; sie dient dazu, dynamisch Klassenbeschreibungen zu erfragen, wie dies in Smalltalk eingeführt wurde (vgl. z.B. [Bud87]). Dies wird für die externe Repräsentation und die interne Verwaltung benötigt.

Klassen haben in der Regel eine Entsprechung in einem *Begriff*. Dabei können sowohl Zustände als auch *Aktionen* mit einer Klasse beschrieben werden. Letztere werden hier als *Aktionsklassen* bezeichnet. Anwendungen, die dem Denken mit abstrakten Datentypen verhaftet sind, vernachlässigen leicht den zweiten Aspekt und verwenden Objekte in erster Linie zur Datenspeicherung. Beispiele für Objekte aus der Bildverarbeitung, die Aktionen repräsentieren, finden sich in [Kae86, Gem90]. Auch periphere Geräte können in ein objektorientiertes System als Aktionsklassen eingebunden werden.

---

[2]In Anlehnung an den nicht unumstrittenen Aufsatz von [Hal87] werden die Begriffe „Klasse" und „Datentyp" sowie „Methode", „Operation" und „Funktion" im Text synonym verwendet. Zwar sind Klassen und Datentypen *im allgemeinen* nicht gleichzusetzen, da die Typenprüfung und Bindung zu unterschiedlichen Zeitpunkten erfolgt. Für die in der Implementierung verwendete Sprache C++ entfällt aber diese Unterscheidung.

[3]Zur Unterscheidung von Deklarationen und Definitionen im Kontext von C++ siehe [Ell90].

[4]Der im Englischen gebräuchliche Begriff "instance variable" wird wegen der Kollision mit dem Begriff „Instanz" in der Beschreibung von Wissensbasen hier nicht verwendet.

Zwei ἵππος–Klassen, die im folgenden genauer erklärt werden, können zur Erläuterung dieser Begriffe dienen. Die Klasse Linie (→ Abschnitt 6.2) beschreibt allgemein die Eigenschaften einer Linie. Sie beschreibt den Begriff „Linie". Eine solche Linie hat einen Anfangspunkt, einen Endpunkt, eine Krümmung etc. In einer Methode wird beschrieben, wie die Länge einer Linie ermittelt wird. Eine Instanz der Linien–Klasse Line — ein Objekt — belegt die Felder für den Anfangs- und Endpunkt mit Werten. Auf die Nachricht `Länge` liefert die zugeordnete Methode einen konkreten Wert.

Während in der Klasse Line die Daten im Vordergrund stehen, beschreibt die Klasse XDR (Abschnitt 3.9) einen Vorgang. Mit ihr werden Objekte extern repräsentiert oder eine Repräsentation interpretiert. Verschiedene Instanzen der Klasse XDR liefern Repräsentationen auf verschiedenen Medien. Auf die Nachricht `Lesen` reagiert das XDR–Objekt mit dem Einlesen von Daten vom zugeordneten Strom. Analoges geschieht auf die Nachricht `Schreiben`. Den Nachrichten beigeordnet ist jeweils ein Objekt, aus dem die Daten entnommen werden, beziehungsweise das mit der interpretierten Information gefüllt wird.

3.3 Komposition und Ableitung

Das objektorientierte System stellt einen Grundvorrat von Klassen bereit, aus denen neue Klassen gebildet werden können. Die Definition einer neuen Klasse erfolgt mittels zweier Mechanismen, die auch kombiniert werden können:

- Komposition (Cluster, Record, Struct, Tupel, Vektor, Matrix) und
- Ableitung (Vererbung, einfach oder mehrfach).

Bereits in [Tom77] wird Tupelbildung für die Bildverarbeitung vorgeschlagen. In objektorientierten Systemen wird durch Komposition eine neue Klasse definiert, die mehrere Objekte als Komponenten enthalten kann. Die Menge der Methoden der entstandenen Klasse muß komplett neu angegeben werden. Vektoren sind als Spezialfälle der Komposition zu verstehen, in denen die Komponenten alle derselben Klasse angehören.

Durch Ableitung werden der *abgeleiteten Klasse* die lokalen Zustandsgrößen und die Methoden der *Basis* zugänglich gemacht [LaL85]. Dies kann eingeschränkt werden (siehe z.B. C++ [Str91] oder Trellis/Owl [Sch86a]). In den meisten Fällen werden die abgeleiteten Klassen modifiziert, indem sie neue Methoden erhalten, die möglicherweise ererbte Methoden überschreiben. Hierfür stehen verschiedene theoretische Modelle bereit (vgl. [Weg88b]); im Rahmen von ἵππος wird von Signaturkompatibilität ausgegangen. Durch Komposition können zusätzliche Komponenten eingeführt werden. In seltenen Fällen ist es auch sinnvoll, Eigenschaften bei der Spezialisierung vollständig zu löschen (s.u.). Wird für jede Klasse nur *eine* Basisklasse zugelassen, und existiert zudem eine allgemeinste Basisklasse, so entsteht ein *Ableitungsbaum*. Werden mehrere Basisklassen zugelassen, so spricht man von *Mehrfachvererbung* ("multiple inheritance").[5] Es entsteht dabei ein gerichteter, azyklischer Graph, der die Ableitungsrelation darstellt. Der Mechanismus der Ableitung wird in [Hal87] diskutiert. Die Bedeutung von Mehrfachvererbung ist Gegenstand von [Car84].

Wird an einer Stelle im Programm ein Objekt angegeben, so kann idealerweise an dessen Stelle stets die Instanz einer abgeleiteten Klasse treten, da die abgeleitete Klasse die volle Funktionalität der Basis besitzen sollte. Es ist allerdings möglich, daß die abgeleitete Klasse einige Eigenschaften der Basis löscht. So werden in [Weg88b] zwei Möglichkeiten für die „Vererbung durch Löschung" ("inheritance by cancellation") von Eigenschaften angegeben. Zum einen sind dies Attribute, die durch die Einführung neuer Attribute überflüssig werden. Zum anderen sind es Ausnahmen von einer generellen Klasse. Sinnvoll ist diese Form der Vererbung nur, wenn die Anzahl der Fälle mit Löschung gering ist im Vergleich zur normalen Vererbung. Für typenfreie, interpretierte Sprachen kann die Löschung unter Umständen zu einer Steigerung der Effizienz führen. Für compilierte Sprachen ist dies normalerweise nicht der Fall. Für ἵππος wird keine Löschung von Attributen zugelassen, so daß die ideale Annahme zutrifft.

---

[5] Im Gegensatz zu den Definitionen in [Par74, Bec74, Got78] wird in der Literatur auch hierfür der Begriff „Hierarchie" verwendet. Es muß also die Definition aus [Pup87] hinzugezogen werden, wobei der dort eingeführte Begriff „Heterarchie" treffender ist.

Vererbung ist zunächst ein Implementierungsmittel. Für die repräsentierten Begriffe sind dagegen die Relationen *Spezialisierung* und *Generalisierung* von Bedeutung. Ein spezieller Begriff entsteht oft durch eine *Restriktion* von Eigenschaften aus einem generellen. Umgekehrt kann jedoch das technische Mittel der Vererbung dazu verwendet werden, eine Generalisierung auszudrücken (Bild 3.1, der Pfeil bedeutet Ableitung). Die Löschung von Attributen kann ebenfalls zu einer Generalisierung durch Ableitung führen [Weg88b].

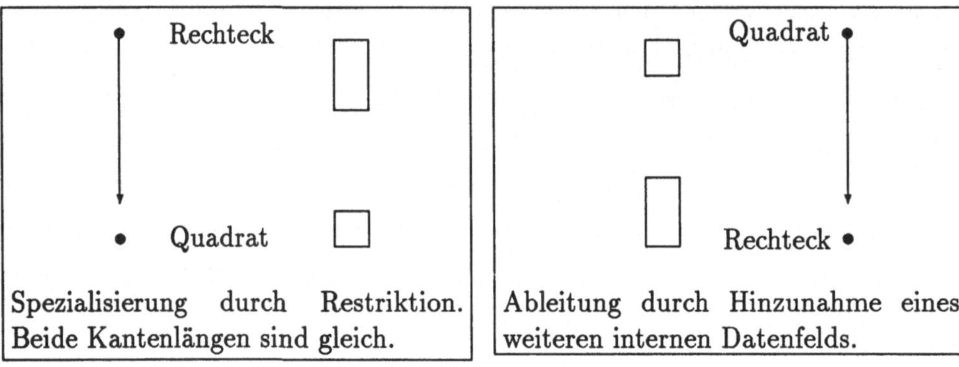

Bild 3.1: *Generalisierung durch Vererbung*

Um die konzeptuelle Adäquatheit eines Modells zu gewährleisten, müssen Begriffe, die durch eine Spezialisierungsbeziehung verbunden sind, aus derselben Abstraktionsstufe [Sag85] und aus der gleichen Begriffswelt [Sag90] stammen. Ein Kreis kann beispielsweise als ein spezieller (geschlossener) Kreisbogen angesehen werden. Die Vererbung durch Spezialisierung für diese beiden geometrischen Objekte ist aber problematisch, da ein Kreisbogen völlig andere Eigenschaften als ein Kreis hat. Programmtechnisch kann eine Vererbung aber hierfür sinnvoll sein. Die Abstraktionsstufe läßt sich durch die Beziehungen „Konkretisierung" und „Abstraktion" darstellen. Ein Netzwerk von Vererbungen zwischen Klassen in einem objektorientierten System, in dem die Kanten unterschiedliche Bedeutung haben — beispielsweise eine Spezialisierung im einen Fall, eine Konkretisierung oder Generalisierung in einem anderen — ist schwer zu durchschauen und sollte vermieden werden. Die praktischen Erfahrungen in der Implementierung von ἵππος bestätigen dies. Die *natürliche* Verwendung der Vererbung ist die Spezialisierung, da umgekehrt durch Spezialisierung eine Vererbung definiert wird [Sag85]. In der Literatur wird daher oft Vererbung synonym mit Spezialisierung benutzt (z.B.

in [Pas86]). Die in [Sag85] formulierten Einschränkungen für Spezialisierung und Konkretisierung haben zunächst formale Bedeutung für semantische Netze, sind aber für die Konzeption eines objektorientierten Systems ebenfalls nützlich, da sie sicherstellen, daß die programmtechnische Verknüpfung der Begriffe mit der realen Welt übereinstimmt. Sie werden im Abschnitt 12.8 untersucht.

3.4 Polymorphe Funktionen mit NIHCL

In einem objektorientierten System reagieren Objekte auf Nachrichten durch die Aktivierung von Methoden. Dabei werden die Nachrichten *interpretiert*. In compilierten Systemen erfolgt die Auswahl der Methode teilweise bereits bei der Übersetzung. Simula [Bir83] und C++ [Str91] vereinen konventionelle Programmierung, abstrakte Datentypen und objektorientierte Programmierung durch das Konzept der Klassen und virtuellen Funktionen. Der Aufruf einer virtuellen Funktion entspricht gleichzeitig dem Senden einer Nachricht und der Aktivierung einer Methode. Da die Implementierung von *ἵππος* in C++ erfolgt, wird im folgenden anstelle von „Methoden" oft der in C++ synonym verstandene Begriff „Funktionen" verwendet. Gleiches gilt für Klassen und Datentypen. Funktionen, die auf Instanzen aus verschiedenen Klassen angewendet werden können, heißen *polymorphe* Funktionen [Car85, Lis76]. In C++ wird dies durch virtuelle Funktionen verwirklicht.

Das System *ἵππος* baut auf einem objektorientierten System auf, das den Namen "NIH–Class Library" trägt [Gor90]. Die NIHCL–Hierarchie bildet in einem beträchtlichen Umfang die Ideen von Smalltalk in C++ nach. Eine weitere Beschreibung von NIHCL findet sich im Anhang A. Die Wurzel des NIHCL–Klassenbaums bildet die Klasse Object, deren im folgenden zusammengefaßte polymorphe Funktionen grundlegend für alle Klassen sind — nicht nur für solche aus der Bildverarbeitung. Einige elementare Anforderungen werden an *jedes* Objekt gestellt und werden als polymorphe Funktionen von Object angegeben. Sie vererben sich an alle abgeleiteten Objekte und werden in diesen bei Bedarf redefiniert. Die Klasse Object ist Beispiel für eine *abstrakte Klasse*; Objekte werden nur als Ableitungen dieser Klasse instantiiert. Abstrakte Klassen dienen oft der Strukturierung der Klassenbeziehungen [Hal87].

Eine Methode (`isA`) erlaubt es, die Klasse eines Objekts dynamisch zu erfragen; (in Smalltalk entspricht dies der Nachricht `class`). Es existieren Prädikate, mit Hilfe derer sich feststellen läßt, an welcher Stelle ein Objekt in der Klassenhierarchie eingeordnet ist (`isKindOf`). Ebenfalls von Bedeutung sind Funktionen, die eine Kopie des Objekts liefern (`copy`) und ein Objekt mit einem anderen vergleichen (`isEqual`). Eine Vergleichsfunktion ist erforderlich, um in Kollektionen (→ Abschnitt 3.8) prüfen zu können, ob ein Element bereits enthalten ist. Sie kann in geordneten Kollektionen verwendet werden, um Elemente bezüglich einer Ordnungsrelation zu vergleichen. Zur externen Repräsentation sind drei Funktionen erforderlich. Die eine stellt in lesbarer Form den Zustand des Objekts dar (`printOn`). Die dazu inverse Funktion liest Information in ein Objekt (`scanFrom`). Eine externe maschinenlesbare Repräsentation wird mit den Mitteln von XDR durch eine Methode (`xdr`) erzeugt oder interpretiert, die eine Erweiterung der NIHCL–Hierarhie darstellt (→ Abschnitt 3.9). Die Hash–Codierung (`hash`) ist ein äußerst wirkungsvolles Instrument für die Verwaltung von Kollektionen. Die aufgeführten Funktionen sind in Tabelle 3.2 zusammengestellt. Links in der Tabelle steht die Nachricht, rechts die Beschreibung, in der gegebenenfalls auf Parameter der Methode implizit Bezug genommen wird (z.B. in `isEqual`: der Vergleich findet zwischen dem betrachteten Objekt und einem weitern als Argument gelieferten Objekt statt). Jedes Objekt verfügt außerdem über mindestens eine parametrisierte Konstruktionsvorschrift und eine Destruktionsanweisung, die nicht direkt als Methoden ansprechbar sind, sondern bei der Instantiierung und beim Löschen eines Objekts aufgerufen werden.

Nützlich ist auch die ebenfalls von NIHCL zur Verfügung gestellte Klasse Nil, deren einzige Instanz ein leeres Objekt gleichen Namens ist.

3.5 Nützliche und notwendige Funktionen

Klassen haben in der Regel ein reales Konzept als Gegenstück, d.h. sie repräsentieren einen Begriff. Zur Repräsentation ist es oft nötig, Daten oder Zustände eines Objekts zu speichern. Daher können Objekte lokale Daten besitzen. Wenn ein Objekt solche Daten hat, so sind zu deren Manipulation Funktionen nötig. Diese Funktionen *müssen* als Operationen der Klasse angegeben werden, um ei-

`isA`:	Liefert eine Klassenkennung des Objekts.
In Anlehnung an SmallTalk gibt es eine Klasse mit der Bezeichnung **Class**. Instanzen dieser Klasse beschreiben Klassen. Zu jeder definierten Klasse existiert eine Instanz der Klasse **Class**. Die Methode **isA** liefert das Class-Objekt, das die Klasse des Objekts beschreibt.	
`isKindOf`:	Prädikat, das testet, ob ein Objekt von einer angegebenen Klasse abgeleitet ist.
`hash`:	Liefert eine Hashcodierung des Objekts.
`printOn`:	Gibt das Objekt mit allen notwendigen Informationen menschenlesbar aus.
`scanFrom`:	Liest alle notwendigen Informationen für das Objekt ein. Diese Funktion ist die inverse Funktion zu print.
`copy`:	Liefert eine Kopie des Objekts.
`isEqual`:	Vergleicht ein Objekt mit einem anderen.
`xdr`:	Liefert oder interpretiert eine externe Repräsentation des Objekts.
Die neue Klasse **XDR** wird hierzu in die NIHCL–Hierarchie eingefügt und alle Klassen mit der Methode **xdr** ausgestattet.	
create:	Erzeugungsvorschrift für ein Objekt (evtl. mit Parametern).
destroy:	Diese Methode ist die Selbstzerstörungsvorschrift für ein Objekt.

Tabelle 3.2: *Wichtige Methoden der Klasse* **Object**

ne Datenabkapselung zu gewährleisten. Dazu kommen weitere Funktionen zur Speicherung, Konstruktion und Verwaltung des Objekts. Diese Funktionen sind Teil der *notwendigen* Menge der Operationen auf der Klasse, ohne die sie nicht sinnvoll verwendbar ist. Weitere notwendige Funktionen sind all die Operationen, die eng mit der Definition des repräsentierten Begriffs zusammenhängen, wobei dies im Einzelfall zu entscheiden ist.

Der Vorrat von Methoden einer Klasse ist statisch, d.h. er wird während des Laufs eines Programms nicht verändert. Die lokalen Daten charakterisieren daher den

Zustand des Objekts; die Methoden tragen nicht zur Zustandsbeschreibung bei, da sie unveränderlich sind.

Weitere *nützliche* Operationen können existieren, die zur Definition der Klasse (d.h. des repräsentierten Begriffs) *nicht erforderlich* sind, da sie aus den elementaren Operationen zusammengesetzt werden können, die aber wohl die Verwendung der Klasse erleichtern. Diese können auf dreierlei Arten mit der Klasse verbunden werden:

- Sie können als Methoden der Klasse angegeben werden. Dann unterscheiden sie sich äußerlich nicht von den *notwendigen* Funktionen. Dies ist dann sinnvoll, wenn die Methode Interna der Klasse benötigt.
- Wenn die Operation einen klaren Begriff in dem zu repräsentierenden Bereich darstellt, kann die Operation als Aktionsklasse formuliert werden. Den konkreten Algorithmus bildet eine Instanz einer solchen Klasse.
- In hybriden Systemen, die konventionelle und objektorientierte Programmierung vereinen (z.B. Objective–C, C++), können *Funktionen* (oder Prozeduren) deklariert werden, die Objekte als Argumente haben. Sie arbeiten auf diesen mit den Objekt–Funktionen.

Aktionsobjekte sind dann sinnvoll, wenn die Neueinführung von Klassen durch Ableitung keine Veränderung der beteiligten Objekte erfordert. Die Querbezüge in der Klassenhierarchie dürfen durch neue Klassen nicht verändert oder erweitert werden. Nach [Hal87] sollte eine Operation immer dann direkt an die Klasse gebunden werden, wenn zu ihrer Implementierung viel Information über die spezielle Klasse nötig ist. Wenn dagegen eine Operation für viele verschiedene Typen gleiche Wirkung hat, so soll daraus eine neue Aktionsklasse gemacht werden.

3.6 Klassen für die Bildverarbeitung

Aus den nun eingeführten Begriffen läßt sich angeben, was im folgenden unter objektorientierter Bildverarbeitung zu verstehen ist. Dies soll keinesfalls dogmatisch geschehen und erfolgt deswegen informell und nicht in Form einer Definition. Damit ist eine vielfältige Anpassung an bestehende Systeme möglich. Voraussetzung ist das Zutreffen der folgenden Kriterien:

- Verwendung von Objekten und Klassen im Sinne von Abschnitt 3.2. (Es wird nicht gefordert, daß ausschließlich mit Objekten gearbeitet wird),
- Einsatz von Vererbungsmechanismen für die Klassen und Objekte,
- ein Mechanismus für polyomorphe Funktionen,
- und nicht zuletzt die Verfügbarkeit ikonischer Operationen.

Das nun vorgestellte *ἵππος*–System erfüllt diese Anforderungen. Die angegebenen Objekte werden hierarchisch zueinander in Beziehung gesetzt. Die Ableitungshierarchie wird im folgenden bei der Einführung neuer Klassen graphisch dargestellt (z.B. in Bild 3.2). In den Bildern und Tabellen werden die englischen Klassen- und Methodennnamen (vgl. Seite iii) angegeben, die in der Implementierung verwendet wurden. Im Text werden die Klassen vereinzelt mit der deutschen Bezeichnung oder Übersetzung des repräsentierten Begriffs angesprochen, deren Korrespondenz aber unmittelbar auf der Hand liegt oder im Einzelfall explizit angegeben wird.

Bei der Beschreibung der Klassen wird vornehmlich auf deren Funktionalität geachtet. Die interne Repräsentation der Daten — die Implementierung der Komponenten der Objekte — ist zweitrangig und wird nur angedeutet. Die Funktionalität wird durch eine Liste der Methoden angegeben. Im Text erscheinen dabei nur die wichtigsten Methoden (z.B. in Tabelle 3.2), die das Prinzip der Klasse erkennen lassen.

In den folgenden Kapiteln werden schrittweise die *ἵππος*–Klassen eingeführt, wobei die Abstraktionsstufen aus Bild 2.2 verfolgt werden.

Bild 3.2 bietet einen Überblick über die Vererbungshierarchie, der in den folgenden Kapiteln verfeinert und erweitert wird. Es existieren also noch weitere Klassen, die nicht dargestellt sind. In den unteren Ebenen des Baums, die durch die gepunktete Linie abgetrennt sind, wird die Ableitung nur zur Spezialisierung verwendet. Es sind die vier Stufen „Bild", „Repräsentation", „atomares Objekt" und „initiale symbolische Beschreibung" (Segmentierungsobjekt SegObj) in Bild 2.2 als jeweils separate Teilbäume erkennbar. Sie stellen den obersten Knoten je eines Teilbaums dar, deren Verfeinerung Gegenstand der folgenden Kapitel ist.

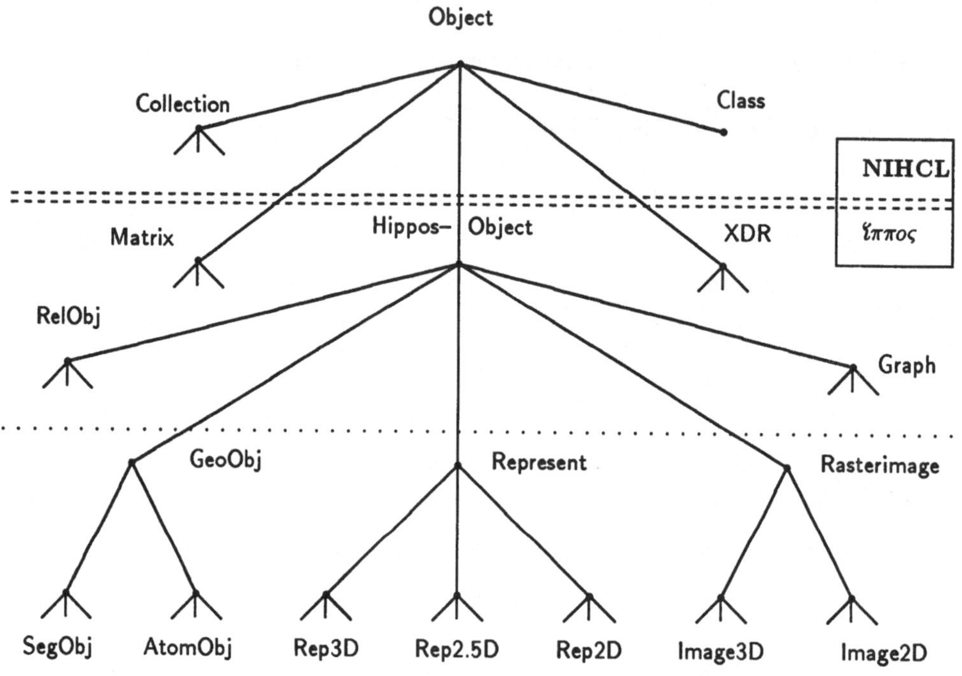

Bild 3.2: *Klassenhierarchie für die Ikonik im Überblick*

Da in ἵππος von der Möglichkeit der Mehrfachvererbung kein Gebrauch gemacht wird, entsteht ein *Klassenbaum.* Das Fehlen von Mehrfachvererbung wurde in dem Vorschlag für ein objektorientiertes Bildverarbeitungssystem in [Pip88] bedauert. ἵππος kommt ohne diesen Mechanismus aus und erleichtert damit eine mögliche Implementierung in einer nicht objektorientierten Programmiersprache. Der Nutzen von Mehrfachvererbung ist nicht unumstritten (vgl. z.B. [Gut89]). Für Erweiterungen von ἵππος kann die Verwendung jedoch in Betracht gezogen werden.

`setAttr`:	Setzt ein Attribut, bzw. fügt es ein.
`reliability`:	Liefert, bzw. setzt die Bewertung des Objekts.
`getAttr`:	Sucht ein Attribut zu einem gegebenen Schlüssel.
`removeAttr`:	Löscht ein Attribut zu einem gegebenen Schlüssel.
`Display`:	Stellt das Objekt auf dem Bildspeicher dar.

Tabelle 3.3: *Wichtige Methoden der Klasse* HipposObj

Den obersten Knoten im Klassenbaum für die Bildverarbeitung bildet das Hippos-Objekt (**HipposObj**), das direkt von **Object** abgeleitet ist. Es stellt allen spezielleren Objekten durch Vererbung einige nützliche Eigenschaften zur Verfügung, deren Funktionalität in Tabelle 3.3 zusammengestellt ist. Dazu gehört die Fähigkeit, eine beliebige Anzahl von Attributen zu haben, die — im Gegensatz zu Komponenten — dynamisch veränderbar sind und die in Attributmengen zusammengefaßt werden. Attributmengen werden in Kapitel 6 vertieft besprochen. Sie sind wie die "propertylists" in LISP (vgl. z.B. [Sto84]) zu verstehen.[6] Sie erlauben eine beliebige Liste von Paaren, die aus Attributname und Attributwert bestehen. Möglich sind das Einfügen neuer (`setAttr`) und das Löschen bestehender Attribute (`removeAttr`). Werte von Attributen können inspiziert (`getAttr`) oder verändert (`setAttr`) werden. Eine Liste aller angegebenen Attribute ist ebenfalls erhältlich (`attrDict`). Die Möglichkeit, Objekte zu attributieren, wurde bereits in [Ans89, Bru90] erfolgreich eingesetzt. Auch in ESP-3 ([Goo89]) existieren Attribute der angegebenen Form.

Eine wichtige Anwendung erfahren die Attributmengen in der Angabe einer *Bewertung*, die in der Bildanalyse von großer Bedeutung ist. Auch mehrkomponentige Bewertungen [Sag87] können einfach mit Attributmengen dargestellt werden. Die Bedeutung der Bewertung für die Bildverarbeitung wird in [Bru90, Geu82] dargestellt. Sie kann zu einer beträchtlichen Vereinfachung der Bildanalyse führen. *Jede ἵππος*–Klasse besitzt eine Bewertung, um zur Verwendung dieses

[6] Die Bezeichnung *Attribut* kollidiert somit mit der Verwendung in der objektorientierten Terminologie und dem Begriff „Attribut" in semantischen Netzen [Kum87] und Datenbanken (vgl. Kap. 7). Die Unterschiede sind aber gering, und es wird angenommen, daß sie zu keiner Verwirrung führen.

Klasse	Erklärung	Realisierung in ἵππος
boolean	Wahrheitswert	Aufzählungstyp, keine Klasse
Integer	Ganze Zahlen	aus NIHCL
Float	Reelle Zahlen	aus NIHCL
Complex	Komplexe Zahlen	aus NIHCL
Date	Datum	aus NIHCL
Time	Zeit	aus NIHCL
String	Text	aus NIHCL
stream	Ein/Ausgabe	aus C++-System

Tabelle 3.4: *Grundlegende Datentypen und Klassen*

Attributs aufzufordern. Die Attributmengen gestatten es, mehrere Bewertungen gleichzeitig zu verwalten.

Systemumgebungen für die Bildverarbeitung verfügen in der Regel über Geräte, auf denen Bilder dargestellt werden können. Die Methode `Display` erlaubt die Ausgabe beliebiger ἵππος-Objekte auf einem solchen Gerät. Damit ist eine einheitliche Schnittstelle zur Visualisierung beliebiger Objekte geschaffen.

Weitere Klassen werden benötigt, die im folgenden nicht erklärt werden. Von diesen wird angenommen, daß sie vom objektorientierten System (beispielsweise NIHCL) oder der verwendeten Programmiersprache (beispielsweise Smalltalk) bereitgestellt werden. In Bild 3.2 befinden sich diese Klassen in der obersten Ebene. Die Operationen auf diesen Daten sind weitgehend selbstverständlich, oder ihre genaue Spezifikation ist für die Beschreibung der Bildverarbeitungsklassen nicht von Belang. Es wird angenommen, daß die folgenden Klassen ebenfalls von der Klasse Object abgeleitet sind. Der genaue Pfad zur jeweiligen Klasse ist nicht weiter von Bedeutung. Die Klassen und ihre Realisierung sind in Tabelle 3.4 angegeben.

In Bild 3.2 sind für ἵππος zwei Klassen aufgeführt, die nicht zum ἵππος-Teilbaum gehören, die aber für die Bildverarbeitung eine wichtige Rolle spielen. Die Klasse XDR dient der externen Repräsentation von Objekten (→ Abschnitt 3.9) und die Klasse Matrix der Definition von Matrizen (→ Abschnitt 4.2). Die ebenfalls bedeutsamen NIHCL-Klassen Collection — zur Strukturierung von Containerklassen (→ Abschnitt 3.8) — und Class — zur internen Verwaltung — sind ebenfalls in den Baum eingetragen.

Die Schnittstelle zwischen Ikonik und Symbolik ist zentraler Punkt der Hierarchie und wird durch das Segmentierungsobjekt (SegObj) als initialer symbolischer Beschreibung (→ Kapitel 8) verkörpert. Während ἵππος auf die *Beschreibung* der Segmentierungsergebnisse ausgelegt ist, wird durch die Operatorhierarchie [Gem90] die *Gewinnung* dieser Information formalisiert — ein Aspekt, der in ἵππος weitgehend ausgespart wurde. Operatorhierarchie und ἵππος sind im Sinne von Bild 2.1 zwei Sichten, die sich gegenseitig ergänzen. In gleicher Form kann gegebenenfalls auch das System COOL [Cog87] als Ergänzung dienen.

In ἵππος sind geometrische Objekte dafür vorgesehen, Ergebnisse der Segmentierung aufzunehmen. Objekte, wie Kreise oder Rechtecke sind in [Cap90b] zu geometrischen *Formen* zusammengefaßt. Hier bietet sich für einen weiteren Ausbau eine Kombination der Ansätze an, die auch für die Generierung von Bildern in der Computergrafik nützlich sein kann.

3.7 Raum und Zeit

Der in Bild 3.2 dargestellte ἵππος–Baum erlaubt ein methodisches Vorgehen, das den Abstraktionsstufen aus Bild 2.1 folgt. Dabei kann aus zweidimensionalen Rasterdaten — eventuell auch aus mehreren Kanälen oder Bildern einer Folge — rechnerisch dreidimensionale Information gewonnen werden. Die pixelnahen Repräsentationsklassen sind für zwei- und dreidimensionale Daten getrennt. Atomare geometrische Objekte vereinen beide Dimensionen. Diese Methodik erweist sich als adäquat für die Behandlung aller Bildverarbeitungsalgorithmen.

Am Beispiel des Begriffs „Punkt" wird nun dargestellt, welche prinzipiellen Möglichkeiten der Kombination von Informationen aus verschiedenen Dimensionen sich durch Vererbung ergeben (Bild 3.3).

In Lösung a) hat die Klasse Punkt keine feste Dimension. Jede Instanz dieser Klasse legt sich auf eine Dimension fest. Die Allgemeinheit der Klasse kann unter Umständen zu unnötig komplizierten Funktionen und internen Datenstrukturen — und damit zu Mehraufwand bei der Benutzung — führen.

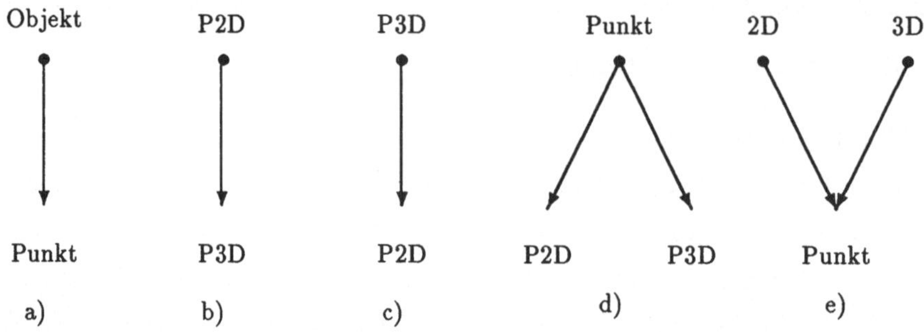

Bild 3.3: *Räumliche Punktdarstellung im Blickwinkel der Vererbung*

Die Vererbung in b) ist problematisch, da in der Mathematik niedrige Dimensionen als spezielle Fälle von höheren aufgefaßt werden. Die dargestellte Vererbungskante entspricht damit einer Generalisierung, was unerwünscht ist (vgl. Bild 3.1).

Wird die Vererbung wie in c) zur Spezialisierung benutzt, so hat jeder Punkt in der Ebene unnötigerweise die volle Funktionalität (und meistens auch den Speicherplatzbedarf) eines Punkts im Raum. Dies gilt im allgemeinen selbst dann, wenn ein Löschen von Attributen bei der Vererbung möglich ist.

In d) wird aus einem allgemeinen Punkt ein spezieller Punkt in der Ebene und ein weiterer Punkt im Raum gewonnen. Wenn dabei das Punkt–Objekt dem Punkt aus a) entspricht, so ergeben sich die für die Lösung c) aufgeführten Probleme. Ist dagegen das Punktobjekt ein reines strukturierendes Element, das die beiden abgeleiteten Klassen zusammenfaßt, ohne weitere Attribute zu vererben, so sind für die beiden Punkte einige Informationen doppelt anzugeben, oder es herrschen interne Querbezüge.

In e) wird ein Punkt unter Verwendung von Mehrfachvererbung aus einem 2–D–Objekt und einem 3–D–Objekt abgeleitet. Dies hat ebenfalls zur Folge, daß ein zweidimensionaler Punkt alle Möglichkeiten eines dreidimensionalen Punkts besitzt. Zudem wurde in ἵππος bewußt auf den Mechanismus der Mehrfachvererbung verzichtet.

In [Sag85, S. 66] werden Spezialisierungsbeziehungen zwischen Klassen von geometrischen Objekten verschiedener Dimension ausgeschlossen. Falls die in Bild 3.3 dargestellten Kanten als Spezialisierungskanten interpretiert werden, so verbieten sich die Lösungen b), c) und d).

Die Vor- und Nachteile der einzelnen Fälle sind bei der Einordnung einer Klasse individuell abzuwägen, da keine der Lösungen optimal ist. Fall a) wird in *ἵππος* gewählt, um geometrische Objekte auf einer höheren Abstraktionsstufe darzustellen (→ Kapitel 6). Fall c) wird für pixelnahe Repräsentationen gewählt (→ Kapitel 5), wobei zum Anschluß an semantische Netze die Kante als reine Vererbungskante interpretiert wird und sich somit kein Widerspruch ergibt (→ Abschnitt 12.8).

Räumlich dreidimensionale Objekte sind im *ἵππος*-Baum (Bild 3.2) erkennbar. Die Darstellung von Objekten, die sich zeitlich verändern, ist dagegen nicht unmittelbar zu sehen. Der Grund liegt in der Darstellung zeitlicher Bezüge, die nun untersucht wird. Betrachtet wird wiederum ein Punkt, der nun in einer Bildfolge verfolgt werden soll. Typischerweise werden dabei seine Positionen über einen gewissen Zeitraum aufgehoben, dessen Dauer unter Umständen variieren kann. Danach werden sie wertlos und gelöscht. Ein solches Szenario ist in Bild 3.4 dargestellt.

Die Koordinaten eines Punkts sollen also in Abhängigkeit vom Zeitpunkt erhältlich sein. Punkte sollen aber auch weiterhin als Objekte existieren, die keine Zeitinformation tragen.

Analog zu Bild 3.3 sind in Bild 3.5 die Möglichkeiten dargestellt, einen Punkt durch Vererbung mit Zeitinformation auszustatten. Es ergeben sich dabei dieselben Probleme wie mit der räumlichen Dreidimensionalität. Eine Kombination von räumlicher und zeitlicher Information — beispielsweise in einem Farbpunkt aus einer Bildfolge dreidimensionaler Farbbilder — vervielfacht die möglichen Schwierigkeiten.

Es ist schwierig, eine Punktfolge unter den generellen Begriff „Punkt" zu subsumieren. Die Verwendung von Mehrfachvererbung aus „Folge" und „Punkt" in l) ist ein konzeptueller Fehler (vgl. [Hal87]), da eine Punktfolge kein spezieller

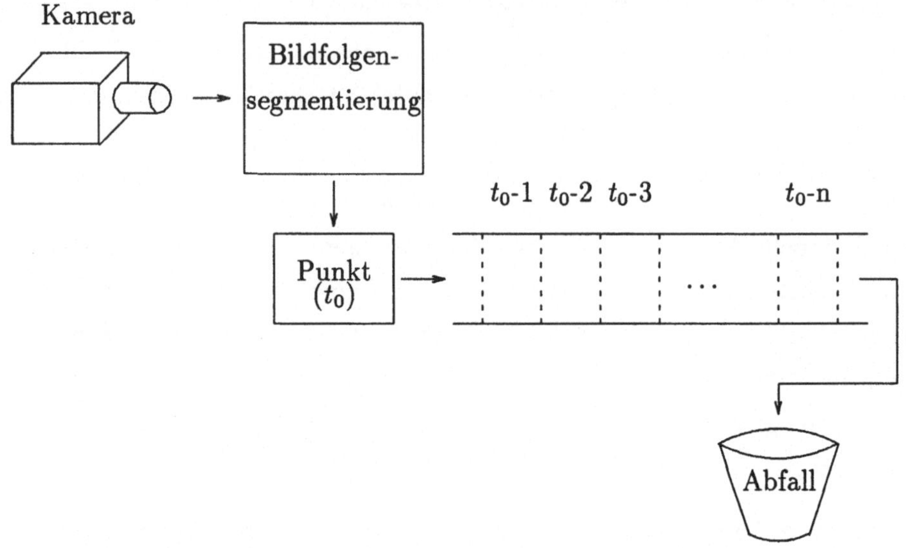

Bild 3.4: *Punktobjekte aus Bildfolgen*

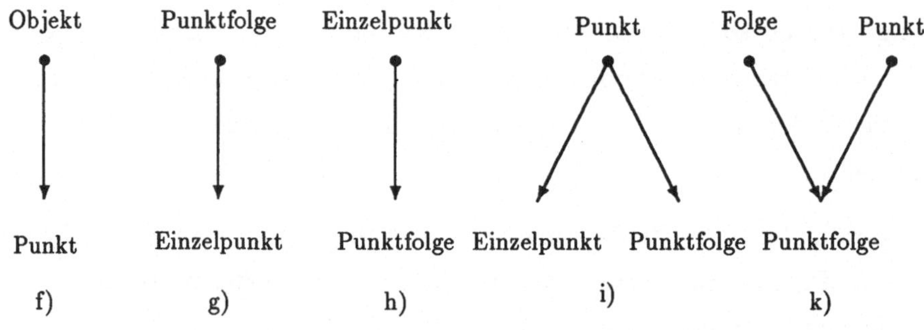

Bild 3.5: *Zeitliche Punktfolgen im Blickwinkel der Vererbung*

Punkt ist und sich nicht aus den Eigenschaften eines Punkts und einer Folge zusammensetzt. Die Möglichkeiten g), h) und i) entsprechen den Lösungen b), c) und d) für dreidimensionale Punkte. Diese Ableitungen sind nur dann möglich, wenn die Zeitkomponente eines Punkts als weitere gleichberechtigte Dimension verstanden wird. Damit wird ein einzelner Punkt zum Spezialfall einer Punktfolge mit nur einer zeitlichen Information.

Wie im Abschnitt 2.6 bereits erläutert, läßt sich die Zeit in Anwendungen der Bildverarbeitung nicht einfach als weitere Dimension deuten. In Bild 3.4 wird zu einem Punkt eine beschränkte Anzahl von Werten aus der Vorgeschichte aufgehoben. Die Repräsentation von Zeitangaben unterscheidet sich in der Bildverarbeitung von der räumlichen Tiefe außerdem dadurch, daß sie nicht rechnerisch ermittelt wird, sondern einen festen Parameter darstellt. Rechnerisch werden unter Umständen sekundäre Größen ermittelt, wie beispielsweise die Geschwindigkeit eines Objekts.

Die Lösung besteht darin, nur die Ableitung f) zu verwenden. Ziel der Beschreibung ist in vielen Fällen die aktuelle Position des Punkts, sowie Angaben über die Vorgeschichte oder seine voraussichtliche zukünftige Position. Diese Information wird in den Attributen „Geschwindigkeit" und „Richtung" festgehalten. Es ist daher meist nicht erforderlich, ein Folgenobjekt bestehend aus Punkten zu generieren.

Für die Repräsentation zeitlicher Bezüge wird also ein anderer Weg eingeschlagen, als für räumliche Dreidimensionalität. Zunächst sei also festgehalten, daß bei der im folgenden dargestellten Entwicklung des ἵππος–Baums die Verarbeitung in Bildfolgen berücksichtigt wurde. In Abschnitt 9.5 wird dann erörtert, wie mit den bis dahin vorgestellten Strukturen eine Verarbeitung von Bildfolgen möglich ist. Folgenobjekte (s.u.) werden dabei für die Bildobjekte verwendet. Geometrische Objekte werden durch spezielle zeitliche Relationen verknüpft.

3.8 Mengenartige Strukturen

In der Ikonik fallen in vielen Anwendungen Ergebnisdaten an, deren Anzahl im voraus nicht bekannt ist; als Beispiel können die Ergebnisse eines Linienfinders dienen, der eine unbekannte Anzahl von Linien liefern kann. Oft gibt es für diese Daten auch keine Ordnung, die sich aus der Struktur der Daten unmittelbar herleiten ließe; Linien in einem Bild können im allgemeinen nur in eine willkürliche Ordnung gebracht werden. Weitere Beispiele sind Mengen von Vertices, Mengen von Merkmalen etc. Die Bildfolgen aus dem vorigen Abschnitt (Bild 3.4) haben im Gegensatz zu Mengen eine feste Ordnung.

Folgen wurden in [Tom77] als wichtige Datenstrukturen für die Bildverarbeitung angegeben. [Sha80] zeigt die Verwendung von Folgen und Stapeln in der Bildverarbeitung.

Für die Verwaltung solcher Datensammlungen müssen einheitliche Datenstrukturen und einheitliche Operationen zur Verfügung stehen. Oft werden solche Ergebnisse als „listenartig" bezeichnet (beispielsweise in [Wah84]). Eine Liste hat jedoch eine definierte Reihenfolge und ist in der Terminologie der Informatik eine Datenstruktur, auf die sequentiell zugegriffen werden kann. Im allgemeinen ist es auch fehlerhaft, anstelle von Bildfolgen einen Vektor von Bildern zu betrachten, da ein Vektor eine feste Länge hat, die Länge der Folgen jedoch variiert.

Anstelle von Listen wird im folgenden ein *Mengen*konzept eingeführt, mit dessen Hilfe sich die Datenstrukturen der Bildverarbeitung adäquat beschreiben lassen. Der dargestellte Klassenunterbaum für Kollektionen wird hier nur informell eingeführt, indem eine Auswahl der Methoden und Klassen aus NIHCL und Smalltalk angegeben werden. Die verwendeten Datentypen repräsentieren klare Begriffe, die aus der Mathematik bekannt sind.

Ein Mengenkonzept ist nicht nur in der Ikonik von Bedeutung; auch in der Symbolik sind damit Probleme leichter beschreibbar. Beispielsweise werden Attribut*listen* verständlicher, wenn sie als Attribut–*Mengen* beschrieben und implementiert werden.

Mit der abstrakten Klasse Collection wird das Konzept bezeichnet, das Containerklassen allgemein zusammenfaßt. In einer Kollektion können beliebige Elemente in beliebiger Anzahl und Reihenfolge gesammelt werden. Betrachtet werden an dieser Stelle nur Mengen im traditionellen Sinn. Fuzzy–Mengen [Zad65] sind in der Bildverarbeitung ebenfalls von Bedeutung (vgl. z.B. [Gia84]) und werden im Kapitel 7 berücksichtigt. Es lassen sich drei Grundtypen von Kollektionen angeben, die in Bild 3.6 dargestellt sind:

- Daten, die in einer Kollektion auftreten und bei denen keine Mehrfacheinträge existieren, werden als *Menge* bezeichnet und als solche verwaltet.
- Daten, die sequentiell bearbeitet werden und deren Reihenfolge wohldefiniert ist, werden als *Folge* dargestellt. Die Elemente sind linear angeordnet.

Mehrfache Einträge sind gestattet. Es werden vollständige Ordnungen (OrderedCltn) und Stapel (Stack) unterschieden.

- Daten, die ungeordnet anfallen und bei denen mehrfaches Vorkommen desselben Elements gestattet ist, werden als „Multimengen" ([Ben91]) bezeichnet und durch die Klasse **Bag** repräsentiert (vgl. "Container Class" in Objective-C [Cox86]).

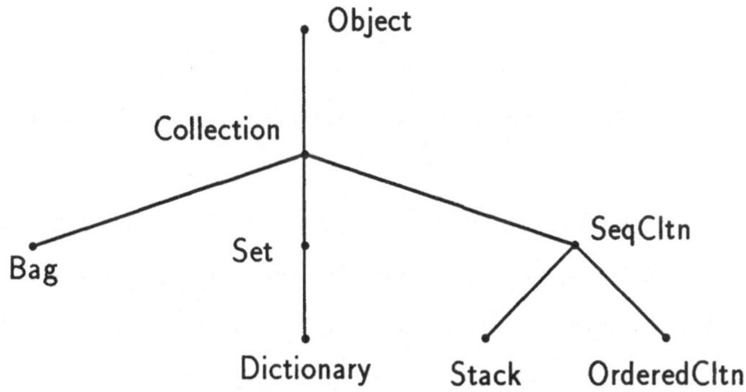

Bild 3.6: *Kollektion und Mengen*

Mengen entsprechen dem mathematischen Konzept der Menge, in der die Elemente ungeordnet vorliegen und nur einmal vorkommen können. Eine spezielle ungeordnete Menge ist die assoziative Liste (**Dictionary**), deren Elemente Paare aus Schlüssel und Wert sind. Geordnete Kollektionen sind als Folgen (**SeqCltn**) oder mit totaler Ordnung (**OrderedCltn**) oder als **Stack** darstellbar.

In [Che90, Yac77] werden "Black Boards" für Systeme zur Bildanalyse verwendet. Objektorientiert lassen sich diese als **Container** implementieren. In [Uhr86] wird eine Informationsdarstellung in Expertensystemen für die Bildverarbeitung als „tabellenartig" bezeichnet. Diese Tabelle kann als **Container** oder mit Relationen dargestellt werden.

Die Methoden der mengenartigen Objekte entsprechen den gängigen Vorstellungen über Mengen, die aus der Mathematik bekannt sind. So ist beispielsweise die Vereinigung zweier Kollektionen (`addContentsTo`) für die abgeleiteten Klassen jeweils unterschiedlich aber unmittelbar verständlich. In Tabelle 3.5 sind die Methoden der abstrakten Klasse **Collection** angegeben. Beachtenswert ist dabei

`addContentsToCollection:`	Vereinigung zweier Collectionen. Die Vereinigung zweier Mengen ergibt eine Menge, die Vereinigung zweier Container einen Container etc.
`size:`	Liefert die Anzahl der Elemente in diesem Objekt.
`remove:`	Löscht ein Element aus der Collection.
`add:`	Fügt ein Element in die Collection ein.
`includes:`	Prüft das Vorhandensein eines Elements in der Kollektion.
`doNext:`	Dient zur Fortschaltung in einer Iteration.

Tabelle 3.5: *Wichtige Methoden der Klasse* Collection

die Funktion zur Iteration über die Elemente einer Kollektion, die für die Programmierung (in Schleifen) von großer Bedeutung ist (`doNext`). Die Methode `addContents` macht von der Methode `isEqual` (→ Tabelle 3.2) Gebrauch, um die Elemente zu vergleichen.

3.9 Externe Repräsentation

Von der internen Repräsentation eines Objekts — der Darstellung der Daten im Programm bzw. im Rechner — ist die externe Repräsentation — die Darstellung auf einem Speichermedium — zu unterscheiden. Die Verwaltung beider Repräsentationen bleibt dem Benutzer erspart. Die interne Repräsentation verliert ihre Bedeutung durch die Datenabstraktion. Für die externe Repräsentation einer Datenstruktur oder deren Interpretation stehen Routinen zur Verfügung, die einen sicheren und effizienten Datenaustausch auch in inhomogenen Rechnernetzen sicherstellen. Die externe Repräsentation ist bei der Spezifikation von Klassen sehr wichtig. Sie darf sich nachträglich nur in dem Rahmen ändern, der mit dem Bestehenden kompatibel bleibt, falls die Konvertierung oder der Verlust der alten Daten nicht in Kauf genommen werden kann. Eine maschinenunabhängige externe Darstellung stellt sicher, daß verschiedene Benutzer die Ergebnisse ihrer Berechnungen auf einem Speichermedium in einer Form ablegen, die von anderen Benutzern — auch auf einem Rechner anderer Architektur — problemlos interpretiert werden kann.

Die Notwendigkeit einer einheitlichen externen Repräsentation von Bilddaten wurde bereits früh erkannt und führte zu ersten Standardisierungsbestrebungen [Eva77]. Die Erfordernisse einer externen Repräsentation von Objekten in der in den folgenden Kapiteln eingeführten Klassenhierarchie gehen über die Repräsentation von Rasterdaten weit hinaus. Standards sind projektiert für den Austausch von Bilddaten, wobei ausschließlich ikonische Information übertragen werden soll (vgl. [Kro89, Blu92]).

Die externe Repräsentation von Objekten eignet sich als Schnittstelle zwischen Programmen. In modernen Rechnerumgebungen, speziell in heterogenen Rechnernetzen, ist dabei ein maschinenunabhängiges Format unerläßlich. Die externe Repräsentation ist auch nützlich, die Barrieren zu überwinden, die durch verschiedene Programmiersprachen und -paradigmen entstehen. Durch gemeinsame externe Repräsentation werden beispielsweise objektorientierte Bildverarbeitungsprogramme in C++ mit konventionellen C–Programmen gekoppelt [Lut90], wobei außer Bildmatrizen gemeinsame Repräsentationen für Mengen, Folgen und einfache geometrische Objekte verwendet werden. In Kapitel 8 wird der Übergang von *ἵππος* zur Symbolik erörtert, der über eine externe Repräsentation einfach möglich ist [Pau92].

XDR [RPC86] ist ein De–Facto–Standard für die externe Repräsentation von beliebigen Daten in einem maschinenunabhängigen binären Format. Daher wird eine Aktionsklasse XDR eingeführt, die für die Repräsentation von Objekten verantwortlich ist. Jedes Objekt reagiert auf die Nachricht `xdr`, indem die Kommunikation mit einem als Operator mitgelieferten XDR–Objekt aufgenommen wird. Falls das XDR–Objekt schreibende Funktion hat, so wird eine externe Repräsentation erstellt. Ansonsten wird eine solche Repräsentation interpretiert und das Objekt mit der darin enthaltenen Information gefüllt. Daher ist nur *eine* Methode für Lesen und Schreiben pro Klasse angegeben, die bereits in der Klasse **Object** vorliegt (→ Tabelle 3.2). Die Repräsentation eines Bildes in einem kommenden Standard ist mittels dieses XDR–Objekts unmittelbar möglich (→ Kapitel 4). Ebenso können komprimierende Verfahren (vgl. z.B. [Hab87]) in diese Klasse eingebunden werden.

In Anhang A.3 wird die Speicherung mit XDR ausführlicher erläutert. Für die Schilderung in den folgenden Kapiteln sind die technischen Details nicht weiter von Bedeutung. Die maschinenunabhängige Schnittstelle und die Verknüpfung zu anderen bildverarbeitenden Systemen wurde mit IPAX [Bru88] ausführlich getestet (s.a. [Bru90]). Sie erwies sich als äußerst flexibel, sicher und effizient.

[RPC86] liefert eine Datenbeschreibungssprache, die von einem Programmgenerator interpretiert wird und Datenstrukuren und die dazugehörigen XDR–Routinen erzeugt. XDR wurde gegenüber anderen abstrakten Beschreibungssprachen — beispielsweise ASN.1 (vgl. [Gor87a]) — der Vorzug gegeben, da die XDR–Sprache nahe an der Syntax von C liegt, und XDR deutlich bessere Werte bezüglich Laufzeiten und Dateigrößen ergibt, als die anderen Verfahren [Ros90, Lut90]. Zudem erfolgte die Implementierung (→ Kapitel 13) unter dem Betriebssystem UNIX, das bei der Verwendung von `nfs` [San90] die XDR–Routinen bereits im System bereitstellt.

Für alle Klassen wird im folgenden angegeben, wie eine externe Repräsentation im Prinzip zu erstellen ist. Dies ist nicht an XDR gebunden, sondern auch mit anderen Formalismen möglich. Da sämtliche die Repräsentation betreffenden Eigenschaften in der Klasse XDR eingebettet sind, ist ein Austausch einfach zu bewerkstelligen.

Teil 2

Klassen für die Ikonik

We must begin inquiring whether the distinction between what can and what cannot be seen in the pictures by 'merely looking at them' is entiery clear. (...) Does merely looking, then, mean looking without the use of any instrument? This seems a little unfair to the man who needs glasses to tell a painting from a hippopotamus.
Nelson Goodman

In den folgenden Kapiteln werden die Klassen für das objektorientierte Bildverarbeitungssystem ἵππος spezifiziert.

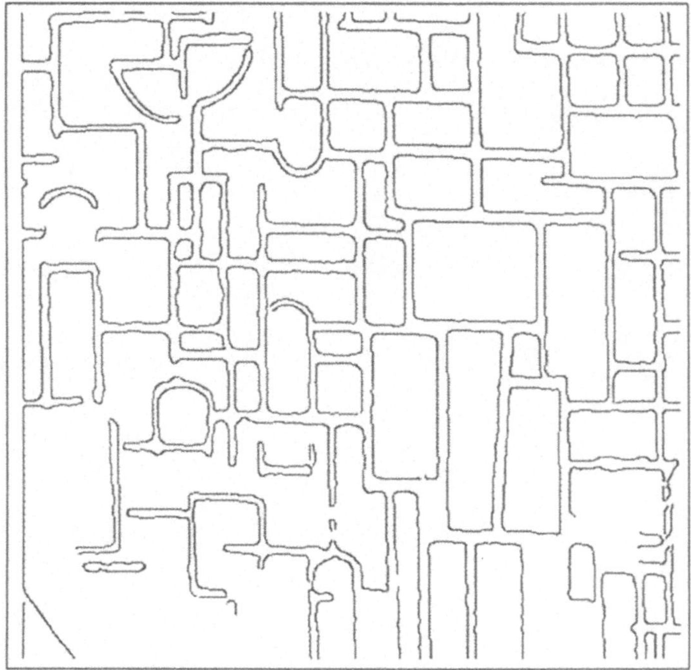

Ergebnis des Canny–Operators [Can86] *auf einem Ausschnitt des Bilds von Mondrian*

Kapitel 4

Rasterbilder

Ich meine das natürlich bildlich — oder sollte ich besser sagen: nicht *bildlich?* Wolfgang Hildesheimer

Die grundlegende Datenstruktur für die Bildverarbeitung besteht in Matrizen, die in diskreter Form die Bildinformation enthalten. Der Begriff eines „Bilds" ist jedoch weiter gefaßt und beinhaltet auch Folgen oder Zusammenstellungen von Matrizen. Auch symbolische Beschreibungen werden teilweise als Bilder bezeichnet (z.B. in [Sha77], vgl. Abschnitt 12.3). In diesem Kapitel werden Bilder und Matrizen als Klassen eingeführt. Die noch nicht abgeschlossene Entwicklung im Bereich der Kategorisierung von Bildtypen wird vorangetrieben.

4.1 Vorverarbeitung

In der Bildverarbeitung liegen Bilder in den meisten Fällen als digitale Werte in einem rechteckigen regelmäßigen Raster vor. Die Beschreibungsmöglichkeiten in ἵππος beginnen daher auf der ersten Stufe der Abstraktionshierarchie (Bild 2.2). Fälle, in denen Bilder in analoger Form zu verarbeiten sind, werden hier nicht betrachtet.

Operationen, die Bilder problemunabhängig in Bilder transformieren, werden als Bildvorverarbeitung bezeichnet (vgl. Bild 2.4 und 2.5). Typische Beispiele sind Filter (z.B. ein Gauß–Filter) oder Transformationen vom Orts– in den Frequenz–Bereich (z.B. Fourier–Transformation). Ausgangs– und Endinformation dieser Operationen sind rasterförmig, wenn sich auch der Typ und die Bedeutung der Elemente im Raster stark unterscheiden kann. Im ersten Fall gibt die Position im Raster eine Position in der Szene wider. Im zweiten Fall gibt sie Aufschluß über Frequenzeigenschaften des Signals.

4.2 Matrizen

Matrizen sind die naheliegende und einfachste Datenstruktur für die interne Darstellung von Bildern. Andere Formen der digitalen Darstellung von Bildern in nichtquadratischen Pixeln — beispielsweise durch dreieckige oder hexagonale Abtastungsmuster (vgl. [Nie83]) — werden im Rechner ebenfalls mit Matrizen dargestellt. Bevor *Bilder* als Klassen eingeführt werden, sollen zunächst die *Matrizen* betrachtet werden. Wie in Abschnitt 2.6 erläutert wurde, handelt es sich in den meisten Fällen zunächst um zweidimensionale Ausgangsinformationen. Daher werden in erster Linie Matrizen betrachtet. In vielen Anwendungen sind die Elemente einer Matrix von einem numerischen Typ, der in der verwendeten Programmiersprache standardmäßig zur Verfügung gestellt wird (s.S. 40). In diesen Fällen kann eine Matrix als eine Repräsentation des mathematischen Begriffs mit gleichem Namen betrachtet werden. Somit sind alle elementaren Matrizenoperationen der Mathematik auf diesem Datentyp sinnvoll anwendbar (Addition, Inversion, bei quadratischen Matrizen Multiplikation und Determinantenbildung, ...). In einigen Fällen werden jedoch nicht–numerische oder strukturierte Datenstrukturen (z.B. Verbunde und Zeiger) als Matrixelemente verwendet. Damit sind die mathematischen Operationen nur noch bedingt auf diesen Datenstrukturen verwendbar. Eine solche Matrix repräsentiert keinen allgemein bekannten Begriff; ihre Bedeutung muß explizit angegeben werden, ebenso wie die erlaubten Operationen. Ein typisches Beispiel ist ein kombiniertes Kanten–Richtungsbild.

Matrizen könnten als Vektoren von Vektoren oder als zweidimensionale Felder betrachtet werden, sofern Matrixbildung und Vektoren von der verwendeten Programmierumgebung unterstützt werden. Da Matrizen aber in der Bildverarbeitung eine herausragende Rolle spielen, werden sie als gesonderte *Klassen* eingeführt. Es zeigt sich im folgenden, daß diese Betrachtungsweise gerechtfertigt ist und der objektorientierte Zugriff trotz der oft rechenintensiven Operationen auf Matrizen nur zu vernachlässigbarem zeitlichen Mehraufwand führt [Her89].

4.3 Ikonisch/Symbolische Matrizen

In [Tan76] wird eine Datenstruktur eingeführt, die "Iconic/Symbolic Data Structure" (ISDS) genannt wird und als Schnittstelle zwischen Ikonik und Symbolik konzipiert ist (vgl. auch [Nie90a, Pau92]). Sie besteht im wesentlichen aus einer Matrix, die sowohl Grauwertinformation als auch symbolische Information enthalten kann, Sie wird in Pascal ([Jen85]) angegeben, das dabei nur als Beschreibungssprache dient. Diese Datenstruktur ist ein Beispiel für eine Matrix mit Elementen, die nicht nur aus Skalaren bestehen. Zwei Ansätze werden in [Tan76] für die gleichzeitige Repräsentation von ikonischen und symbolischen Daten vorgeschlagen. Im ersten können einem Pixel 128 Grauwerte oder 128 Nummern zugeordnet werden, die für eine symbolische Information stehen (Bild 4.1). In einem verfeinerten Ansatz wird nun noch die symbolische Information in eine verkettete Liste gepackt und den symbolischen Werten durch eine Deklaration als Aufzählungstyp sinnvolle Namen zugeordnet. [Tan76] geht von der Annahme aus, daß die Anzahl der Pixel mit symbolischer Information im Vergleich zu den Pixeln mit Grauwertinformation relativ klein ist. Die ISDS wird dann dazu verwendet, eine effiziente Suche in Bildpyramiden zu beschreiben.

```
const black = 0; white = 127;
      symbol_0 = 0; symbol_127 = 127;
      pix_size = 64;
type  indicator = (iconic,symbolic);
      intensity = black .. white;
      symbol = symbol_0 .. symbol_127;
      pixel = record
         case ind: indicator of
           iconic   : (intens : intensity);
           symbolic: (symb : symbol);
      end;
      pix_range = 1 .. pix_size;
      extended_icon = packed array [pix_range, pix_range]
                 of pixel;
```

Bild 4.1: *Ikonisch-Symbolische Datenstruktur aus [Tan76]*

Das Beispiel ist jedoch nur historisch von Interesse. Die Anforderungen an die von der Ikonik zu liefernde initiale symbolische Beschreibung übersteigen das in diesem Ansatz Darstellbare bei weitem. Die ISDS unterstreicht aber zum einen die Feststellung, daß bezüglich der Schnittstellen zwischen Ikonik und Symbolik höchst unterschiedliche Vorstellungen herrschen. Zum anderen wird hier deutlich, daß Matrizen und Bilder unterschiedliche Konzepte beschreiben. Die ISDS ist eine Matrix, nicht jedoch ein Bild; die Matrix beschreibt ein Bild. Weiterhin ist noch festzustellen, daß die syntaktische Trennung der Begriffe „Grauwert" und „Symbolischer Wert" in Bild 4.1, die beide durch Zahlen realisiert werden, das Lesen und Verstehen des Programmfragments zu einer einfachen Aufgabe macht. Die Trennung der verschiedenen Konzepte in programmiersprachlich unterscheidbare Einheiten (vgl. Abschnitt 3.1) zahlt sich hier aus. Die Möglichkeiten der Beschreibung in einem objektorientierten System sind wegen der Datenabstraktion noch ungleich besser als in Pascal.

4.4 Matrix–Klassen

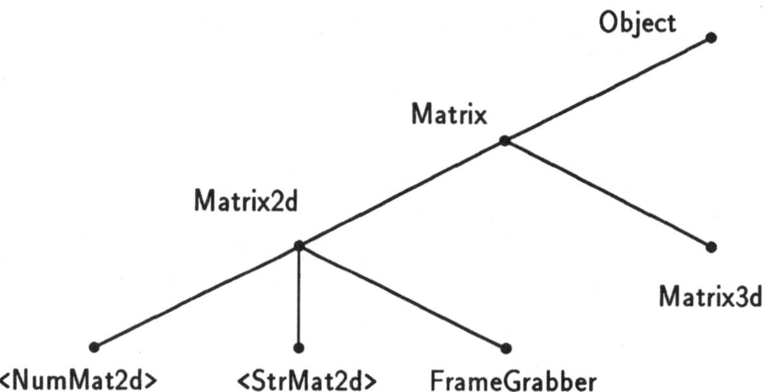

Bild 4.2: *Matrizen–Klassen. Klassen in spitzen Klammern sind parametrische Klassen.*

Die Klasse **Matrix** ist ein maschinen- und programmiersprachennahes Konzept. Der Name „Matrix" im folgenden als ein Oberbegriff für zwei– und dreidimensionale Felder verwendet, wobei die letzteren hauptsächlich in medizinischen Anwendungen verwendet werden (→ Abschnitt 9.6). Zweidimensionale Felder werden durch die Klasse **Matrix2d** beschrieben; wenn sie aus numerischen Elementen bestehen, dann entsprechen sie dem mathematischen Konzept einer Matrix. Dreidimensionale Felder werden von der Klasse **Matrix3d** abgeleitet.[1] Es sind drei

[1]Dreidimensionale Matrizen existieren in der Mathematik nicht. Diese Bezeichnung ist nur als eine Namenskonvention für dreidimensionale Felder aufzufassen.

spezielle Klassen von zweidimensionalen Matrizen nach der Klassenzugehörigkeit ihrer Elemente zu unterscheiden:

- numerische Elemente (bit, byte, integer, float, double, complex, etc.)
- strukturierte Elemente (Text, Strukturen, Pointer, etc.)
- uneigentliche Matrizen (z.B. Raster–Displays, Bildspeicher, etc.)

Matrizen mit strukturierten Elementen gewinnen zunehmend an Bedeutung in der Bildverarbeitung und werden auch von allen modernen Programmiersprachen unterstützt. In der Bildverarbeitung werden häufig Geräte verwendet, die rasterorientiert arbeiten. Sie können teilweise als spezielle Matrix betrachtet werden, wie im Abschnitt 4.6 ausgeführt wird. Der Teilbaum der Matrix–Objekte ist in Bild 4.2 dargestellt. Die Klassen in spitzen Klammern sind parametrische Klassen (in C++ als "Templates" bezeichnet [Str91]). Die Klasse Matrix ist direkt von Object abgeleitet, da sie auch außerhalb der Bildverarbeitung sinnvoll eingesetzt werden kann (vgl. Anhang B).

In Matrixobjekten müssen Zugriffe auf die Elemente objektorientiert erfolgen. Dies stellt vor allem in der Entwicklungs- und Testphase eines Programms den korrekten und sicheren Gebrauch der Matrixobjekte sicher. Für das Konzept der Teilmatrizen (s.u.) ist der objektorientierte Zugriff nützlich. Der objektorientierte Zugriff erfordert einen zeitlichen Mehraufwand. Die hohen Anforderungen an Geschwindigkeit und Effizienz in der Ikonik machen es erforderlich, daß der direkte Zugriff auf Matrixelemente unter Umgehung der objektorientierten Mittel *ebenfalls* möglich sein muß. Mit diesem können getestete Programme beschleunigt werden. Ein Mechanismus hierfür ist in [Pau91, Her89] beschrieben. Damit können auch rechenintensive Operationen, die auf Pixelebene arbeiten, problemlos und ohne Effizienzeinbußen in ein objektorientiertes System eingebunden werden. Der zusätzliche Zeitaufwand für den Elementzugriff ist somit relativ unproblematisch (vgl. [Her89] und Abschnitt 13.4).

4.5 Teilmatrizen

Für die Formulierung von Bildverarbeitungs-Algorithmen kann es nützlich sein, Teile von Bildmatrizen so anzusprechen, als wären sie eigenständige Matrizen. Teilmatrizen können nützlich sein, wenn auf das Wesentliche in einer Bildmatrix fokussiert werden soll, ohne daß Daten kopiert werden. Die Verwaltung solcher Teilmatrizen ist in konventionellen Sprachen nicht immer ohne weiteres möglich. Eine Ausnahme bilden Algol 68 [Wij69] und Bliss [Wul71]; in diesen Sprachen werden Feldzugriffe über eine Speicherabbildungsfunktion geregelt, die in Bliss vom Benutzer angegeben werden kann. Damit sind dann auch Dreiecksmatrizen darstellbar (vgl. [Sch75]). Die Idee der benutzerdefinierbaren Speicherabbildungsfunktion wurde aber in neueren Programmiersprachen nicht mehr weitergeführt.

Mit objektorientierten Mitteln kann die Teilmatrizenbildung ebenfalls problemlos durchgeführt werden [Her89]. Anwendungen finden Teilmatrizen bei der Repräsentation von Teilbildern, wie sie bei der Darstellung einer rechtwinkligen "Region/Area of interest" auftreten. Eine elegante Formulierung mancher Probleme, die unterschiedliche Operatoren (oder denselben Operator mit anderen Parametern) auf Bereichen eines Bildes anwenden, ist damit ebenfalls möglich. Der Operator wird einfach auf das Teilbild — wie sonst auf ein Gesamtbild — angewendet. Beschränkungen eines Operators auf eine Region mit beliebiger Form sind hiermit nicht möglich, sondern erfordern die Angabe einer Kontextmatrix.

In ἵππος wird es daher gestattet, daß Matrixobjekte auf ein rechteckiges Fenster in einem anderen Matrixobjekt verweisen. Existiert ein solcher Verweis nicht, so haben die Matrixobjekte einen eigenen Speicherbereich. Da der Aufwand für die Teilmatrizenverweise im Vergleich zur sonstigen Information in der Matrix vernachlässigbar ist, wird hier ein Verfahren gewählt, das der Ableitung aus Bild 3.3(a) entspricht; eine Matrix kann selbständig sein, oder sie ist Teil einer anderen Matrix.

Die Auswahl an internen Repräsentationen ist für Matrizen stark eingeschränkt. Es sind dabei Konventionen einzuhalten, die die Kompatibilität mit alten, nicht objektorientierten Programmen erhalten. Dies ist wünschenswert, da speziell für die Manipulation von Bildmatrizen umfangreiche Programmbibliotheken existieren (z.B. SPIDER, [Tam82]).

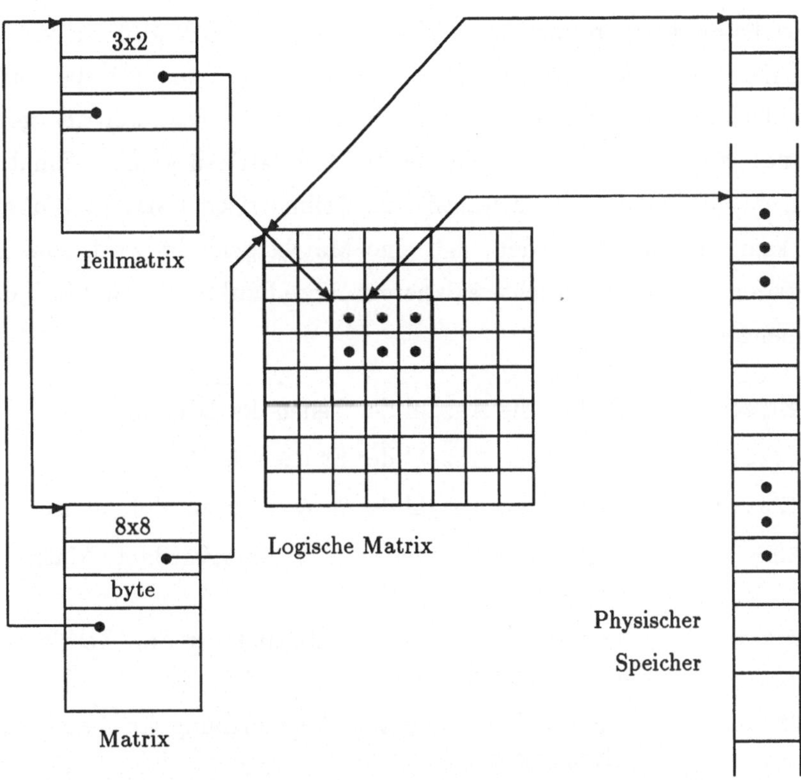

Bild 4.3: *Logische und physische Matrix in einem konventionellen linearen Speicher. Für die Ausschnitte aus der Matrix (Teilmatrix) existiert kein zusammenhängender Speicherbereich.*

Eine weitere Einschränkung rührt daher, daß Matrizen oft beträchtliche Dimensionen haben. So ist in der Regel eine Matrix nur als ein zusammenhängender Speicherbereich zu implementieren. Diese Forderung führt bei Teilmatrizen zu Problemen. Diese können im allgemeinen nicht als kompakter Speicherbereich adressiert werden (→ Bild 4.3). Daher ist eine Verwendung solcher Objekte nur mit objektorientierten Mitteln oder der erwähnten Speicherabbildungsfunktion möglich. Die C++–Implementierung in *ἵππος* verwendet eine zweifache Indirektion und vermeidet sämtliche arithmetischen Operationen bei der Ermittlung der Adresse, die die Programme verlangsamen würden [Pau91, Her89].

Polymorphe Funktionen der Klasse Matrix sind für den Zugriff auf Elemente in der Matrix vorhanden (`elem`).[2] Strukturinformationen, wie z.B. die Anzahl der Zeilen oder der Spalten können durch Funktionen erfragt werden (`getysize`, `getxsize`). Für die sichere Verwaltung der Teilmatrizen ist eine Funktion vorhanden, die die Anzahl der instantiierten Teilmatrizen feststellt (`NoOfParts`). Damit kann verhindert werden, daß eine Matrix gelöscht wird, solange noch Teilmatrizen von ihr als Objekte existieren. Diese Funktionen sind in Tabelle 4.1 zusammengefaßt.

`getxsize`:	Liefert die Anzahl der Zeilen der Matrix.
`getysize`:	Liefert die Anzahl der Spalten der Matrix.
`noOfParts`:	Liefert die Anzahl der instantiierten Teilmatrizen.
`partOf`:	Liefert eine Referenz auf die übergeordnete Matrix, falls sie existiert.
`y_offset`:	Liefert die vertikale Verschiebung im Vergleich zur Hauptmatrix.
`x_offset`:	Liefert die horizontale Verschiebung im Vergleich zur Hauptmatrix.

Tabelle 4.1: *Wichtige Methoden der Klasse* Matrix

Die mathematischen Operationen auf Matrizen (Multiplikation, Inversion, etc.) werden nicht als Operationen auf der Klasse Matrix dargestellt. Sie sind nur auf Matrizen mit numerischen Elementen sinnvoll und werden daher an eine Spezialisierung dieser Klasse gebunden (`NumMat2d`). Sie sind in Tabelle 4.2 zusammengefaßt.

Eine wichtige Spezialisierung der numerischen Matrizen ist die Binärmatrix. Sie kann in der Binärbildverarbeitung eingesetzt werden, liefert aber auch für interne Verwendungen viele Möglichkeiten. So werden Regionen beispielsweise intern durch Binärmatrizen beschrieben (→ Abschnitt 5.7).

[2] Dies führt in der Implementierung in C++ zu Schwierigkeiten, so daß die Zugriffsfunktionen tatsächlich erst in den abgeleiteten Klassen definiert werden. Vgl. hierzu [Her89]. Diese Methode ist daher in der Tabelle 4.1 nicht vorhanden.

`sub:`	Subtrahiert zwei Matrizen unter Verwendung der Subtraktionsmethode auf den Elementen.
`add:`	Addiert zwei Matrizen unter Verwendung der Additionsmethode auf den Elementen.
`mult:`	Multipliziert zwei Matrizen unter Verwendung der Multiplikatiosmethode auf den Elementen.
`trans:`	Liefert die transponierte Matrix.
`det:`	Liefert die Determinante der Matrix.

Tabelle 4.2: *Wichtige Methoden der Klasse* NumMat2d

Die Speicherung aller Matrizen erfolgt über XDR. Binärmatrizen werden dabei in einem komprimierten Format abgespeichert und im Lesevorgang automatisch expandiert. Sie sind daher nicht als parametrische Klasse realisiert.

4.6 Rasterorientierte Geräte

Die Abstraktion von Geräteeigenschaften bietet eine Möglichkeit, Bildverarbeitungssysteme organisatorisch zu untergliedern (vgl. Bild 2.1). Sie ist nützlich, da die Geräte einer schnellen Entwicklung unterliegen und sich daher häufig ändern. In *ἵππος* wird ein anderer Weg verfolgt (vgl. Abschnitt 2.1). Daher beschränkt sich die Abstraktion von Geräteeigenschaften auf einen Teilbereich. Es werden exemplarisch einige Geräte als Aktions–Klassen eingeführt, wobei Teile der Gerätefunktionalität durch Emulation in den Objekten entstehen können. Weitere Geräte können in ähnlicher Form eingebracht werden.

In [Her89] wird ein Display mit Bildspeicher als eine spezielle Matrix definiert. An Beispielen wird in der Arbeit gezeigt, daß Bildverarbeitungs-Operatoren mit diesen Mitteln unabhängig davon, wo die Bildmatrix im Rechner angesiedelt ist, programmiert werden können. Der Bildspeicher wird dadurch syntaktisch (in C++) wie eine zweidimensionale Matrix ansprechbar. Dabei wird nicht nur eine Adreßumrechnung durchgeführt, sondern es werden auch nicht vorhandene Eigenschaften des Bildspeichers simuliert. So kann beispielsweise ein Zeiger auf ein Matrixelement auch in den Bildspeicher zeigen, obwohl dieser nicht im Adreßbereich des Anwendungsprogramms liegt. Bildverarbeitungsroutinen in *ἵππος* akzeptieren als Argument eine Matrix, wobei es unerheblich ist, ob diese Matrix ein kompakter Speicherbereich, ein nicht-zusammenhängender Speicherbereich (Teilmatrix) oder ein Bildspeicher ist, solange auf das Matrixobjekt nur objektorientiert zugegriffen wird. So ist auch der Mechanismus der Teilmatrizenbildung auf Geräten voll anwendbar.

Es zeigt sich, daß die Effizienzverluste durch den objektorientierten Zugriff auch hier gering sind. Bei Geräten konnte teilweise sogar ein Geschwindigkeitsgewinn erzielt werden, was auf die geschickte Pufferung in den Matrixobjekten zurückzuführen ist (vgl. Tabelle 13.4). Weitere Geräteabstraktionen sind denkbar, beispielsweise für Kameras, prozeßübergreifenden Speicher ("shared memory") und Darstellungsgeräte.

4.7 Bilder

Bilder sind keine Matrizen; eine Matrix stellt statt dessen eine mögliche Repräsentationsform eines Bildes dar. Dies wird bei der Betrachtung des Ableitungsgraphen für Bilder aus [Gem90] deutlich (Bild 4.4). Hier sind auch Mehrkanalbilder oder Bildfolgen Ableitungen der Klasse **Image**, die in ihrer Funktion den "intrinsic images" in [Bal82] entspricht. Auch im Softwarepaket COOL — einer objektorientierten Klassenhierarchie in C++ für die Bildverarbeitung [Cog87] — findet sich als zentraler Punkt eine Bilddefinition, die über die Verwendung von Matrizen hinausgeht.

Der Begriff „Bild" wird somit in der Bildverarbeitung wesentlich umfassender als der Begriff „Matrix" gebraucht. Im Konzept aus [Mun92] (Bild 4.5) werden allerdings einfache Bilder durch Mehrfachvererbung aus Matrizen abgeleitet, was der vorigen Vorstellung widerspricht, falls Ableitung mit Spezialisierung assoziiert wird.

Bilder und Matrizen befinden sich daher auf unterschiedlichen Abstraktionsstufen und werden in *ἵππος* getrennt betrachtet (vgl. Bild 3.2). Für Bilder wird nun eine einfache Hierarchie vorgeschlagen, die im Gegensatz zu den in Bild 4.4, 4.5 vorgestellten auf Mehrfachvererbung verzichtet. Die Bildhierarchie in *ἵππος* stellt alle Bildobjekte bereit, die für die Beschreibung der Segmentierungsergebnisse in den folgenden Kapiteln erforderlich sind.

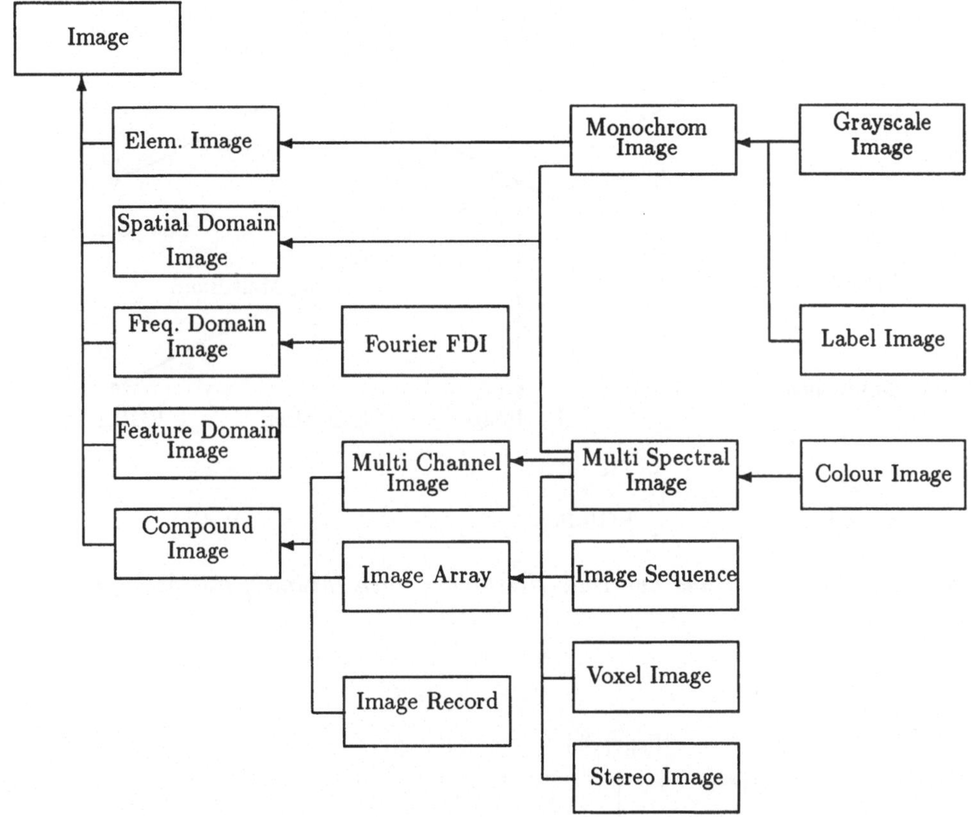

Bild 4.4: *Ausschnitt aus der Bild–Hierarchie nach [Gem90] mit Mehrfachvererbung*

Die ἵππος–Bildhierarchie ist ein abgeschlossener Teilbaum (Bild 4.6) und kann bei Bedarf durch eine Struktur ersetzt werden, wie sie in [Gem90] oder [Mun92] vorgeschlagen wird, solange sich an der Funktionalität der einzelnen Bildklassen nichts Grundlegendes ändert. Dies ist eine vernünftige Annahme, da jede Bildklasse eine relativ einfache Methodenmenge besitzt, und die repräsentierten Begriffe als Konzepte in der Bildverarbeitung unumstritten sind. Ziel künftiger Entwicklungen sollte eine Vereinheitlichung des Bildbegriffs sein. Die aktuelle ἵππος–Bildhierarchie erhebt daher noch nicht den Anspruch auf Vollständigkeit.

Der ἵππος–Bildbaum unterscheidet zwischen zwei– und dreidimensionalen Bildern. Jedes Bild besitzt Attribute, die vom ἵππος–Objekt ererbt werden, in denen bei Bedarf auch weitere sensorische Daten angegeben werden können. Für

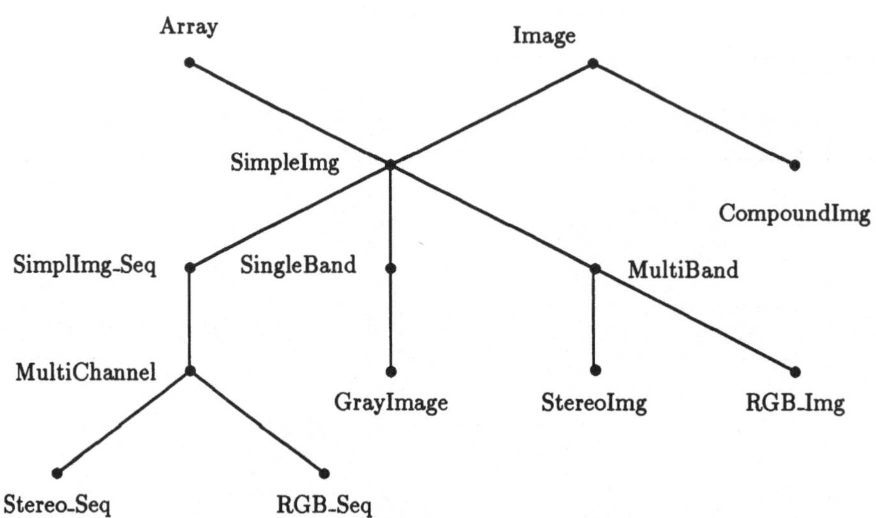

Bild 4.5: *Ausschnitt aus der Bild–Hierarchie nach [Mun92] mit Mehrfachvererbung*

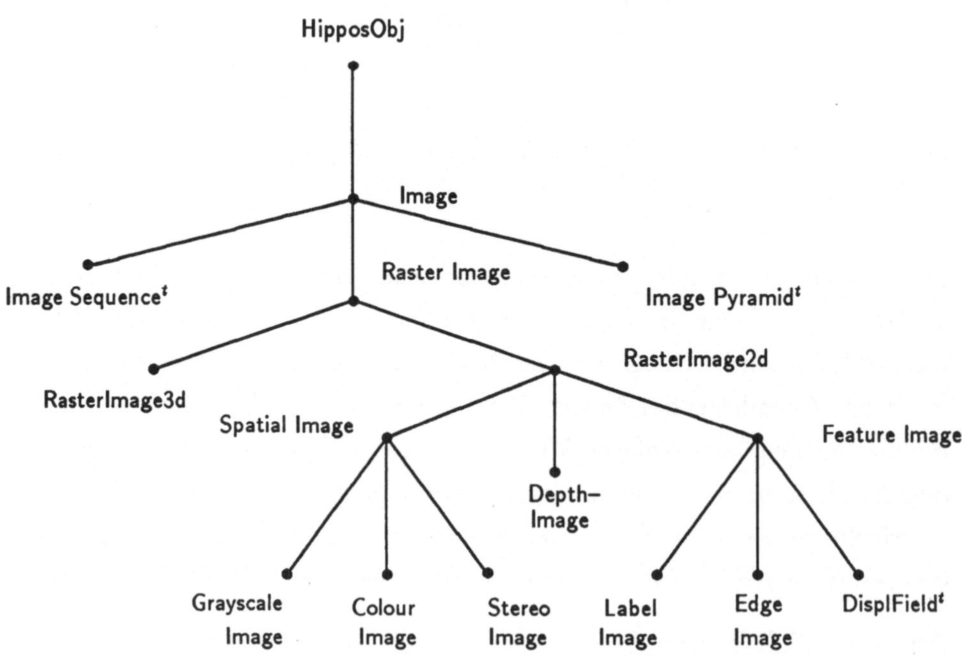

Bild 4.6: *Aktuelle Struktur der Bildhierarchie in ἵππος mit Einfachvererbung*

Bilder einer Bildfolge, die aus einem bewegten Fahrzeug stammen, können dort beispielsweise die aktuell gemessene Geschwindigkeit oder der Lenkwinkel eingetragen werden. In Analogie zu Bildmatrizen wird es gestattet, Bilder als Teile anderer zu definieren. Dies ermöglicht eine elegante Formulierung von Algorithmen, die nur auf Teilen von Bildern ausgeführt werden sollen. Dreidimensionale Bilder sind ebenso wie dreidimensionale Matrizen für die Anwendung in der Medizin vorgesehen.

`noOfChannels`:	Liefert die Anzahl der vorhandenen Kanäle.
`getxsize`:	Liefert die Größe in horizontaler Richtung.
`getysize`:	Liefert die Größe in vertikaler Richtung.
`getMatrix`:	Liefert die repräsentierende Bildmatrix.
`noOfParts`:	Liefert die Anzahl der instantiierten Teilbilder.
`partOf`:	Liefert eine Referenz auf das übergeordnete Bild, falls es existiert, anderenfalls das Nil-Objekt.
`y_offset`:	Liefert die vertikale Verschiebung im Vergleich zum Hauptbild.
`x_offset`:	Liefert die horizontale Verschiebung im Vergleich zum Hauptbild.
`info`:	Liefert textuelle Information über das Bild.
`IIF`:	Stellt das Bild in einem Standard Datenformat dar, bzw. interpretiert ein solches Format.

Tabelle 4.3: *Wichtige Methoden der Klasse* Image

Bilder können Intensitätsinformation tragen ("spatial image"). Merkmalsbilder ("feature image") beinhalten andere beschreibende Information, wie beispielsweise die Zugehörigkeit zu einer Region mit konstanten Merkmalen. Regionenbilder — ein Beispiel für Merkmalsbilder — werden im Abschnitt 5.7 zur Gewinnung von Regionenrepräsentationen verwendet. Dort werden auch die Kantenbilder (EdgeImage) definiert. Verschiebungsvektorfelder aus der Bildfolgensegmentierung können mit der Klasse DisplField^t dargestellt werden.

Die Bedeutung von Tiefenbildern wird in [Bes85] betont. Zahlreiche aktive oder passive Verfahren liefern Bilder solchen Inhalts. Tiefenbilder existieren in ἵππος als eigene Klasse (DepthImage).

4.8 Bilddatenformate

Bilder werden in ἵππος mit XDR maschinenunabhängig extern repräsentiert. Sie bedienen sich dabei der Repräsentation der zugeordneten Matrizen. Bildaustauschformate (wie z.B. IIF [Kro89, Blu92] oder TIFF [Poy92]) gehen von anderen Voraussetzungen aus. Hier sollen Bildmatrizen dargestellt werden, wobei Maschinenunabhängigkeit bezüglich Auflösung, Farbendarstellung, Abtastfrequenz usw. erzielt werden soll. Dies erfordert eine Fülle von Informationen, die im lokalen Bereich überflüssig sind, da sie entweder bekannt oder einheitlich sind. XDR steht damit nicht in Konkurrenz zu solchen Formaten. Aus einem Bild, das für den lokalen Gebrauch mit XDR effizient gespeichert wird, läßt sich in Zukunft ein Standardformat mittels einer speziellen Funktion leicht gewinnen (vgl. Tabelle 4.3, IIF^t). Die Klasse XDR vereint die Notwendigkeit eines Standardformats mit nützlicher Verwaltungs- und der im objektorientierten System notwendigen Typen- beziehungsweise Klasseninformation.

Für Bilder bringt die Verwendung von Verwaltungsinformation in XDR einen weiteren Vorteil mit sich. Bildkompressionsverfahren können einfach ergänzt werden, indem die XDR-Funktion um diese Verfahren erweitert wird. Beim Lesen eines komprimierten Bilds erfolgt die erforderliche Dekompression automatisch. So besitzt die Klasse GrayLevelImage eine XDR-Funktion, die das Bild unkomprimiert liest und schreibt. Eine weitere Funktion speichert das Bild mit XDR unter Verwendung der Deltakompression (vgl. z.B. [Hab87]).

4.9 Pyramiden und Bildfolgen

Auflösungshierarchien von Bildern gewinnen zunehmend an Bedeutung in der Bildverarbeitung. Aus der Aufnahme kann durch Unterabtastung und Tiefpaßfilterung ein Bild niedrigerer Auflösung errechnet werden [Pos90a]. Eine Hierarchie mit mehreren Stufen der Auflösung, in der jede Ebene durch eine Matrix repräsentiert wird, wird auch „Pyramide" genannt. "Processing Cones" [Han80] bilden Datentypen, die bereits eine definierte Operationenmenge besitzen. Cones sind als der abstrakte Datentyp für eine Pyramide zu verstehen.

Pyramiden werden dazu benutzt, in verschiedenen Auflösungen Ergebnisse zu erzielen, die bei der Betrachtung von nur einer Ebene schwerer oder aufwendiger zu erhalten wären. Das interessierende Ergebnis ist in der Regel nicht mehr an die Pyramidenstruktur gebunden; das Ergebnis kann beispielsweise eine Kantenfolge sein. Speziell in der Segmentierung bilden Pyramiden also ein Hilfsmittel, um schneller zu der gewünschten initialen symbolischen Beschreibung zu kommen. Auf den einzelnen Ebenen werden die üblichen Segmentierungsverfahren verwendet, wobei gewisse Einschränkungen und Steuerung von Parametern durch bereits vorliegende Ergebnisse aus den anderen Ebenen erfolgen.

Auf den einzelnen Ebenen werden hauptsächlich ikonische Operationen ausgeführt. Einige ikonische Operationen transformieren eine Ebene in eine andere. Es handelt sich dabei also um Operationen, die aus einer Matrix eine neue Matrix, beziehungsweise aus Bildern neue Bilder erstellen,

Pyramiden können aber nicht nur von Matrizen, sondern auch von anderen Objekten der Bildverarbeitung gebildet werden. Levine [Lev80] beschreibt Kanten–, Textur–, Farben– und Regionenpyramiden. Diese werden jedoch auch mit Matrizen dargestellt.

Bildpyramiden sind somit Teil der Bildhierarchie. Die vorgeschlagene Ableitung gestattet die Konstruktion von Pyramiden von *Bildern*, die beliebige Spezialisierungen der Klasse Bild sein können. Gleiches gilt für Bildfolgen, die beliebige Bilder zu Folgen zusammenfassen. Somit sind beispielsweise im Extremfall Bildfolgen von Bildpyramiden von dreidimensionalen Stereofarbbildern konstruierbar.

4.10 Erweiterungen der Bildhierarchie

In den letzten beiden Abschnitten wurde bereits angedeutet, daß die Entwicklung von Bildobjekten und deren Ableitungsbeziehungen noch nicht abgeschlossen ist, da eine Anpassung der verschiedenen Vorschläge (ἵππος, [Gem90, Gem89, Cog87,

Mun92]) erst erfolgen muß. So sind in Bild 4.4 beispielsweise Stereobildfolgen, wie sie in [Mat89] verwendet werden, nicht unmittelbar zu finden.

Erschwerend kommt hinzu, daß es Anwendungen gibt, die durch eine bewußte Uminterpretation des Bildtyps spezielle Verfahren gestatten. So wird beispielsweise in [Pos90a] ein Stereobildpaar als eine Bildfolge interpretiert, um darauf Verfahren zur Ermittlung des optischen Flusses zur Ermittlung der Disparitäten anzuwenden.

Ebenfalls problematisch ist es, daß Mehrkanalbilder unter unterschiedlichen Aspekten betrachtet werden. Einmal sind die Auszüge eines Kanals als Bild zu betrachten, wenn beispielsweise in einem RGB–Bild in jedem Farbkanal getrennt ein Segmentierungsverfahren angewendet wird. Ein anderes Mal wird ein RGB–Bild wie eine Matrix betrachtet, bei der an jeder Koordinate drei Farbinformationen vorhanden sind.

Zusammenfassend läßt sich feststellen, daß im Bereich der Bildhierarchie noch einige konzeptionelle Arbeit erforderlich ist. Im Rahmen dieser Arbeit wird nicht versucht, eine Vereinheitlichung der bestehenden Ansätze zur Definition von Bildern zu erzielen, da zu erwarten ist, daß dies in den laufenden Normungsbestrebungen [Cla92] erreicht wird. Diese Entwicklung hat auf die übrigen Klassen aus *ἵππος* keine Auswirkung, solange die in Bild 4.6 aufgeführten Klassen, die in *ἵππος* bereits verwendet werden, in ihrer grundlegenden Funktionalität unverändert bleiben.

Kapitel 5

Pixelnahe Darstellungsformen

Ich sah schon Linien von Künstlerhand, die feiner waren als ein Spinnengewebe, doch sie sind nicht die Linien des rechnerischen Denkens, und die sind auch nicht die Bilder solcher Linien ... Augustinus, Bischof von Hippo

Im Anschluß an die Bildvorverarbeitung erfolgt in vielen Systemen eine Segmentierung des Bildes. In der Linien- und Regionensegmentierung werden Datenstrukturen benötigt, um die Ergebnisse aufzunehmen. Dabei wird eine größtmögliche Gemeinsamkeit der Datenstrukturen zwischen den verschiedenen Verfahren angestrebt, so daß die Ergebnisse der ikonischen Bildverarbeitung durch einen einzigen Formalismus beschrieben werden können. Zunächst werden nun Repräsentationen auf niedriger Abstraktionsstufe betrachtet. In diesem Kapitel wird eine größere Zahl von Klassen eingeführt, wobei für neue Teilbäume jeweils exemplarisch eine Klasse vorgestellt wird. Dieser Ansatz folgt dem in [Bal82, S. 75] angegebenen Prinzip, nach dem eine neue Repräsentationsform eingeführt werden sollte, wenn die Lücke zwischen zwei Abstraktionsebenen zu groß wird.

5.1 Segmentierung

Segmentierungsalgorithmen liefern in der Regel geometrische Objekte in einer zunächst mehr oder weniger pixelnahen Darstellung, die in der Folge schrittweise weiterverarbeitet werden. Es entstehen Beschreibungen auf zunehmend höherem Abstraktionsniveau [Gir87]. In der Segmentierung erfolgt die Loslösung von den Pixeln.

Als Beispiel diene die Segmentierung von Intensitätsbildern. Nach einer Vorverarbeitung erfolgt die Entscheidung, ob die Segmentierung aufgrund von Homogenitäten oder von Diskontinuitäten erfolgen soll. Bei zweidimensionalen Bildern entspricht dies der Suche nach Linien oder Regionen, in dreidimensionalen Bildern werden Grenzflächen oder Volumen unterscheiden. In Tiefenbildern werden Oberflächen detektiert.

5.2 Repräsentationsobjekte

Linienbasierte Segmentierungsverfahren erzeugen eine Menge von Kanten oder *Linien*; regionenbasierte Verfahren suchen nach *Regionen*. Repräsentationen von *Punkten* mit speziellen Eigenschaften werden von beiden Verfahrensklassen benötigt. Punkte, Linien und Regionen sind geometrische Objekte, für die Klassen bereitzustellen sind. Gleiches gilt in höheren Dimensionen für Oberflächen und Volumen.

In diesem Kapitel werden die gängigen pixelnahen *Repräsentationsformen* für geometrische Objekte in die Hierarchie von ἵππος eingeordnet. Geometrische Objekte werden im nächsten Kapitel auf einer höheren Abstraktionsstufe erneut untersucht. Diese Trennung ist erforderlich, da zu einem geometrischen Objekt alternativ — oder unter Umständen auch gleichzeitig — mehrere Repräsentationen existieren können.

Bildmaterial liegt in vielen Anwendungen zunächst in zweidimensionaler Rasterform vor. Für die Gewinnung von geometrischen Objekten sind Datenstrukturen zur Darstellung zweidimensionaler Objekte vonnöten. In speziellen Anwendungen ist bereits die Ausgangsinformation dreidimensional. Hierfür werden dreidimensionale Objekte benötigt. Die in Abschnitt 3.7 dargestellten Einschränkungen bei der Vererbung führen zu zwei getrennten Teilbäumen für Objekte in der Ebene und Objekte im Raum. Jedes der aufgeführten Konzepte für geometrische Objekte ist getrennt in eine zwei– und eine dreidimensionale Repräsentation. In der Dreidimensionalität ergeben sich weitere Klassen für Oberflächen– und Volumenrepräsentationen. In den meisten Fällen haben die Objekte unterschiedlicher Dimensionalität außer dem Namen der Methoden nur geringe Gemeinsamkeiten, so daß die Trennung keine unvertretbare Verdoppelung des Aufwands in der Implementierung mit sich bringt.

Repräsentationen geometrischer Objekte werden in einem Koordinatensystem beschrieben, das x– und y–Achse in die Bildebene legt. Die z–Achse wird für

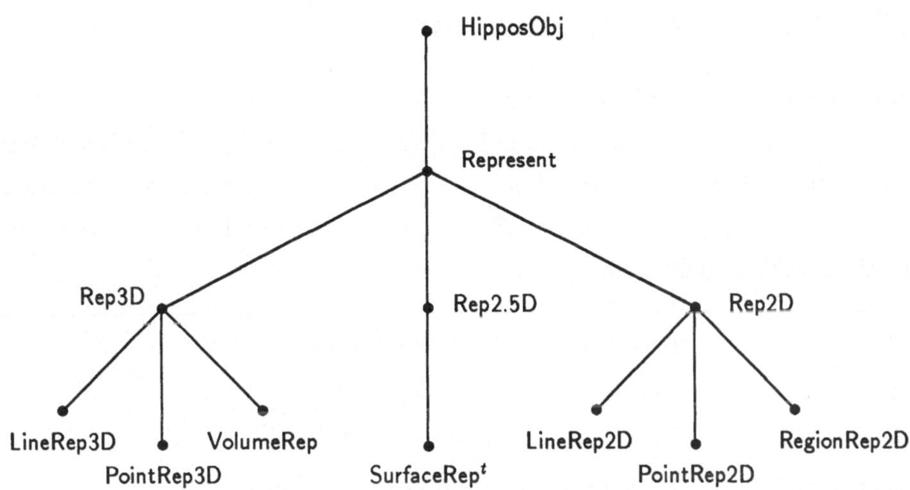

Bild 5.1: *Unterbaum zur Repräsentation geometrischer Objekte*

die Tiefeninformation angenommen. Die x–, y–, und z–Werte werden dabei ohne Angabe einer Einheit verwendet und bezeichnen in der Bildebene Pixel.

Bild 5.1 zeigt den Unterbaum für Repräsentationen im Überblick. An die abstrakte Oberklasse Represent sind Konvertierungsfunktionen gebunden, die eine Repräsentation in eine andere überführen (`convert` Tabelle 5.1). Die Konvertierung ergibt ein neues Objekt, das *dieselbe* geometrische Struktur im Bild beschreibt. Auf einer höheren Abstraktionsebene (→ Kapitel 6) können zu einer Struktur im Bild mehrere Repräsentationen gleichzeitig bestehen.

`rotate`:	Rotiert das Objekt in der X–Y–Ebene.
`scale`:	Skaliert das Objekt.
`translate`:	Verschiebt das Objekt.
`reflectXAxis`:	Spielgelung an der X Achse.
`reflectYAxis`:	Spielgelung an der Y Achse.
`convert`:	Erzeugt durch Konversion eine neue Repräsentation.

Tabelle 5.1: *Wichtige Methoden der Klasse* Represent

5.3 Punktrepräsentationen

Punkte sind die einfachsten Repräsentationen geometrischer Objekte in *ἵππος*. Die Einführung der Klassen zur Repräsentation von Punkten (PointRep2d, PointRep3d) schafft Klarheit bei der Spezifikation von Operationen, die Punkte verwenden; (eine Operation, die den Schnittpunkt zweier Linien bestimmt, kann z.B. ein Punkt-Objekt liefern).

x:	Liefert den X-Wert des Punkts.
y:	Liefert den Y-Wert des Punkts.
z:	Liefert den Z-Wert des Punkts.
Distance:	Liefert den Abstand zu einem Punkt.

Tabelle 5.2: *Wichtige Methoden der Klasse* PointRep3d

Punktrepräsentationen besitzen Operationen, die die räumlichen Koordinaten des Punkts liefern (Tabelle 5.2). Veränderungen an Punktkoordinaten sind nicht möglich, da dadurch ein neuer Punkt entsteht. Statt dessen wird ein neuer Punkt mit den entsprechenden Koordinaten instantiiert.

Obwohl das Konzept zur Punktrepräsentation sehr einfach erscheint, können doch zahlreiche Datenstrukturen zu seiner Repräsentation verwendet werden [Nag80], was mit einem objektorientierten System einfach möglich ist. Außer der Verwendung der Koordinaten bietet sich die Angabe von Radius und Winkel an (Polarkoordinaten).

Speziell bei der Approximation von geometrischen Objekten, beispielsweise bei der Berechung einer Geraden durch eine Menge von Punkten, ist es nützlich, nicht nur über ganzzahlige Koordinaten zu verfügen. Eine weitere abgeleitete Klasse erlaubt in *ἵππος* Subpixelgenauigkeit. Für die externe Repräsentation eines einzelnen Punkts werden die Koordinaten verwendet, die mit XDR dargestellt werden.

5.4 Kantenbilder

Die Wahl eins Segmentierungsverfahrens beruhend auf Diskontinuitäten (Abschnitt 5.1) führt bei zweidimensionalen Bildern in der Regel über geeignete Kantenoperatoren, die eine diskrete Approximation der ersten oder zweiten Ableitung (beispielsweise Sobel- und Laplace-Operator) darstellen (vgl. hierzu [Bru90]). Die Anwendung eines richtungsabhängigen Operators (beispielsweise des in [Nev80] dargestellten Operators) überführt das Intensitätsbild in ein Merkmalsbild. Zu jedem Bildpunkt wird die Kantenstärke und Orientierung errechnet. Es liegt nahe, die Orientierung zu quantisieren. In *ἵππος* wurden 144 Stufen mit $2\frac{1}{2}$ Grad gewählt. Kantenrichtung und -orientierung werden als Kantenelemente in der Klasse **Edge** dargestellt, die nicht von **Object** abgeleitet ist, um eine speicherplatzsparende Darstellung von Matrizen von Kantenelementen zu gestatten.

Ein Kantenbild besteht aus einer Matrix von Kantenelementen zusammen mit der Angabe der maximalen Kantenstärke, die unnormiert von den verschiedenen Kantenoperatoren errechnet wird. Eine Kantenverdünnung (beispielsweise nach dem Verfahren in [Nev80]) erzeugt aus einem Kantenbild ein neues Kantenbild. Das Ergebnis einer Kantendetektion mit anschließender Linienverfolgung nach dem Verfahren von [Can86] ist auf Seite 51 dargestellt.

5.5 Linien in der Ebene

Die Verküpfung von Kantenelementen liefert Linien [Gir87]. Grenzen von Objekten in einem Bild können durch Linien beschrieben werden. Regionen können durch ihre begrenzenden Linien dargestellt werden.

> „Das endgültige Ziel bei der Kantendetektion besteht häufig darin, die im Bild vorhandenen Linien analytisch durch Parameter von Kurven eines bestimmten Typs zu beschreiben." [Bun85, S. 14]

In der Bildverarbeitung sind einige Repräsentationen für Linien bekannt, die unter Umständen nicht nur der effizienten internen Repräsentation dienen, sondern auch eine elegante Formulierung spezieller Algorithmen und Operationen erlauben. Für Kettencodes und Polygone wird dies in [Oes88] zusammengestellt.

Kettencodes (**Chain**) können als niedrigste Abstraktionsstufe zur diskreten Liniendarstellung verstanden werden. Sie können auch als eine Beschreibung eines Bildes auf einer höheren Ebene dienen. In [Fre80] wird angegeben, daß sich eine

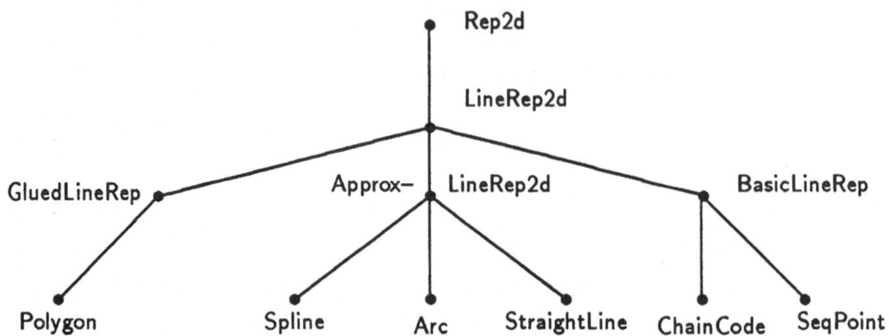

Bild 5.2: *Unterbaum zur Linienrepräsentation in der Ebene*

Kettencodierung speziell dazu eigne, Vergleiche ("matching") mit unvollständigen Informationen durchzuführen.

Andere Repräsentationen für Linie stammen von mathematischen Konzepten, z.B. Splines, Fourier–Deskriptoren und Polygonzüge [Bal82]. In [Kro86] wird ein weiteres Verfahren zur Kurvencodierung angegeben, das ebenso wie die "Strip–Trees" ([Bal82]) einfach in den Teilbaum für Linienrepräsentationen (Bild 5.2) eingefügt werden kann. In der Hierarchie wird zwischen einfachen Linienrepräsentationen (BasicLineRep), die eindeutig auf das Bildraster abgebildet werden, und Approximationen (ApproxLineRep) unterschieden. Eine weitere Möglichkeit besteht darin, Linien durch die Verknüpfung von Linienstücken darzustellen (GluedLineRep [Rup92]). Ein typischer Vertreter hierfür sind Polygone. Die Klasse SeqPoint dient der Darstellung einer Linie als geordnete Punktmenge.

Polygone können durch Approximation aus Kettencodes entstehen [Ram72] oder auch direkt aus der Segmentierung [Bol77]. Mittels Hough–Transformation lassen sich gerade Liniensegmente finden, deren Verknüpfung Polygone ergibt [Dud72].

In [Dav80] werden die Verwendungsmöglichkeiten einer Darstellung als Polygonzüge verfolgt. Ein Ergebnis dabei ist, daß sich diese Darstellung ebenfalls sehr gut für Vergleiche in der Analyse eignet, vor allem dann, wenn keine Information über die Orientierung der zu vergleichenden Objekte vorhanden ist. Eine ausführlichere Betrachtung dieser Technik findet sich in [Pav77]. Konvertierungen in Polygone und die damit verbundenen Probleme werden in [Kur82] erörtert. Splines werden in [Ans89, Glo88, Amm86] behandelt und für *ἵππος* in [Her90] implementiert.

`area:`	Ergibt die durch diese Linie eingeschlossene Fläche.
`endPoints:`	Liefert den Endpunkt dieser Linie.
`frame:`	Liefert das umschreibende Rechteck dieser Linie.
`isClosed:`	Testet, ob die Linie geschlossen ist.
`isIdentical:`	Ergibt TRUE, falls diese Linie und die angegebene Linie identisch repräsentiert und deckungsgleich sind.
`length:`	Ergibt die Länge dieser Linie.
`maxDist:`	Ermittelt den Abstand eines Punkts zur Linie.
`maxDistM:`	Ermittelt den minimalen Abstand zweier Linien.
`firstPoint:`	Liefert den Startpunkt dieser Linie.
`lastPoint:`	Liefert den Endpunkt dieser Linie.
`asPolygon:`	Konvertiert die Linie in ein Polygon.
`asShortPolyg:`	Konvertiert die Linie in einen Spline.
`asChain:`	Konvertiert die Linie in einen Kettencode.
`asBSpline:`	Konvertiert die Linie in einen Spline.
`common:`	Ermittelt das gemeinsame Segment zweier Linien.
`Mom1XAxis:`	Ergibt das erste Moment bzgl. der X–Achse.
`Mom1YAxis:`	Ergibt das erste Moment bzgl. der Y–Achse.

Tabelle 5.3: *Wichtige Methoden der Klasse* LineRep2d

Die Methoden der Linienrepräsentationen spielen sich auf einer niedrigen Abstraktionsstufe ab. Die oben aufgeführten Verwendungen von Polygonen und Kettencodes für den Vergleich mit Modellen sind als spezielle Anwendung der Klassen denkbar, beschreiben aber nicht das Hauptinteresse bei der Strukturierung des Teilbaums. In der Klasse **LineRep2d** können nur die Operationen angegeben werden, die auf allen abgeleiteten Klassen sinnvolle Ergebnisse erbringen können (Tabelle 5.3). Funktionen, die abhängig von der Repräsentation sind, dürfen nicht angegeben werden, um die Unabhängigkeit der Ergebnisse von der zugrundeliegenden Repräsentation zu gewährleisten.

In engem Zusammenhang mit Linienrepräsentationen stehen auch Funktionen, die eine Linie glätten, Momente berechnen oder für geschlossene Linien den Flächenschwerpunkt ermitteln. Diese nützlichen Operationen werden nicht an die abstrakte Klasse zur Linienrepräsentation gebunden. Ihre Ergebnisse sind repräsentationsabhängig (die Momente ändern beispielsweise ihr Vorzeichen, wenn Anfangs- und Endpunkt in der Darstellung *derselben* Linie vertauscht werden) oder nicht allgemein genug (es existieren beispielsweise viele Glättungsalgorithmen). Für die Menge der Repräsentationen sind in Tabelle 5.4 exemplarisch eine Auswahl der Methoden der Klasse Chain (kettencodierte Linien) angegeben (vgl. [Oes88, Nie74]); die Glieder der Kette sind durch eine eigene Klasse (Tiny8) beschrieben. Zu beachten ist unter anderem die Funktion `DoNext`, die eine Verarbeitung von Kettencodes in Schleifen gestatten. Ein analoges Vorgehen wird für Polygone eingeschlagen. Die anderen Methoden der Klasse Chain sind an den Operatoren angelehnt, die in [Fre80] vorgeschlagen wurden.

Über diese feste Funktionalität hinaus können Linienrepräsentationen in Attributen weitere Informationen tragen. Linienrepräsentationsobjekte, die aus der Kantendetektion hervorgehen, erhalten beispielsweise in [Bru90] Attribute für ihre mittlere, maximale und minimale Kantenstärke.

`concat:`	Fügt ein Objekt der Klasse Tiny8 am Ende der Kette an.
`asPolygon:`	Konvertierung in ein Polygon.
`firstPoint:`	Liefert den Startpunkt.
`lastPoint:`	Liefert den Endpunkt.
`isClosed:`	Testet, ob die Linie geschlossen ist.
`size:`	Liefert die Anzahl der Glieder.

Tabelle 5.4: *Wichtige Methoden der Klasse* Chain

Neue Repräsentationen für Linien können in die Hierarchie der Linienrepräsentationen aufgenommen werden, indem sie von der abstrakten Klasse zur Linienrepräsentation abgeleitet werden und mit den nötigen Funktionen — speziell zur Konvertierung in bereits bekannte Repräsentationen — ausgestattet werden. Anzumerken ist hier, daß die Ergänzung einer weiteren speziellen Repräsentation in der Basisklasse (ausnahmsweise) eine Änderung erfordert, indem die entsprechenden Konvertierungsfunktionen angegeben werden müssen. Dies gestattet aber eine einfachere Verwendung der Repräsentationen auf einer höheren Ebene.

Die externe Darstellung von ebenen Linien ist abhängig von der aktuell gewählten Repräsentation. Extern werden Kettencodes als eine Folge von einem Anfangspunkt — ein Punktobjekt — und von Zahlen des Bereichs 0...7 dargestellt, die zur komprimierten Speicherung mit XDR mit einfachen Bitoperationen in ganze Zahlen gepackt werden [Lut90]. Polygone werden als Folge von Stützpunkten dargestellt, wobei die Punkte wiederum durch die entsprechenden Objekte dargestellt werden können. Splines werden durch eine Folge ihrer Stützpunkte und Koeffizienten dargestellt (vgl. [Glo88]), die sich an die Datenstruktur für Linien aus [Nie90a] anlehnt.

5.6 Regionenbilder

Wenn zur Segmentierung die Homogenität eines Bildmerkmals verwendet wird, so spricht man von regionenbasierter Segmentierung. Ein bekanntes Verfahren dieser Klasse von Algorithmen ist der "Split-and-Merge" Algorithmus ([Hor76]). Dieses Verfahren wird in [Str90] verwendet, um ein Grauwertbild in ein Regionenbild ("label image", LabelImage in Bild 4.4) zu überführen. Dieses besteht aus einer Matrix derselben Größe wie das Eingabebild, die integrale Elemente hat. Zusammenhängende Bereiche in der Matrix mit demselben Zahlenwert verkörpern je eine Region. Das Regionenbild ist Teil des *ἵππος*-Teilbaums für Bilder und zählt zu den Merkmalsbildern (→ Abschnitt 4.7).

Wenn als Homogenitätskriterium der mittlere Grauwert einer Region gewählt wird, so kann anstelle der Nummer auch dieser mittlere Grauwert der Region angegeben werden. Dies hat den Vorteil, daß das entstehende Regionenbild unmittelbar visuell inspiziert werden kann (vgl. das Regionenbild auf Seite 117).

`regions:`	Liefert die Anzahl der Regionen im Bild.
`Rect:`	Liefert das umschreibende Rechteck einer Region.
`getReg:`	Liefert eine Repräsentation der angegebenen Region.

Tabelle 5.5: *Wichtige Methoden der Klasse* LabelImage

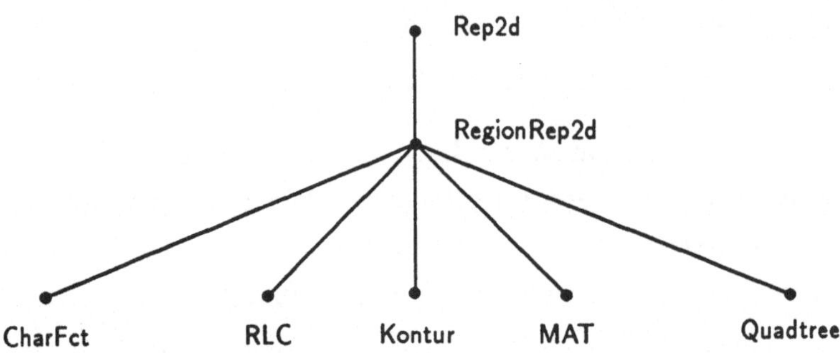

Bild 5.3: *Unterbaum zur Regionenrepräsentation*

Analog zu Kantenbildern und Linienrepäsentationen entstehen aus Regionenbildern Regionenrepräsentationen, wenn eine einzelne Region aus einem solchen Regionenbild betrachtet wird (getReg in Tabelle 5.5). Die Möglichkeiten zur Repräsentation sind ähnlich vielfältig. Zwischen Regionenrepräsentationen und Regionenbildern bestehen somit enge Zusammenhänge.

5.7 Regionenrepräsentationen

In [Str90] findet sich eine Zusammenstellung der Datenstrukturen für Regionen. Eine abstrakte Klasse wird zur Strukturierung des Unterbaums der Regionendarstellungen in der Ebene eingeführt (RegionRep2d, Bild 5.3). Grundlegend ist für die Regionenrepräsentationen der Begriff eines Pixels, der die kleineste Flächeneinheit in einem digitalisierten Bild einnimmt. Pixel werden im weiteren als quadratisch angenommen. Ihre Größe hat damit keinen Einfluß auf die Regionen und deren Methoden.

Bekannte Repräsentationen für jeweils eine Region sind Lauflängencodierungen ([Gon77], vgl. auch [Pip85]), Mittelachsentransformationen [Sam83] und Regionen, die durch die umschreibende Konturlinie definiert werden. Regionenrepräsentationen setzen daher die Klassen zur Linienrepräsentation voraus. Quadtrees ([Sam83]) können ebenfalls zur Darstellung einer einzelnen Region verwendet werden. Spezielle Quadtrees, wie sie in [Sco85] vorgeschlagen werden, können bei Bedarf von der Klasse Quadtree abgeleitet werden, ohne daß weitere Änderungen an der Teilbaumstruktur erforderlich sind.

Die Verwendung von Lauflängencodierungen hat zwei Aspekte: sie kann als rechnerinterne, speicherplatzeffiziente Darstellung verwendet werden, dient aber in bestimmten Algorithmen ebenfalls dazu, Merkmale aus Bildern zu ermitteln (vgl. [Gal75, S. 21]). Hier ergeben sich also Analogien zu den Verwendungsmöglichkeiten der Kettencodes und Polygone.

Regionen können durch ihre charakteristische Funktion beschrieben werden; diese Funktion bildet jeden Punkt des Bildes nach $\{0,1\}$ ab, wobei 1 für die Punkte geliefert wird, die zur Region gehören. Die spezielle Regionenrepräsentation **CharFct** benutzt diese Darstellung. Dabei wird die Funktion intern durch eine Binärmatrix dargestellt, deren Ausmaß dem umschreibenden Rechteck der Region entspricht.

Wie im Falle der Linienrepräsentation werden bei Regionen die speziellen Repräsentationen nur im Hinblick auf ihre pixelnahen Eigenschaften betrachtet. Spezielle Eignungen für den Vergleich mit Modellen sind zwar in der Literatur erwähnt, gehören in der Anwendung aber zu Sonderfällen.

Regionenrepräsentationen, die aus der Regionensegmentierung von Grauwertbildern hervorgehen, werden in [Bru90] mit Attributen versehen, die maximalen, minimalen und mittleren Grauwert und anwendungsspezifische Formfaktoren (vgl. z.B. [Yac77, Fry89]) angeben. Zentrale Momente und die Hauptträgheitsachsen werden in [Nie83] als Merkmale von Regionen angegeben. Die Anzahl der Löcher wird auch die Euler–Zahl der Region geannt [Gra71] und gehört zu den Eigenschaften einer Region. Für die Exzentrizität einer Region gibt es mehrere Maße, die ebenso wie weitere Merkmale von Regionen in [Bal82] dargestellt sind. Teilweise sind sie in $\acute{\iota}\pi\pi o\varsigma$ auch als Methoden verfügbar (→ Tabelle 5.6) und müssen nicht in der Attributmenge mitgeführt werden.

Zur externen Repräsentation werden bei der Lauflängencodierung Mengen und Folgen verwendet. Für Quadtrees wird in [Str90] ein Verfahren angegeben, das die kompakte Speicherung von Regionen mit einem komprimierten Speicherverfahren für Kettencodes verknüpft und somit vorhandene Verfahren nutzt. Konturlinien bedienen sich der Linienrepräsentationen. Eine charakteristische Funktion wird extern durch einen Punkt repräsentiert, der die linke obere Ecke des umschreibenden Rechtecks angibt, sowie durch die Repräsentation der Binärmatrix.

`asBoundary:`	Liefert die Kontur der Region.
`asCharFct:`	Liefert die Region als Binärmatrix.
`asQuadTree:`	Liefert die Region als Quadtree.
`area:`	Liefert die Fläche der Regionenrepräsentation (in Pixeln).
`holes:`	Liefert die Anzahl der Löcher.
`join:`	Verschmelze zwei Regionenrepräsentationen.
`center:`	Liefert Schwerpunkt der dargestellten Fläche.
`MinVal:`	Liefert den maximalen Grauwert.
`MaxVal:`	Liefert den minimalen Grauwert.
`rectangle:`	Liefert das umschließende Rechteck.
`common:`	Liefert die Linie, die die gemeinsame Kontur zweier Regionenrepräsentationen bildet.

Tabelle 5.6: *Wichtige Methoden der Klasse* RegionRep

5.8 Linien im Raum

Dreidimensionale Linien sind in den niedrigen Ebenen der Bildverarbeitung noch nicht in dem Maße im Einsatz, wie ihre zweidimensionalen Gegenstücke. Naheliegende Repräsentationen, die sich aus der Erweiterung der zweidimensionalen Repräsentationsformen ergeben, sind Polygone, Splines oder ein dreidimensionaler Kettencode, der in Bild 5.4 vorgeschlagen wird. Die Anordnung der Codes in der dargestellten Form hat die Eigenschaft, daß sich eine orthographische Projektion in einen zweidimensionalen Kettencode einfach durch eine Modulo-Operation (bzw. durch eine Bitmaskierung) gewinnen läßt, wie in Bild 5.5 dargestellt ist. Für den Vergleich von Segmentierungsdaten mit dreidimensionalen Modellen ist eine Darstellung der Linien nützlich, die explizite Information über deren Anfangs- und Endpunkt enthält [Xu90]. Gegebenenfalls können Geraden auch durch einen Punkt im Raum und eine Normale definiert werden.

Dreidimensionale Polygone sind intern wie zweidimensionale Polygone als Folge von — in diesem Fall dreidimensionalen — Punkten organisiert. Eine Anwendung wird im Abschnitt 9.2 vorgestellt. Weitere Repräsentationen können — wie auch

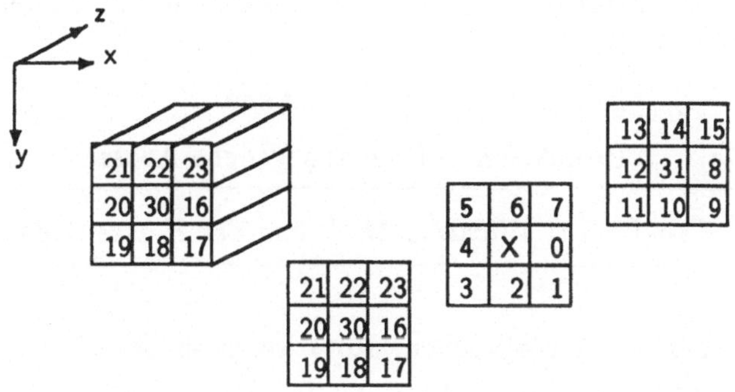

Bild 5.4: *Dreidimensionaler Kettencode*

Erzeuge 2–D Kettencode: CC2D		
WHILE *not* endOfChain(CC3D)		
	link := DoNext(CC3D)	
	IF	link < 24
	THEN	CC2D.append(link *mod* 8)

Bild 5.5: *Projektion eines 3–D Kettencodes nach 2–D*

im zweidimensionalen Fall — problemlos in den Teilbaum eingefügt werden. Der Teilbaum der räumlichen Repräsentationen ist im Bild 5.6 dargestellt.

Die Methoden der abstrakten Klasse zur Repräsentation dreidimensionaler Objekte sind in Tabelle 5.7 zusammengefaßt. Entsprechend ihrer Verwendung in der Bildverarbeitung sind Projektionen dreidimensionaler Objekte nur in die die

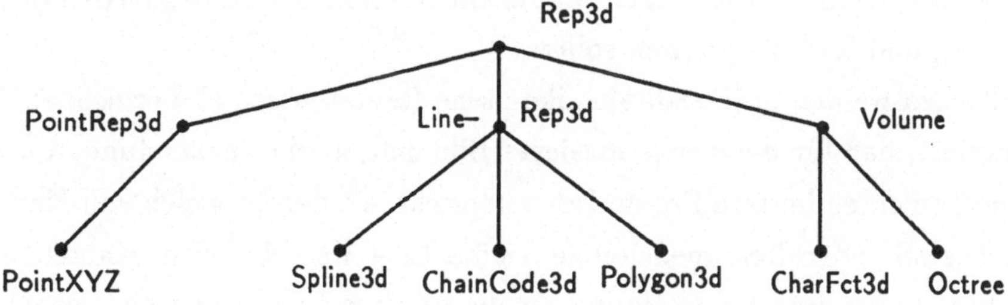

Bild 5.6: *Unterbaum für dreidimensionale Repräsentationen*

`rotXZ`:	Rotation in der X–Z–Ebene um den angegebenen Winkel.
`rotYZ`:	Rotation in der Y–Z–Ebene.
`project`:	Projektion auf die angegebene Achse.

Tabelle 5.7: *Wichtige Methoden der Klasse* Rep3d

Bildebene (X–Y–Ebene) vorgesehen. Rotationen in der X–Z und Y–Z–Ebene (`rotXZ` und `rotYZ`) ergänzen ererbten die Transformationen.

5.9 Oberflächen

Eine Klasse von ikonischen Verfahren ermittelt Oberflächeninformation aus zweidimensionalen Rasterbildern, wobei einige globale Eigenschaften angenommen werden, jedoch keine weiteren technischen Hilfsmittel benötigt werden. Beispiele hierfür sind die mit „Form aus ..." ("Shape from ...") benannten Verfahren, die ohne Verwendung von anwendungsspezifischem Wissen arbeiten. Eine Zusammenstellung der bekannten Algorithmen findet sich in [Bru90]. Aktive Verfahren, die weitere technische Mittel benötigen, wurden in Abschnitt 2.6 aufgeführt; sie liefern direkt Tiefenbilder (Klasse DepthImage, Bild 4.6).

Für die Repräsentation der Oberflächen ist die Methode ihrer Ermittlung unerheblich. Für Oberflächen, die aus der Segmentierung hervorgehen, schreibt [Fis86, S.41]:

> „Die Segmentierung sollte verbundene Regionen produzieren, die konstante Eigenschaften haben, wobei alle Krümmungswerte gleichen Betrag und Richtung haben sollten."

Oberflächen werden in [Fis86] als „ikonische Repräsentation" bezeichnet. Er argumentiert, daß für die wissensbasierte Bildanalyse die Verwendung von Oberflächensegmenten bessere Ergebnisse verspricht, als der Vergleich von Kanten — seien es zwei- oder dreidimensionale Segmente — mit Modellen. Kantenbasierte Verfahren haben ihre Berechtigung für die Analyse von Szenen mit vornehmlich polyederartigen Objekten, wie sie in industriellen Anwendungen vorliegen. Die Gewinnung von Information über Oberflächen kann dabei über die Verwendung von Kantenelementen erfolgen [Gri81]. Im Zuge der wissensbasierten Bildverarbeitung werden die Oberflächen zu komplexen Objekten zusammengesetzt.

Die Verfahren zur Gewinnung von Oberflächeninformation und deren Repräsentation sind aktuell Gegenstand intensiver Forschung (vgl. z.B. [Gri81, Bru89, Bra89, Bri92]). Dabei gewinnt auch die Ermittlung von Oberflächeninformationen aus Bildern einer Bildfolge zunehmend an Bedeutung (vgl. z.B. [Cha89]). Analog zur Linien- und Regionensegmentierung entstehen aus Intensitätsbildern zunächst Oberflächenkarten, die wie Linien- und Regionenbilder zu den Bildern zählen. Zum Einsatz kommen Gradientenbilder (gemeint ist hier der Oberflächengradient, nicht der Grauwertgradient), Bilder, die zu jeder Koordinate die Normale der Oberfläche angeben (Nadeldiagramme), und Bilder, die über Azimutal- und Polarwinkel ("Tilt" und "Slant") die Oberfläche beschreiben. Liegt die Ausgangsinformation in Form von Tiefenbildern vor, so können Oberflächen durch Segmentierung des Tiefenfelds detektiert werden.

In einer nächsten Abstraktionsstufe werden die Oberflächenkarten nun dazu benutzt, Oberflächenrepräsentationen zu erstellen. Die im Vergleich zur Linien- und Regionenrepräsentation erhöhte Anzahl der freien Parameter gestattet viele möglichen Darstellungsformen. Da die Repräsentationen aus Tiefenbildern nur durch ein Approximationsverfahren gewonnen werden können, wird ein Verweis auf die Region im Bild angegeben. Eine umfassende Zusammenstellung der bekannten Repräsentationen für Oberflächen bietet [Bes85].

Für Oberflächen, die sich nicht aus einfachen geometrischen Strukturen — wie Kugelsegmenten, Zylindern und Ebenen — zusammensetzen lassen, ergeben sich aktuell in der Bildverarbeitung noch große Probleme. Es ist nicht Ziel dieser Arbeit, diese Probleme zu lösen (vgl. Kapitel 1). In ἵππος wird es statt dessen ermöglicht, neue Repräsentationen problemlos in ein System einzufügen. Dies geschieht durch Ableitung einer neuen Repräsentation von der Klasse **SurfaceRep**[t]. Diese ist von der Klasse **Rep2.5D** abgeleitet, die ihren Namen von [Mar82] ableitet, der zweidimensionale Objekte mit Oberflächeninformation als "$2\frac{1}{2}$-D Skizzen" bezeichnet. Analog zu Linien- und Regionenrepräsentationen müssen dann Konvertierungsfunktionen vorgesehen werden.

In Anlehnung an [Fis86] werden für ἵππος objektzentrierte Oberflächenrepräsentationen vorgeschlagen, die aktuell noch nicht vollständig implementiert sind.

(„Objekt" bezieht sich hier auf die erkannte Struktur im Bild). Eine Oberflächenrepräsentation wird damit immer relativ zu einem Bezugspunkt angegeben. Ein Oberflächenobjekt hat außer dem Referenzpunkt Informationen über die Form und die Ausdehnung der Oberfläche ("Patch"). Die Ausdehnung wird durch eine Konturlinie im Raum beschrieben. Für die Form werden die Werte „eben", „konvex" oder „konkav" angegeben.

5.10 Volumen

Freie Formen sind in der Beschreibung von Oberflächen ein Problem. Noch um einiges komplexer ist die Beschreibung von Volumenelementen. Zum Einsatz kommen in aktuellen Anwendungen häufig zwei Ansätze. Aus den Anwendungen des CAD-Bereichs stammen Volumendarstellungen mit CSG („Constructive Solid Geometry" [Voe77]). In [Hes87] werden verallgemeinerte Zylinder ("generalized cones") eingesetzt. Beide Verfahren beschreiben massive Körper. Sie werden in vielen Fällen auch zur Oberflächenbeschreibung benutzt.

Für eine allgemeine Volumenbeschreibung mit möglichen Einschlüssen und Hohlräumen müssen sie erweitert oder kombiniert werden. Beispielsweise kann ein allgemeiner Körper durch seine Oberflächen und die Oberflächen der Einschlüsse, sowie die topologischen Relationen zwischen diesen Oberflächen angegeben werden.

Die Klasse zur Volumenrepräsentation ist eine Ableitung der dreidimensionalen Repräsentationsobjekte und besitzt als Spezialisierung die Klasse **Octtree** [Pic84], die eine Verallgemeinerung von Quadtrees darstellt. Operationen auf dieser Datenstruktur sind in [Iba90] zusammengestellt. Eine Anwendung wird im Abschnitt 9.6 dargestellt. Analog zur Regionenrepräsentation können Volumen durch eine charakteristische Funktion repräsentiert werden. Weitere Repräsentationen können einfach in den ἵππος-Baum eingefügt werden, in dem Zuge, in dem sich die dreidimensionale Bildverarbeitung fortentwickelt. Die Funktion des Pixels in der Ebene wird für Volumenrepräsentationen von einem „Voxel" übernommen. Die Repräsentationen sind ebenfalls unabhängig vom Volumen des Voxels, der als kubisch angenommen wird.

Kapitel 6

Atomare Objekte

Ich bin ein Realist alter Schule (...), ich kapiere nur Mondrian. Was soll ein nichtgeometrisches Bild darstellen? Umberto Eco

Im vorigen Kapitel wurden die Repräsentationen von Punkten, Linien, Regionen, Oberflächen und Volumen betrachtet, die sich in der Nähe der ausgänglichen Bildinformation bewegten. Nun werden auf einer höheren Abstraktionsebene die geometrischen Objekte betrachtet, die durch die Repräsentation dargestellt werden.

6.1 Geometrische Objekte

Im Kapitel 5 wurden Repräsentationen geometrischer Objekte eingeführt. Die übergeordneten Begriffe waren dort die Punkt-, Linien-, Regionen-, Oberflächen- und Volumenrepräsentation, die nach Anzahl der Dimensionen noch weiter unterteilt wurden. Für jeden dieser Begriffe gibt es weitere Spezialisierungen.

Durch einen Aufstieg in der Abstraktionsebene (→ Abschnitt 2.1) um eine Stufe erfolgt eine Lösung von der Unterscheidung nach Dimensionen. Linienrepräsentationen in der Ebene und im Raum werden nun im Konzept „Linie" als geometrisches Objekt zusammengefaßt. Es ergeben sich außerdem die generellen Begriffe „Punkt", „Region", „Oberfläche" und „Volumen", die aus Gründen, die unten erläutert werden, als „atomare geometrische Objekte" — oder kurz „atomare Objekte" — bezeichnet werden. Sie sind als Konzepte unabhängig von der aktuell vorhandenen Repräsentation zu betrachten, obwohl sich im Einzelfall geringe Abhängigkeiten ergeben können.

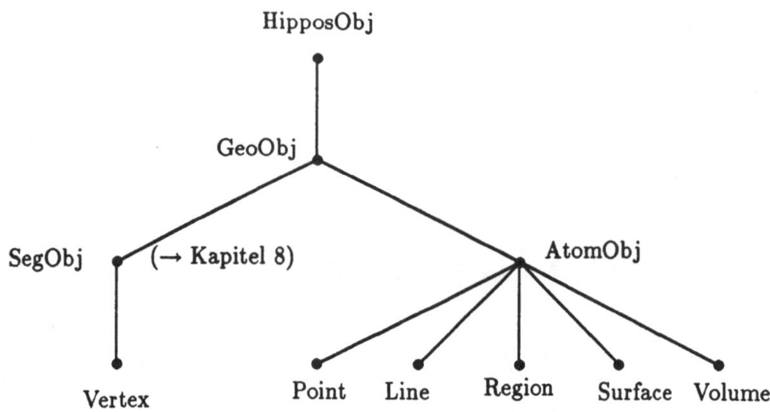

Bild 6.1: *Unterbaum für atomare und geometrische Objekte*

Einer geometrischen Struktur in der Szene können unter Umständen gleichzeitig mehrere Repräsentationen zugeordnet werden. So kann eine Region in einem Bild simultan durch einen Quadtree und durch Lauflängencodierung dargestellt sein. Solche Situationen ergeben sich häufig nach Konvertierungen von Repräsentationen. Auch Repräsentationen desselben Typs sind möglich, wenn beispielsweise eine Linie mit unterschiedlichem Fehler durch eine spezielle Liniendarstellung repräsentiert wird oder eine Linienapproximation mit verschiedenen Algorithmen berechnet wird. Jedes atomare Objekt besitzt aber mindestens eine Repräsentation, aus der die Dimension ersichtlich ist.

Geometrische Objekte können geometrischen Transformationen unterzogen werden. In Betracht kommen dabei die Transformationen, die bereits für die Repräsentationen angegeben wurden (→ Tabelle 5.1). Diese Transformationen sind nicht nur auf einzelnen atomaren Objekten möglich, sondern können leicht auf einem Ensemble von atomaren Objekten ausgeführt werden. Dies führt im folgenden zur Einführung von zusammengesetzten geometrischen Objekten, die ebenfalls zu den geometrischen Objekten gerechnet werden („Segmentierungsobjekt", Kapitel 8). Punkte, Linien, Regionen, Oberflächen und Volumen sind atomare Objekte, die sich nicht in weitere Teile zerlegen lassen.

`parts`:	Liefert die Anzahl der Teile. Für atomare Objekte liefert die Funktion konstant 1.
`rotate`:	Rotiert das Objekt um den angegebenen Winkel.
`scale`:	Führt eine Größenveränderung um den angegebenen Faktor durch.
`translate`:	Verschiebt das Objekt um die angegebenen Werte.

Tabelle 6.1: *Wichtige Methoden der Klasse* GeoObj

Der daraus resultierende Aufbau des Teilbaums ist in Bild 6.1 dargestellt. Die Methoden der geometrischen Objekte sind in der Tabelle 6.1 aufgeführt und werden in den abgeleiteten Klassen genauer erläutert.

Ein geometrisches Objekt kann beliebige Attribute besitzen. Dabei sind weder die Attributtypen noch deren Werte im voraus bekannt. Eine Region kann beispielsweise das Attribut „Homogenitätsmaß" besitzen, eine Linie das Attribut „Kontrast". Auf die Bedeutung des Attributs „Bewertung" für die Kontrolle eines Bildanalysesystems wurde bereits im Abschnitt 3.6 hingewiesen.

6.2 Punkt, Linie, Region, Oberfläche und Volumen

Im Laufe der ikonischen Verarbeitung entsteht aus der Bildinformation eine initiale symbolische Beschreibung [Nie90a]. Die Mittel zur Beschreibung werden dabei zunehmend abstrakter. Atomare Objekte bilden die nächst höhere Abstraktionsstufe nach den Repräsentationen. Mit der Verwaltung atomarer Objekte ist es möglich, ein vorläufiges Segmentierungsergebnis schrittweise zu erweitern und weitere Informationen strukturiert zu ergänzen.

Die Funktionalität atomarer Objekte liegt vornehmlich in der Verwaltung der Repräsentationen. Die geometrischen Transformationen erfolgen auf den zugeordneten Repräsentationen. Falls mehrere Repräsentationen gleichzeitig in einem Objekt bereitgehalten werden, so werden die Operationen auf allen gleichzeitig ausgeführt. Repräsentationen, die die entsprechende Transformation nicht implementieren, werden dabei konvertiert. Da dies unter Umständen zu unvertretbarem Mehraufwand führt, können Elemente aus der Menge der vorhandenen Repräsentationen gelöscht werden (`remove`). Mit einer Operation kann von einem atomaren Objekt eine Repräsentation angefordert werden, deren Klassenzugehörigkeit angegeben werden muß (`getRep`). Wenn eine solche Repräsentation nicht bereits existiert, so wird sie durch die an die abstrakte Oberklasse gebundene Konvertierungsfunktion (→ Tabelle 5.1) geliefert. Die Tabelle 6.2 stellt diese Methoden zusammen. Beachtenswert ist auch die Methode zum Vergleich von atomaren Objekten (`isEqual`, Tabelle 3.2), die von der Klasse Objekt ererbt wird. Sie erachtet zwei Objekte als gleich, wenn sie mindestens eine gemeinsame Repräsentation besitzen, deren Vergleich positiv ausfällt. Trotz dieses eingeschränkten Vergleichs ist diese Funktion aufwendig, so daß das Einfügen in Mengen zeitraubend sein kann (vgl. Tabelle 13.7).

Punkte, Linien, Regionen, Oberflächen und Volumen stellen Spezialisierungen (im Sinne der Ableitungshierarchie) von atomaren Objekten dar. Jede dieser Klassen hat ähnliche Methoden wie die entsprechenden Ableitungen der Repräsentationsklassen (PointRep2d, LinienRep2d, RegionRep, SurfaceRep, VolumeRep). Außerdem sind die Methoden zur Attributsverwaltung und die Methoden der atomaren und geometrischen Objekte zur Transformation und Verwaltung der verschiedenen Repräsentationsformen verfügbar.

`addRep`:	Fügt eine Repräsentation ein.
`getRep`:	Liefert eine Repräsentation der optional angegeben Klasse.
`removeRep`:	Löscht eine Repräsentation.
`hasRep`:	Prüft, ob eine Repräsentation der angegebenen Klasse vorhanden ist .
`parts`:	Liefert die Anzahl der vorhandenen Teile, die bei atomaren Objekten konstant 0 ist.

Tabelle 6.2: *Wichtige Methoden der Klasse* AtomObj

In Bild 6.2 ist das Zusammenspiel von atomaren Objekten und Repräsentationen an einem Beispiel dargestellt. Die Seitenfläche des Turms ist als Region segmen-

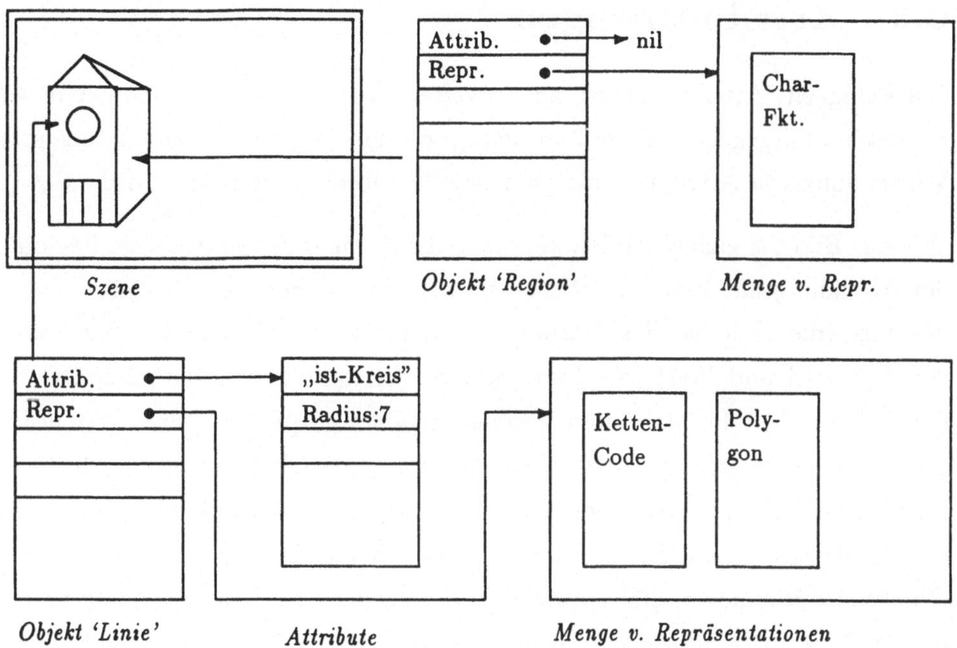

Bild 6.2: *Beispiel für die atomaren Objekte „Linie" und „Region"*

tiert, die keine Attribute hat. Die Repräsentation der Region erfolgt mit einer Binärmatrix (`CharFct`). Die Turmuhr ist als Linie mit dem Attribut „Kreis" detektiert, und es existieren zwei dazugehörige Repräsentationen als Kettencode und Polygon.

In Kapitel 5 wurde angeführt, daß neue Repräsentationen einfach von den entsprechenden Oberklassen abgeleitet werden können. Dieser Vorgang ist nicht allzu selten, da neue Algorithmen oft zu neuen Darstellungsformen greifen. Diese Erweiterungen des *ἵππος*-Baums erfordern in den Repräsentationsobjekten kleinere Veränderungen, damit die Konvertierung weiterhin automatisch erfolgen kann. So ist beispielsweise in der Implementierung der Klasse **LineRep2d** die Menge der Linienrepräsentationen bekannt, und die Einführung einer neuen Linienrepräsentation erfordert eine geringfügige Änderung an den möglichen Konvertierungsroutinen. Auf der Seite der atomaren Objekte bleiben dagegen diese Veränderungen völlig unsichtbar. Dem Anwender bietet sich die Sicht eines geometrischen Objekts, dessen Repräsentation von sekundärem Interesse ist.

6.3 Attributmengen

Die Fähigkeit, Attributmengen zu verwalten, wurde dem *ἵππος*-Objekt in Abschnitt 3.6 mitgegeben. Diese Zuordnung soll nun begründet werden, indem die Verwendung von Attributen für geometrische Objekte betrachtet wird.

Wie aus Bild 6.2 ersichtlich ist, können Attributmengen leer sein (die Region in der Abbildung hat keine Attribute), sie können aus der Angabe eines Symbols bestehen (die Linie hat das Attribut „ist–Kreis"), oder sie bestehen aus Paaren von Schlüssel und Wert (die Linie besitzt das weitere Attribut „Radius" mit dem Wert „7").[1] In Attributen werden Angaben gespeichert, die zu manchen, aber nicht notwendigerweise zu allen geometrischen Objekten existieren. Generelle Eigenschaften aller geometrischen Objekte werden dagegen als Komponente der Klasse angegeben. Die Anzahl der verwendeten Attribute für geometrische Objekte ist groß und vielfältig, wie aus der folgenden Zusammenstellung ersichtlich ist. Eine Systematisierung ist nicht möglich, da die Anforderungen in unterschiedlichen Anwendungen zu stark differieren. Eine Klassifizierung in mögliche und erforderliche Attribute für jedes geometrische Objekt ist nicht machbar. Daher können diese Informationen nicht in Komponenten der geometrischen Objekte gebunden werden. Attributmengen bieten das Höchstmaß an erreichbarer Strukturierung und ermöglichen gleichzeitig eine äußerst flexible Informationsdarstellung, die auf der Schwelle zur symbolischen Darstellung steht.

Einige Attribute, die zu geometrischen Objekten gehören, sind von der speziellen Anwendung unabhängig bestimmbar. So kann einem geometrischen Objekt beispielsweise als Attribut mitgegeben werden, aus welcher Stufe einer Auflösungshierarchie es stammt oder welcher Kontrast in seiner Umgebung herrscht; ein Objekt kann einen Farbwert als Attribut haben. Symbolische Namen können allen Attributen über ein Attribut zugewiesen werden.

Linien können eine Vielzahl von Attributen haben: „Länge", „Krümmung", „Radius", „Mittelpunkt", „Kreisbogenlänge" usw. Die Eigenschaften einer Linie, eine Gerade oder einen Kreisbogen zu beschreiben, spielen in [Nie90b] eine wichtige

---

[1] In *ἵππος* werden die Attributmengen durch Objekte der Klasse Dictionary dargestellt, die aus NIHCL (→ Anhang A) stammen.

Rolle. In [Rai90] (in konventioneller Programmierung) und [Her90] (in objektorientierter Programmierung) werden solche Attribute zu Linien ermittelt. Die Attribute „Lage" und „Richtung" werden in [Nie89] erwähnt. In [Bru90] werden Linien mit dem Attribut „Stärke" versehen.

Attribute von Regionen können beispielsweise „Homogenitätsmaß" oder „Texturtyp" sein. In [Bru90] werden Regionen mit Attributen für minimalen, maximalen und mittleren Grauwert versehen.

Die Werte der folgenden Attribute sind von der Anwendung abhängig und können nur mit Wissen über den verwendeten Algorithmus interpretiert werden. Die Attributschlüssel werden aber in jedem Fall mit der gleichen Bedeutung verwendet. Für die Bildanalyse von entscheidender Bedeutung ist das Attribut „Sicherheit", das angibt, mit welcher Sicherheit ein geometrisches Objekt erkannt wurde. Ebenfalls angegeben wird ein Attribut, in dem der dazugehörige Fehler niedergelegt wird.

Attributmengen sind ein einfaches Mittel, Eigenschaften von Objekten symbolisch zu beschreiben. Sie werden für eine initiale symbolische Beschreibung intensiv benutzt. Wie aus der obigen Zusammenstellung ersichtlich ist, gibt es eine große Anzahl von eingesetzten Attributbezeichnungen. Die Verwendung der Werte der Attribute ist in ἵππος jedoch eingeschränkt auf einfache Objekte, wobei diese Einschränkung nicht überprüft, sondern nur empfohlen wird. Werte von Attributen sollten numerische oder textuelle Objekte sein, nicht jedoch Objekte aus ἵππος selbst. Für die Verknüpfung von ἵππος-Objekten untereinander stehen statt dessen die Relationen (→ Kapitel 7) zur Verfügung.

Prinzipiell ist es möglich, *alle* Objekte in ἵππος mit Attributen zu versehen, da die oberste Klasse (ἵππος-Object) die benötigten Methoden bereitstellt. Auch die Repräsentationen können somit attributiert werden. Attribute von Repräsentationsobjekten sollten jedoch Einzelfälle bleiben. Sie sind eine symbolnahe Beschreibungsform und sollten daher erst ab der Abstraktionsebene der atomaren und geometrischen Objekte intensiv verwendet werden.

Die Vielzahl der verwendeten Attribute und die Freiheit bei der Namensgebung der Schlüssel macht es erforderlich, daß in der Programmdokumentation eines

Systems, das mit Attributen arbeitet, eine Liste aller verwendeter Attribute, deren Bedeutung und Typ ihrer Werte genau angegeben wird.

6.4 Vertices

Die Bedeutung von Vertices für die Bildanalyse wird in [Bru90] festgestellt. In [Sch90] werden Vertices als atomare Objekte angegeben. Die Verwendung in [Ans89, Bru90] entspricht ebenfalls den atomaren Objekten. Ein Vertex wird dabei durch einen Punkt und einen Grad beschrieben, der die Anzahl der sich treffenden Linien angibt. Diese Information kann in ἵππος als Attribut an ein Punktobjekt angefügt werden.

Aussagekräftiger ist es jedoch, zu einem Vertex die Linien explizit anzugeben. Dieser Weg wird in [Her90] eingeschlagen. In [Goo89] werden die zugehörigen Linien durch Relationen mit einem Vertex verknüpft. Das entstehende Vertex-Objekt ist aber kein atomares Objekt mehr, da es die Linien als Teile besitzt. In [Bru90] gehen dagegen die Beziehungen des Vertex zu den sich in ihm schneidenden Linien verloren. In ἵππος besteht daher die Möglichkeit, Vertices als zusammengesetzte geometrische Objekte zu verwenden (→ Kapitel 8). Vertices sind somit keine atomaren Objekte.

6.5 Hilfskonstruktion für C++

Eine dimensionslose Darstellung atomarer Objekte würde in einer Implementierung in C++ zahlreiche unschöne Tricks erfordern, die die Programmierung unsicher machen. Dies soll am Beispiel einer Linie erläutert werden. Die Methode `StartPunkt` liefert je nach Dimension der zugeordneten Repräsentation ein zwei- oder dreidimensionales Punktobjekt. Die nächste gemeinsame Oberklasse dieser Objekte ist **Represent**; diese Klasse wird als Ergebnis der Methode spezifiziert. Um nun die Koordinaten eines so erhaltenen Startpunkts zu erfragen, muß eine Zeigerumwandlung (*Cast* auf die Klasse **PointRep2d** oder **PointRep3d** erfolgen, da die entsprechenden Funktionen in der Basisklasse nicht vorhanden sein können; (eine Region kennt beispielsweise keinen Startpunkt). Der *Cast* muß

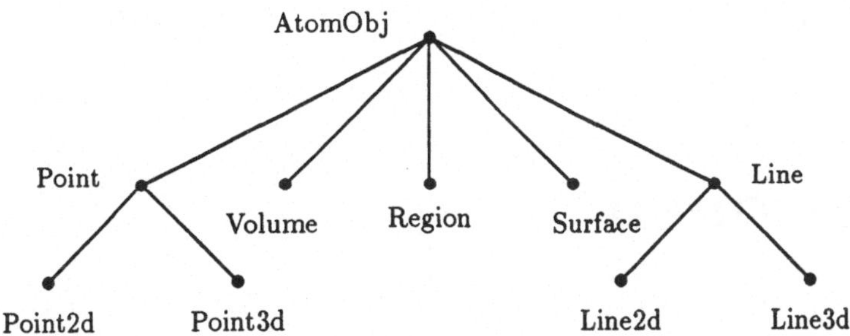

Bild 6.3: *Unterbaum für atomare Objekte in C++*

je nach Dimension der Repräsentation in unterschiedliche Klassen erfolgen. Eine fehlerhafte Annahme führt hier unter Umständen zu Laufzeitfehlern.

Um diese Probleme zu umgehen und die Programmierung zu vereinfachen, werden in der Implementierung in C++ vier weitere Klassen eingeführt, die die Bindung an die Dimension wiederherstellen. Sie sind in Bild 6.3 dargestellt. Die Instantiierung von Objekten aus den Klassen Line und Point wird unterbunden. Statt dessen müssen Objekte aus den neuen abgeleiteten Klassen erzeugt werden. Die Methoden der Basisklassen werden redefiniert, wobei sich die Signatur ändert. So liefert nun die Methode `StartPunkt` der Klasse Line2d eine Instanz der Klasse für zweidimensionale Punkte. Die gleichnamige Methode in der Klasse Line3d liefert ein dreidimensionales Objekt. In C++ kann damit diese Funktion nicht virtuell sein.

Aus ähnlichen Gründen sind in der Implementierung auch die Methoden der Klasse GeoObj (Tabelle 6.1) in zwei- und dreidimensionale Transformationen getrennt.

In einer reinen objektorientierten Programmiersprache mit einer Interpretation der Nachrichten zur Laufzeit wäre diese Konstruktion nicht erforderlich.

Kapitel 7

Relationen

Während wissenschaftliche Kentnisse der Proportional-Verhältnisse und Farbdynamik verwendet werden, werden diese Begriffe durch den Scharfsinn und die Empfindsamkeit des Künstlers modifiziert. Dies ist kein bloßes geschmackvolles Mustermachen. Jerrold Morris, Über die Kunst Mondrians

Relationen spielen in der Beschreibung von Objekten eine wichtige Rolle. In diesem Kapitel werden Relationen als Klassen eingeführt und mit mächtigen Operationen ausgestattet.

7.1 Anwendungen in der Bildverarbeitung

Eigenschaften geometrischer Objekte können auch in bezug auf andere Objekte definiert werden. Eine Eigenschaft einer Linie kann beispielsweise ihre Parallelität zu einer anderen Linie sein, wobei unter Umständen noch zusätzlich ein Maß für die Abweichung von der idealen Parallelität angegeben wird, die in den Verfahren der Bildanalyse meistens auch dann nicht detektiert werden kann, wenn die entsprechenden Linien in der Szene parallel sind. Die Parallelität der zweidimensionalen Projektion von Linien im Bild läßt sich datengetrieben feststellen und bewerten. Weitere Relationen zwischen Objekten der Bildverarbeitung lassen sich leicht finden. Eine Eigenschaft einer Region ist beispielsweise ihr Enthaltensein in einer anderen. Zur Darstellung solcher Informationen eignen sich Attribute nicht, da die Werte eines Attributs keine ἵππος-Objekte sein sollen. Hierfür wird ein neues Konzept — die Klasse Relation — benötigt.

Relationen fehlen als programmiersprachliches Konzept in den meisten gängigen Programmiersprachen, auch in objektorientierten Systemen. Sie sind jedoch ein wünschenswertes Konstrukt [Rum87]. Die Implementierung von Relationen setzt ein Mengenkonzept voraus. Verschiedene Implementierungen von Mengen in Programmiersprachen werden in [Sch80] untersucht. Darauf aufbauend zeigen die Arbeiten [Voe86, Gro82, Wil88] Möglichkeiten für eine effiziente Implementierung eines Mengenkonzepts. Dabei wird die Programmiersprache CANTOR entwickelt. Weniger effiziente Verfahren werden in der Sprache SETL [Sch86b] verwendet. Für Anwendungen in der Bildverarbeitung sind diese Entwicklungen trotz ihrer konzeptuellen Klarheit, wegen ihrer geringen Verbreitung wenig geeignet.

Relationen sind in der Bildverarbeitung wichtig, um in Segmentierungsobjekten (→ Kapitel 8) komplexe Beziehungen zwischen geometrischen Objekten herzustellen. Diese Bezüge können zum Teil ohne Verwendung szenenspezifischen Wissens ermittelt werden und sind damit der Ikonik zuzuordnen. Sie dienen dazu, die Zuordnung von Modellen (→ Kapitel 10) zur initialen symbolischen Beschreibung zu erleichtern und bewirken eine Verringerung des Suchaufwands [Nie89]. Anwendungen finden sich bereits in [Bru90]. In [Xu90] werden Relationen zwischen Linien und Oberflächen als Ergebnis der datengetriebenen Segmentierung ermittelt.

Die Klasse **Relation**, die nun eingeführt wird, ermöglicht die Definition von beliebigen n-stelligen Relationen zwischen Objekten. In der Bildverarbeitung kommen spezielle Objekte zur Anwendung, die Relationen zwischen geometrischen Objekten definieren. Laut [Sch89a] kommen höherstellige Relationen hauptsächlich in Datenbankanwendungen vor. In [Wey90] wird gezeigt, daß zweistellige Relationen in der Regel für die Bildverarbeitung ausreichen. Sollten in anderen Anwendungen höherstellige Relationen benötigt werden, so ist dies mit der allgemeinen Klasse **Relation** einfach darstellbar. Einige der in der Mathematik verwendeten Operationen auf Relationen sind aber nur auf zweistelligen Relationen sinnvoll anwendbar (s.u.).

In *ἵππος* ist die Verwendung von Relationen in ikonischen Anwendungen auf das Segmentierungsobjekt (→ Kapitel 8) beschränkt, wodurch das mächtige Konzept der Relationen in der Ikonik überschaubar bleibt und damit einfach handzuhaben ist. Die Klassen für Relationen sind in ihrer Allgemeinheit auch außerhalb von Segmentierungsobjekten zu verwenden und liefern ein Werkzeug für symbolische Anwendungen.

Attribute →	**ID**	Name	AnfangsPunkt	Kantenstärke
Tupel →	007	Linie 1	(102,120)	0.7
	110	Kante 3	(224,220)	0.6
	118	Linie 2	(641,320)	0.8
	000	Kante 1	(163,720)	0.2
	256	Linie 0	(211,521)	0.4
	257	Linie 7	(311,112)	0.1
	4711	Kante 4	(113,215)	0.8
	...	...	...	...

Tabelle 7.1: *Datenbank-Relation „Linien"*

ID	Radius	Öffnungswinkel	Approx. Fehler
007	33.3	45	1.44
000	10.6	180	6.21
118	123.0	270	0.33
...	...	...	...

Tabelle 7.2: *Datenbank-Relation „Kreisbögen"*

7.2 Definitionen

Relationen werden in der Datenbanktechnik verwendet; eine Relation entspricht dort anschaulich einer Tabelle. Zwei typische Datenbankrelationen zeigen die Tabellen 7.1 und 7.2. Die Spalten haben außer dem Typ der Einträge noch ein „Attribut", das den Inhalt näher kennzeichnet (z.B. „Kantenstärke"). Eine Zeile wird als „Tupel" bezeichnet. Attribute, die ein Tupel eindeutig identifizieren, werden als „Schlüssel" bezeichnet; sie sind in den Tabellen fett dargestellt. In Bild 7.1 stellt das Attribut „ID" einen Schlüssel dar.

Die Ähnlichkeit von Tupeln aus Bild 7.1 mit einem ἵππος-Objekt (Abschnitt 3.6) ist offensichtlich. Eine Zeile der Tabelle entspricht einem Objekt. Die Einträge in den Spalten werden durch Attribute des ἵππος-Objekts dargestellt. In Darstellung 7.3 wird dagegen eine Beziehung dargestellt, die durch Attribute eines ἵππος-Objekts nicht sinnvoll repräsentiert werden kann. Verknüpft werden zwei Linien durch Parallelität, wobei ein Maß für die Abweichung angegeben wird. Den Schlüssel bilden hier die beiden *ID*'s gemeinsam. Eine Verwendung von

ID 1	ID 2	Relativer Fehler
110	256	1.33
000	256	2.01
...	...	...

Tabelle 7.3: *Datenbank-Relation „Parallelität"*

Attributen zur Darstellung dieser Relation schließt sich aus, da die Werte der Attribute dann ἵππος-Objekte sein müßten.

Die Interpretation von Relationen als Graphen wird in Kapitel 11 vorgenommen. In der Mathematik werden Relationen wie folgt eingeführt (nach [Sch89a]):

Definition: Gegeben seien Mengen: V_k $(k = 1 \ldots n)$

Eine Teilmenge R des kartesischen Produkts: $R \subseteq V_1 \times V_2 \times \cdots \times V_n$ heißt n–stellige Relation auf V_1 bis V_n.

Wenn $V_l = V_k$ für alle $k, l \in [1, n]$, dann heißt die Relation *homogen.*

$R \subseteq V \times V$ heißt zweistellige homogene Relation auf V.

Eine n–stellige Relation $R \subseteq V_1 \times V_2 \times \cdots \times V_n$ kann als eine abkürzende Schreibweise für die Verküpfung zweistelliger Relationen

$$R \subseteq (((\cdots(V_1 \times V_2) \times V_3) \times \cdots) \times V_n)$$

aufgefaßt werden, was erneut die Bedeutung der zweistelligen Relationen unterstreicht.

Die Relation aus Tabelle 7.1 ist keine homogene Relation, da die Spalten numerische und Text–Information enthalten. In der Klassenhierarchie (mit Wurzel) können Relationen immer homogen gehalten werden, indem eine gemeinsame Oberklasse aller Elemente aus V_k gewählt wird, und die Relation über diese Oberklasse gebildet wird. Inhomogene Relationen erfordern umfangreichere Datendefinitionen, sind aber im Gebrauch sicherer, da sie eine Überprüfung des Typs der Argumente gestatten.

7.3 Eigenschaften

Viele Konzepte der Mathemaktik lassen sich mit Relationen beschreiben. So ist nach obiger Definition eine Relation eine (spezielle) Menge. Umgekehrt kann eine Menge auch als eine einstellige Relation definiert werden. Die für Relationenobjekte bedeutsamen Eigenschaften sind (hier für eine zweistellige homogene Relation $R \subseteq V \times V$):

- reflexiv $:\Longleftrightarrow \forall x \in V : (x, x) \in R$
- transitiv $:\Longleftrightarrow \forall x, y, z \in V : (x, y) \in R \wedge (y, z) \in R \Longrightarrow (x, z) \in R$
- symmetrisch $:\Longleftrightarrow \forall (x, y) \in R \Longrightarrow (y, x) \in R$

Für die Anwendungen in der Bildverarbeitung werden diese Eigenschaften so interpretiert, daß eine Relation diese Eigenschaften haben kann oder auch nicht. Dies ist unabhängig von der explizit angegebenen Menge der Tupel. So wird die Relation „Parallelität" aus Bild 7.3 als reflexiv, transitiv und symmetrisch angegeben werden, obwohl in der Tabelle die entsprechenden Einträge fehlen. Sie können aber automatisch durch Hüllenbildung ergänzt werden (s.u.). Ein Beispiel findet sich später in Bild 11.1. Äquivalenzrelationen, Ordnungsrelationen, und Kongruenzrelationen können bei Bedarf leicht in der Klasse ergänzt werden.

Zu den grundlegenden Eigenschaften einer Relation gehören weiterhin ihre Stelligkeit und die Trägermengen. In der Relationenbeschreibung wird die Trägermenge durch Angabe der Klassen dargestellt, deren Instanzen an der entsprechenden Position in der Spalte stehen dürfen.

7.4 Relationale Operationen

Die Menge der Methoden auf Relationen setzt sich zusammen aus den Verwendungsmöglichkeiten, die für mathematische Relationen und Datenbankanwendungen bekannt sind. Aus der Mathematik abgeleitet sind Operationen zur Hüllen- beziehungsweise Abschlußbildung für zweistellige Relationen. Dabei werden die Eigenschaften einer Relation benutzt, um weitere Tupel zu erzeugen. Der transitive Abschluß (die transitive Hülle) einer Relation entsteht dadurch, daß die Transitivität einer Relation explizit dargestellt wird, daß also alle Tupel in die Relation aufgenommen werden, so daß die Transitivitätsbedingung erfüllt ist. Ebenso entstehen reflexive und symmetrische Hüllen. Durch Hüllenbildung kann implizit repräsentierte Information durch explizite Repräsentationen ersetzt werden. Probleme entstehen dabei bei der symmetrischen und reflexiven Hülle nicht. Der transitive Abschluß muß dagegen in der Bildverarbeitung mit Vorsicht gebildet werden (→ Abschnitt 7.6).

Weitere Methoden werden aus der Datenbanktechnik abgeleitet. Auf Relationenmengen können Algebren definiert werden (vgl. z.B. Anhang A.2 in [Sch89a]). Eine spezielle Algebra kann mit Operationen eingeführt werden, die in Datenbankanwendungen von Bedeutung sind. Nach [Wed81] sind hierfür im wesentlichen drei Operationen erforderlich: die Projektion, die Restriktion (auch „Selektion" genannt) und der Verbund. Diese Operationen werden informell in [Wed81] und formal in [Sch89a] dargestellt. Anschaulich besagen diese Operationen die Konstruktion neuer Relationentabellen aus einer oder mehreren alten Tabellen:

- Projektion: selektiert Spalten einer Tabelle. Die neue Relation entsteht durch Streichen der nichtselektierten Spalten.
- Restriktion: selektiert Zeilen aus einer Tabelle und liefert eine neue Tabelle.
- Verbund zweier Relationen: Die Tabelle entsteht durch Hintereinanderschreiben der Zeilen der beiden alten Relationen unter Streichung doppelter Spalten. Zur Zuordnung der einzelnen Zeilen zueinander wird in der Regel ein Schlüsselattribut verwendet, das in beiden Relationen vorkommt.

Tabelle 7.4 zeigt eine Relation, die durch einen Verbund der Relationen aus Tabelle 7.1 und 7.2 über den Schlüssel *ID* mit anschließender Projektion der Spalten „ID", „Radius", „Öffnungswinkel", „Name" und „Stärke" und Restriktion auf Linien mit einer Stärke größer als einhalb hervorgegangen ist.

ID	Radius	Öffnungswinkel	Name	Stärke
007	33.3	45	Linie 1	0.7
118	123.0	270	Linie 2	0.8
...	...	...	...	...

Tabelle 7.4: *Datenbank-Relation „Kreisbogen-Linien". Diese Relation geht aus den Relationen in Tabelle 7.1 und 7.2 durch Verbund und anschließende Projektion und Selektion hervor.*

7.5 Relationale Klassen

Relationenobjekte in ἵππος orientieren sich an der Datenbanksichtweise und verwenden einige mathematische Eigenschaften. So läßt sich ein Relationenbegriff formulieren, der der Bildverarbeitung angemessen ist.

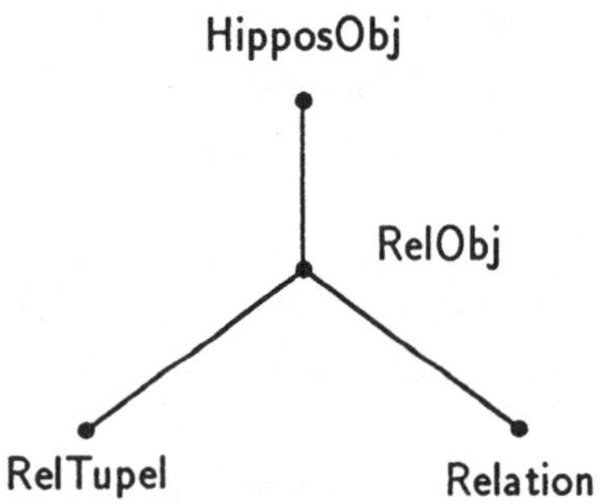

Bild 7.1: *Relationenklassen*

Relationen können als spezielle Mengen oder Mengen als spezielle Relationen angesehen werden. Da dies nicht gleichzeitig in der Klassenhierarchie darstellbar ist, werden Relationen in einem separaten Teilbaum eingefügt. Sie verwenden intern Mengen zur Darstellung.

Zwei Klassen werden für die Darstellung von Relationen benötigt:

- Die Klasse Relation dient der Beschreibung der Eigenschaften von Relationen (→ Abschnitt 7.3). Anschaulich hält sie das Aussehen der Tabelle fest, wobei Zahl der Spalten, deren Bezeichnungen („Attribute") und die zugelassenen Typen von Objekten von Bedeutung sind. Weiterhin werden interessierende Eigenschaften der Relation festgelegt, wie beispielsweise die

Reflexivität. Eine Instanz der Klasse Relation enthält zudem eine Menge von Tupeln.

- Die Relationentupel (RelTupel) entsprechen den Zeilen einer Tabelle. Jedes Tupel–Objekt hat eine feste Länge.

Beide Klassen sind durch eine abstrakte Klasse verbunden, so daß sich Klassen zur Darstellung von Relationen in einem gemeinsamen Teilbaum befinden (Bild 7.1). Diese Klasse ist von dem ἵππος–Objekt abgeleitet und ererbt somit die Fähigkeit, Attributmengen zu besitzen. So können einzelne Relationen–Tupel mit Bewertungen oder Sicherheiten versehen werden. Es können aber auch ganze Relationen zusätzlich attributiert werden. In [Bru90] werden beispielsweise Regionennachbarschaften durch attributierte Relationen dargestellt, wobei die Länge der gemeinsamen Konturlinie in die Attribute eingeht.

Das Zusammenspiel der Klassen Relation und RelTupel ist in Bild 7.2 dargestellt.

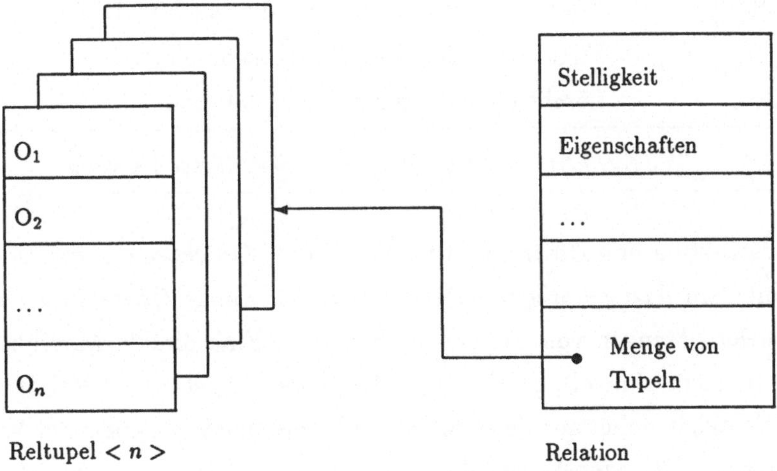

Bild 7.2: *Relationen und Tupel*

Für die Benutzung von relationalen Objekten ist die Klasse Relation ausschlaggebend. Sie stellt alle wichtigen Operationen zur Verfügung, die in Tabelle 7.5 zusammengefaßt sind. Tupel treten nur als Ergebnis von Selektionen auf. Die Stelligkeit (`size`) und die Eigenschaften einer Relation (`isTrans`, `isRefl`, `isSymm`) können mit Methoden erfragt werden und werden fest bei der Instantiierung eines Relationsobjekts vorgegeben. Die Operationen auf Relationen umfassen weiterhin die relationenalgebraischen Operationen (`project`, `restrict`, `join`), Funktionen zur Einfügung (`add`) und zum Löschen (`remove`) von Zeilen (Tupeln) und die Hüllenbildung nach vorgegebenen Eigenschaften (`...Hull`).

`size`:	Liefert die Stelligkeit der Relation.
`quantity`:	Liefert die Anzahl der Elemente (RelTupel) in dieser Relation.
`restrict`:	Liefert eine neue Relation durch eine Restriktion.
`project`:	Liefert aus der Menge der RelTupel eine eingeschränkte Menge von Spalten.
`join`:	Liefert eine neue Relation durch Zusammenfügen zweier Relationen durch ein 'join'.
`symHull`:	Erweitert die Relation um die symmetrische Hülle.
`transHull`:	Erweitert die Relation um die transitive Hülle.
`reflHull`:	Erweitert die Relation um die reflexive Hülle.
`add`:	Fügt einen Tupel in die Relation ein.
`remove`:	Löscht einen Tupel aus der Relation.

Tabelle 7.5: *Wichtige Methoden der Klasse* Relation

Die Konstruktion und Destruktion von RelTupel—Objekten geschieht in Verbindung mit dem dazugehörigen Relationenobjekt. Einige Operationen auf Relationen liefern Mengen von Tupeln als Ergebnis. Eine direkte Modifikation von Tupeln ist nicht sinnvoll, da dies die Menge der Tupel in der Relation ändern würde. Es stehen daher nur Funktionen zur Inspektion von Tupeln zur Verfügung, die in Tabelle 7.6 angegeben sind.

Relationen können — wie die meisten Objekte in *ἵππος* — extern repräsentiert werden. Bei einer Verwendung im Segmentierungsobjekt (→ Kapitel 8) wird automatisch sichergestellt, daß Objekte, die in mehreren Tupeln oder mehreren Relationen auftreten, nur einmal repräsentiert werden und daß umgekehrt bei der Interpretation vormals identische Objekte nur einmal instantiiert werden. Bei der unabhängigen Verwendung von Relationen muß dagegen bei der externen

Darstellung mit Verdoppelungen gerechnet werden. Die Repräsentation erfolgt über XDR.

`size`:	Liefert die Länge des Tupels (Stelligkeit).
`at`:	Liefert das Objekt in einer angegebenen Spalte.

Tabelle 7.6: *Wichtige Methoden der Klasse* RelTupel

7.6 Relationen in der Bildverarbeitung

Die wichtigste Rolle unter den Relationen in der Bildverarbeitung spielen Strukturrelationen, die geometrische Objekte verknüpfen. Sie werden in der Literatur oft als Graphen dargestellt. So verknüpft beispielsweise der RSE–Graph in [Han76] Kanten, Punkte und Flächen strukturell. Gleiches gilt für Linien- und Regionennachbarschaftsgraphen. Auf die enge Beziehung von Graphen und Relationen wurde bereits hingewiesen. Eine Formulierung der obengenannten Graphen durch Relationen erfolgt im Abschnitt 12.5.

Relationen werden nicht nur zwischen atomaren Objekten, sondern auch zwischen zusammengesetzten Objekten (→ Kapitel 8) hergestellt. Die häufigsten Anwendungen von Relationen in der Ikonik wurden in der linienbasierten Segmentierung gefunden. Dort werden Mengen von geraden Linien auf Parallelität und Kollinearität hin [Win89], oder Kreisbögen auf die Relationen „Konzentrizität" und „Kozyklus" [All90] untersucht. Die gefundenen Relationen erfüllen nicht immer ideale Bedingungen. So sind parallele Linien oft nicht im mathematischen Sinne parallel, da Quantisierung und Segmentierung fehlerbehaftet sind. Daher werden hier einzelne Tupel mit dem Attribut „Bewertung" versehen, das ein Maß für die Sicherheit der gefundenen Parallelität ist. Solche Relationen sind bei der transitiven Hüllenbildung schwierig zu handhaben, da für dieses Maß eine Berechnungsvorschrift angegeben werden muß, um auch durch die Hüllenbildung neu entstehende Tupel bewerten zu können (vgl. dazu [Wey90]). Verwendbar ist hierzu die Theorie der Fuzzy–Mengen [Zad65]. Die bewerteten Relationen können als Fuzzy–Relationen angesehen werden. Wird dies nicht beachtet, so können durch Transitivität beispielsweise aus einer Folge für parallel angesehener Linien neue Beziehungen zwischen Linien entstehen, die nicht mehr unter die Bezeichnung „parallel" fallen sollten.

In der regionenbasierten Segmentierung wurden die gefundenen Regionen mit den in ihnen enthaltenen Regionen durch Relationen verbunden [Str90]. In einer Auflösungshierarchie können Relationen dazu benutzt werden, korrespondierende Objekte in Beziehung zueinander zu setzten. Die Lösung des Korrespondenzproblems bei Stereobildern ([Dre87, Pos90a, Bar82a], vgl. Abschnitt 9.2) kann mit Relationen elegant formuliert werden.

Trotz der Möglichkeit der Bewertung über Attribute und der vorhandenen Ähnlichkeit mit Fuzzy-Relationen sind die dargestellten Relationen als konventionelle Relationen zu verstehen, da die Methoden der Klassen ohne Fuzzy-Funktionen arbeiten. Erweiterungsmöglichkeiten ergeben sich hier — ebenso wie für Mengen — durch eine Implementierung von Fuzzy-Relationen mit den dazugehörigen Funktionen.

Kapitel 8

Darstellung von Segmentierungsergebnissen

Und so bleibt der Besucher, wenn er seine Kathedralen der ikonischen Tröstung betritt, weiter im Ungewissen, ob sein Los am Ende die Hölle oder das Paradies sein wird, und konsumiert weiter Verheißungen. Umberto Eco

In [Bru90] wurde die initiale symbolische Beschreibung als Mittel für die Schnittstelle zwischen Segmentierung und wissensbasierter Analyse einerseits, und Wissensakquisition andererseits dargestellt. Die Schnittstelle wurde in konventioneller Programmierung realisiert. In [Nie89, Nie90a] werden Segmentierungsobjekte formal spezifiziert, die zur Darstellung der initialen symbolischen Beschreibung konzipiert sind. Diese Ansätze werden nun in einen objektorientierten Rahmen gefügt. Die im Kapitel 6 eingeführten geometrischen Objekte werden dadurch erweitert.

8.1 Initiale symbolische Beschreibung

Bis hierher wurde eine beträchtliche Zahl von Klassen eingeführt, mit denen die Ergebnisse von Segmentierungsverfahren auf den verschiedenen Abstraktionsstufen angemessen repräsentiert werden können. Die letzte Stufe, die mit ikonischen Mitteln erreicht werden kann, ist die der initialen symbolischen Beschreibung des Bildinhalts.

Die Angabe der detektierten Objekte allein genügt keinesfalls, um eine solche Beschreibung verständlich zu machen. Diese Objekte müssen statt dessen zusammengefaßt und zueinander in Beziehung gesetzt werden.

In der Literatur und in bekannten Systemen existiert eine Reihe von Vorschlägen, in welcher Form die Ergebnisse der Segmentierung zusammengefaßt werden können. Sie wurden in Tabelle 2.1 zusammengestellt. RAG und LAG sind häufig zitierte Darstellungsformen, die mit Graphen arbeiten und damit die topologische Struktur der segmentierten Bilder widerspiegeln. Sie enthalten aber keine weiterführenden symbolischen Möglichkeiten, und sie sind auch schwerlich untereinander zu kombinieren.

Der Begriff der initialen symbolischen Beschreibung [Nie87] ist ein allgemeines Konzept, das unter anderem diese Graphen umfaßt. In [Bru90, Ans89] wurde eine Datenstruktur eingeführt, die eine standardisierte Ergebnisdarstellung von regionen- und kantenbasierter Segmentierung gestattet. Diese Datenstruktur wird dort ebenfalls als initiale symbolische Beschreibung bezeichnet.

Formal werden Segmentierungsobjekte in [Nie89, Nie90a] als Tupel beschrieben:

$$\begin{aligned} SegObj\ O = (&D : T_o, (A : (T_A, R \cup V_T))^*, (P : O)^*, \\ &(K : O)^*, (V : O)^*, (S(A, P, K) : R)^*, G : R) \end{aligned}$$

Der Name D bezeichnet das Segmentierungsobjekt. A bezeichnet Attribute, die aus einem Typ T_A und einem Wert bestehen. G ist ein Gütemaß. Teile (P), Konkretisierungen (K) und Spezialisierungen (V) werden im Segmentierungsobjekt zusammengefaßt. Strukturelle Relationen (S) bestehen zwischen Attributen, Teilen oder Konkretisierungen. Relationen tragen eine Bewertung, können also als Fuzzy-Relationen betrachtet werden. Die dargestellte Struktur ist verträglich mit der Verwendung in dem semantischen Netz ERNEST ([Nie90b], vgl. auch Abschnitt 12.8). Konzepte, die keine weiteren Teile, Konkretisierungen oder Spezialisierungen mehr haben, werden in ERNEST als *atomare Konzepte* bezeichnet. In [Nie90a] wird in der formalen Definition der Segmentierungsobjekte auf die Mengen von Konkretisierungen und Spezialisierungen verzichtet; atomare Segmentierungsobjekte sind Spezialfälle, deren Menge von Bestandteilen leer ist. Ein Segmentierungsobjekt hat also unter anderem Attribute, Teile, Relationen und eine Bewertung. Teile sind Segmentierungsobjekte. Relationen verbinden Segmentierungsobjekte.

Für ἵππος wird nun ebenfalls ein Segmentierungsobjekt eingeführt, dessen Übereinstimmung mit der formalen Spezifikation gezeigt wird. Mit Hilfe dieser Klasse werden RAG, RSE und LAG formuliert. RSE und die "Spatial Data Structure" sind Graphen, die ähnliche Schnittstellenfunktion haben. Sie werden ebenso wie das in [Goo89] vorgestellte Datenbanksystem im Kapitel 12 mit dem Segmentierungsobjekt verglichen. Damit wird gezeigt, daß das für ἵππος definierte Segmentierungsobjekt eine allgemeine Form besitzt, die alle in der Tabelle 2.1 aufgeführten Vorschläge umfaßt.

8.2 Erweiterung der geometrischen Objekte

Im Kapitel 6 wurden geometrische Objekte eingeführt, die sich nicht weiter in Teile zerlegen lassen. Diese wurden als atomare (geometrische) Objekte bezeichnet. Die Zusammenfügung solcher Objekte ergibt neue geometrische Objekte, wie aus dem Konzept eines Rechtecks deutlich wird, das sich aus seinen vier Seitenlinien zusammensetzt. Die geometrischen Transformationen (→ Tabelle 6.1), die für geometrische Objekte charakteristisch sind, ergeben auch für zusammengesetzte Objekte ihren Sinn.

Auch zusammengefügte geometrische Objekte können zu weiteren geometrischen Strukturen zusammengesetzt werden. Ein Quader läßt sich beispielsweise durch seine sechs Oberflächen darstellen, die Rechtecke sind, die wiederum aus vier Linien bestehen.

Benötigt werden zwei Mechanismen. Zum einen müssen die Teile zueinander in Beziehung gesetzt werden können. Dies geschieht mit den im vorigen Kapitel eingeführten Relationenklassen. Zum anderen muß ein Mechanismus bereitgestellt werden, um Teile zusammenzusetzen.

Zusammengesetzte geometrische Objekte, wie auch atomare Objekte, sollen gemeinsam als geometrische Objekte mit der bereits eingeführten Funktionalität ansprechbar sein. Sie können ebenfalls geometrischen Transformationen unterworfen werden. Die Ableitungsbeziehung ist in Bild 8.1 dargestellt. Gewählt wurde also ein Verfahren, das der Lösung d) in Bild 3.1 entspricht. Zusammengesetzte geometrische Objekte werden als *Segmentierungsobjekte* bezeichnet. Als

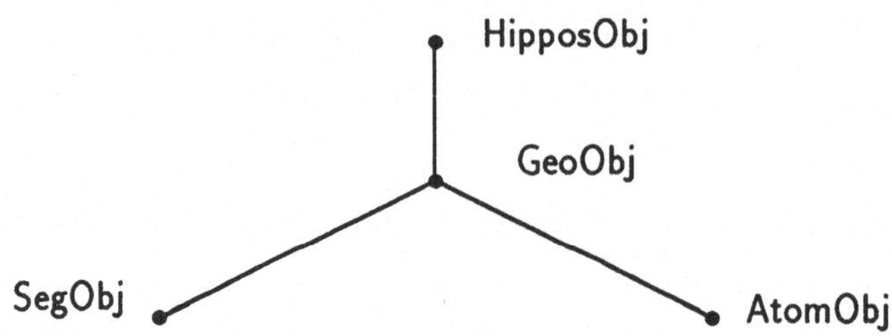

Bild 8.1: *Segmentierungsobjekt und atomare Objekte*

eine Anwendung von Segmentierungsobjekten wurde in Abschnitt 6.4 bereits der Vertex angesprochen. Ein Vertex wird als Segmentierungsobjekt instantiiert und besitzt als Teile einen Punkt und die sich schneidenden Linien, deren Anzahl den Grad angibt.

8.3 Segmentierungsobjekte

Die Einführung der Segmentierungsobjekte im vorigen Abschnitt geschah zunächst unter dem Gesichtspunkt, die geometrischen Objekte zu verallgemeinern. Es zeigt sich nun, daß die eingeführten Klassen den formalen Anforderungen des Segmentierungsobjekts als initiale symbolische Beschreibung (→ Abschnitt 8.1) in vollem Umfang entsprechen. In Segmentierungsobjekten werden *Beobachtungen* zusammengefaßt.

Ein Segmentierungsobjekt verfügt in *ἵππος* über eine Menge von Bestandteilen, aus denen es zusammengesetzt ist. Als Teile erlaubt sind geometrische Objekte — also atomare Objekte oder Segmentierungsobjekte. Diese Teile sind explizit in einer Menge als Komponenten der Klasse angegeben.

Vorstellbar wäre es, die Eigenschaften des Segmentierungsobjekts komplett in die Klasse für geometrische Objekte zu packen. Damit wäre jedes atomare Objekt - im Sinne der Hierarchie - ein Segmentierungsobjekt, und es würde eine Struktur gewählt, die der Lösung c) in Bild 3.3 entspräche — mit den dafür angeführten Nachteilen. Der Ast im Klassenbaum, der zum Segmentierungsobjekt führt, würde damit entfallen. Die Trennung von atomaren Objekten und Segmentierungsobjekten in zwei Teilbäume hat gewichtige Vorteile für die Programmierung, ohne wesentliche Nachteile mit sich zu bringen, indem nicht jedes atomare Objekt mit der unbenutzten vollen Funktionalität des Segmentierungsobjekts ausgestattet wird. Die konzeptuelle Einheit von atomaren Objekten und Segmentierungsobjekten bleibt durch die Verbindung im Knoten „geometrisches Objekt" erhalten.

Geometrische Objekte können somit Segmentierungsobjekte oder atomare Objekte sein. Ein Segmentierungsobjekt kann als Teile atomare Objekte oder zusammengesetzte Objekte — weitere Segmentierungsobjekte — haben. Die Definition erfolgt rekursiv, wobei als Ende der Rekursion das Erreichen eines atomaren Objekts dient.

Bestandteile eines Segmentierungsobjekts können durch Relationen untereinander in Beziehung gesetzt werden. Dazu enthält das Segmentierungsobjekt eine Menge von Struktur-Relationen, die durch die Relationenklassen (→ Kapitel 7) dargestellt werden. Die Werte der Attribute sind in der formalen Spezifikation des Segmentierungsobjekts auf reelle Zahlen oder terminale Symbole eingeschränkt. In ἵππος ist die Einschränkung geringer; es werden alle Objekte außer ἵππος-Objekten (und deren Spezialisierungen) zugelassen. Attribute, die als Werte ἵππος-Objekte besitzen sollen, sind statt dessen als Relationen zu verstehen und als solche anzugeben.

Formal	ἵππος
Name T_o	über ein Attribut „Name"
Attribute $(A(T_A, R \cup V_T) : R)$	Attributmengen und Komponenten
Teile P	Menge der Teile
Konkretisierungen K	(siehe Abschnitt 12.8)
Spezialisierungen V	durch Vererbung erzeugbar
Relationen S	Menge von Relationen-Objekten
Bewertung	Ererbt von der Klasse HipposObj

Tabelle 8.1: *Vergleich des Segmentierungsobjekts in ἵππος mit der formalen Spezifikation in [Nie90a]*

Ein zusammenfassender Vergleich der formalen Spezifikation in Abschnitt 8.1 mit dem Segmentierungsobjekt in ἵππος ist in der Tabelle 8.1 dargestellt. Abgesehen von der Menge der Konkretisierungen findet sich im Segmentierungsobjekt von ἵππος für jede formale Angabe eine unmittelbare Entsprechung. Konkretisierungskanten, die in ERNEST [Sch90] eine wichtige Rolle spielen, werden im

Abschnitt 12.8 in bezug zum Segmentierungsobjekt gesetzt. Es zeigt sich dort, daß auch diese letzte Anforderung der formalen Spezifikation vom Segmentierungsobjekt in *ἵππος* erfüllt wird.

Ergebnis

Das Segmentierungsobjekt in *ἵππος* entspricht formal dem Konzept einer initialen symbolischen Beschreibung.

Die komplexe Struktur des Segmentierungsobjekts erlaubt es, beliebige Ergebnisse einer Segmentierung eines Musters zu repräsentieren, wie im folgenden an Beispielen demonstriert wird. Dazu werden die Relationen und Teile genauer untersucht und die Verknüpfung strukturierenden Einschränkungen unterworfen.

Wie aus Bild 8.1 ersichtlich ist, wird das Segmentierungsobjekt als spezielles geometrisches Objekt definiert. Eine Instanz eines Segmentierungsobjekts *ist* also ein geometrisches Objekt und kennt alle Methoden eines geometrischen Objekts (vgl. Tabelle 6.1). Die geometrischen Transformationen erfolgen rekursiv auf allen Teilen [Her90]. Die Operationen auf Segmentierungsobjekten (Tabelle 8.2) umfassen weiterhin Mengenoperationen auf der Menge der Bestandteile (`addPart`, `allParts`, ...). Zusätzlich zu den gewohnten Mengenoperationen ist eine Auswahl der Elemente nach Typ oder Wert eines Attributs möglich (`partsOfAttr`). Somit können beispielsweise alle atomaren Teile eines Segmentierungsobjekts erfragt werden. Eine entsprechende Methode liefert diese auch rekursiv (`allParts`).

Weitere Funktionen sind zum Einfügen und Löschen von Teilen und Relationen zwischen Teilen vorhanden, die auf die entsprechenden Mengen abgebildet werden (`addRel`, `RelsOfType`). Die Operationen auf Relationen unterliegen gewissen Einschränkungen (s.u.). Im Rahmen von *ἵππος* wurden in [Her90] Segmentierungsobjekte implementiert und intensiv getestet.

8.4 Relationen in Segmentierungsobjekten

Segmentierungsobjekte verfügen über Teile und Relationen. In der Relationenmenge lassen sich geometrische Relationen zwischen Bestandteilen darstellen, die atomare oder zusammengesetzte geometrische Objekte sein können. Es ergibt

`addPart:`	Nimmt ein neues Teil in die Menge der Bestandteile auf. Ein optionales zweites Argument gibt an, ob die Konsistenz beim Einfügen getestet werden soll.
`addRel:`	Nimmt ein neues Tupel in die Menge der Relationen auf.
`PartsOfAttr:`	Liefert rekursiv alle Bestandteile, die das Attribut mit einem angegebenen Schlüssel und Wert besitzen.
`PartsOfClass:`	Liefert rekursiv als Menge alle Teile, die von der gewünschten Klasse sind.
`RelsOfAttr:`	Liefert rekursiv alle Relationen, die das Attribut mit einem angegebenen Schlüssel und Wert besitzen.
`RelsOfType:`	Liefert rekursiv alle Relationen, deren Typ dem gewünschten entspricht.
`allParts:`	Liefert rekursiv die Anzahl aller Teile.
`allRels:`	Liefert die Anzahl aller Relationen.
`allPartSet:`	Liefert die Menge der Bestandteile auch rekursiv.
`allRelSet:`	Liefert rekursiv die Menge aller Relationen.
`includesPart:`	Gibt an, ob das übergebene Objekt (eventuell auch nur indirekt) in der Menge der Bestandteile enthalten ist.

Tabelle 8.2: *Wichtige Methoden der Klasse* SegObj

sich hier ein äußerst wirkungsvoller Darstellungsmechanismus. Um die Darstellung überschaubar zu halten, müssen Vorschriften für ihre Form existieren. Die Verknüpfung der Teile und Relationen soll in einer einheitlichen Form erfolgen, ohne daß die Beschreibungsmöglichkeiten in ihrer Aussagekraft verringert werden.

Die **erste Forderung** ist, daß die Relationen nur zwischen Bestandteilen eines Segmentierungsobjekts bestehen dürfen.

Diese Forderung entspricht auch der formalen Definition aus Abschnitt 8.1, in der Relationen zwischen Teilen, Attributen und Konkretisierungen ermöglicht werden. Bild 8.2 verdeutlicht, wie geometrische Objekte miteinander verknüpft werden können, die Teile verschiedener Segmentierungsobjekte sind: Die geometrischen Teile T_1^2 und T_2^4 sind Bestandteile der Segmentierungsobjekte S_1 und

S_2. Um T_1^2 mit T_2^4 in Relation zu setzen, muß ein neues Segmentierungsobjekt S_3 erzeugt werden, das S_1 und S_2 als Bestandteile enthält. In der Relationenmenge von S_3 ist nun die Verknüpfung möglich, da sich die Bestandteilsrelation transitiv über die Teile fortsetzt. Als weitere Relation ist in der Abbildung eine Relation zwischen S_1 und einem Teil aus S_2 eingetragen.

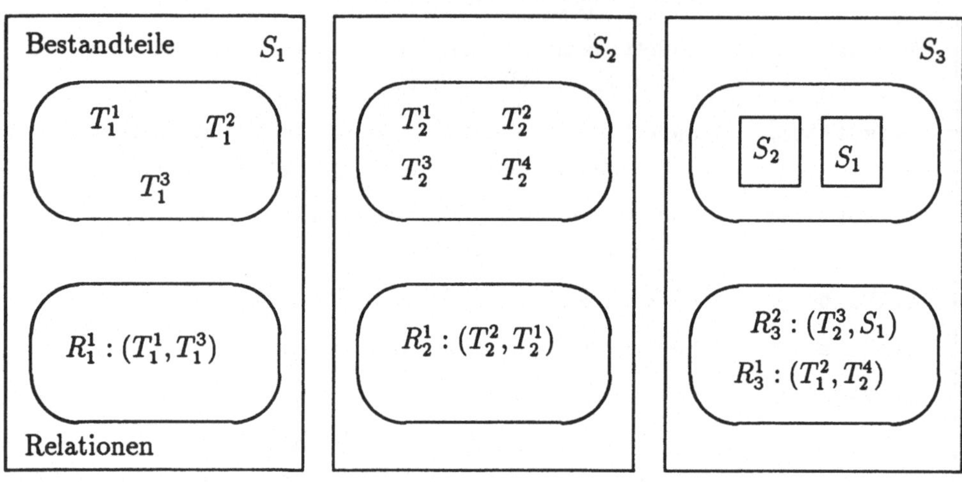

Bild 8.2: *Relationen in Segmentierungsobjekten*

Damit ist deutlich, daß die erste Forderung keine Verminderung der Aussagekraft ergibt, sondern nur eine strukturierte Darstellung erfordert. Technisch wird diese Forderung durch die verfügbaren Methoden erzwungen. Die Operationen zum Einfügen neuer Relationen sind an das Segmentierungsobjekt gebunden. Es ist nicht möglich, eine dort vorkommende Relation direkt zu modifizieren. Damit kann sichergestellt werden, daß nur Objekte verknüpft werden können, die Bestandteile *eines* Segmentierungsobjekts sind.

Die im Abschnitt 7.6 angegebene Liste von Relationen in der Bildverarbeitung kann nun um Anwendungen ergänzt werden, die ganze Segmentierungsobjekte zueinander in Relation setzt. In [All90] werden beispielsweise spezielle Relationen zwischen Liniensegmenten ermittelt. Gesucht wird unter anderem nach parallelen und kollinearen Linien. Diese werden zu Gruppierungen zusammengefaßt, indem ein Segmentierungsobjekt, das als Ergebnis einer Liniendetektion entsteht, um die entsprechenden Relationen erweitert wird. Gruppierungen werden als Segmentierungsobjekte instantiiert, die die ursprünglichen Linien als Teile haben.

Zwischen den Gruppen werden erneut Relationen aufgestellt. Ein Überblick über die Verwendung von Gruppierungen findet sich in [Nie89, Ris92].

8.5 Konsistenzbedingungen

Segmentierungsobjekte können eine Hierarchie von Bestandteilen enthalten, indem als Teile weitere Segmentierungsobjekte aufgenommen werden. Dabei ist zu beachten, daß keine Zyklen entstehen (vgl. dazu auch [Sag85]). Es ist ausgeschlossen, daß ein Segmentierungsobjekt S ein Teil T enthält, das wiederum S als Teil hat; kein Segmentierungsobjekt kann Teil von sich selber sein. Nicht ausgeschlossen ist dagegen, daß ein Objekt als Bestandteil in mehreren Segmentierungsobjekten vorkommt.

Die **zweite Forderung** ist also, daß die Bestandteilsrelation in Segmentierungsobjekten zyklenfrei sein muß.

Die Bestandteile eines Segmentierungsobjekts werden durch eine Menge von geometrischen Objekten dargestellt, die der Klasse als Komponenten zur Verfügung steht. Weitere Komponenten sind die Menge der Relationen und der Relationen-Tupel. Die Objekte, die sich in der Bestandteilsmenge befinden, stehen mit dem Segmentierungsobjekt in einer speziellen Relation („ist-Bestandteil-von"), die aber nicht explizit in der Relationenmenge angegeben wird. Beim Einfügen neuer Objekte (Methode `addPart` in Tabelle 8.2) in die Menge der Bestandteile wird überprüft, ob die Zyklenfreiheit der Bestandteilsrelation weiterhin gewährleistet ist, d.h. es wird sichergestellt, daß kein Segmentierungsobjekt Teil von sich selber ist.

Die anderen Relationen in Segmentierungsobjekten zwischen geometrischen Objekten haben keine Semantik, die vom System her bekannt ist und überprüft werden kann. Sichergestellt ist lediglich, daß durch Relationen keine Beziehungen zu geometrischen Objekten hergestellt werden, die nicht Teil des betrachteten Segmentierungsobjekts sind (Forderung 1).

Diese Einschränkungen für Relationen und Teile in Segmentierungsobjekten haben außer ihrer strukturierenden Funktion weitere Vorzüge. Sie ermöglichen es dem XDR-Objekt, Referenzen auf Objekte aufzulösen. Wenn ein Segmentierungsobjekt abgespeichert wird, das weitere Segmentierungsobjekte enthält, deren Teilemengen einen nicht-leeren Durchschnitt haben, so kann dieses beim Einlesen exakt rekonstruiert werden. Die Objekte in der Schnittmenge sind auch nach dem Einlesen nur *einmal* vorhanden; sie werden also nicht dupliziert. Beim Löschen von Bestandteilen wird sichergestellt, daß auch alle betroffenen Relationentupel entfernt werden.

8.6 Beispiel für die Segmentierung

Bild 8.3 zeigt ein konstruiertes Beispiel zur ikonischen Segmentierung von 2-D-Grauwertbildern. Dargestellt wird der Weg von der Aufnahme eines Bildes bis zur Darstellung der Segmentierungsergebnisse im Segmentierungsobjekt. Die tatsächliche Gewinnung der Information und die damit verbundenen Problem sind in diesem Zusammenhang nicht von Bedeutung. Dargestellt wird nur, daß die gewonnenen Daten mit Segmentierungobjekten übersichtlich repräsentiert werden können. Parallel erfolgen eine regionenbasierte Segmentierung (rechter Pfad) und ein linienbasiertes Verfahren (linke Seite). Die gefundenen Objekte nehmen in der Abstraktion zu. Zunächst werden aus dem Grauwertbild weitere *Bildobjekte* gewonnen. Darin wird nach Strukturen (Kanten bzw. Regionen) gesucht, deren erste Darstellung durch *Repräsentationen* erfolgt. Zu einer gefundenen Struktur können im Laufe der Analyse mehrere Repräsentationen entstehen. In der Darstellung werden Kettencodes als erste Linienrepräsentation geliefert, die dann zu Polygonen und Splines konvertiert werden. Die Regionen werden durch ihre charakteristische Funktion und Kontur repräsentiert. Da in *ἵππος* für viele Repräsentationsklassen externe Repräsentationen mit XDR existieren, die auch von konventionellen Programmen interpretiert werden können, ist in diesem Bereich eine Mischung von objektorientierten und konventionellen Programmen einfach möglich. In *geometrischen Objekten* wird weitere Information gesammelt und in Attributmengen niedergelegt. Verwendet werden zunächst atomare Objekte, von denen in der Regel eine große Zahl instantiiert wird. Die Trennung von Segmentierungsobjekten und atomaren Objekten macht es möglich, daß diese Instanzen mit geringem Aufwand verwaltet werden können. In den atomaren Objekten werden die Repräsentationen zusammengefaßt. Die benötigten Programme brauchen noch keine Segmentierungsobjekte zu liefern.

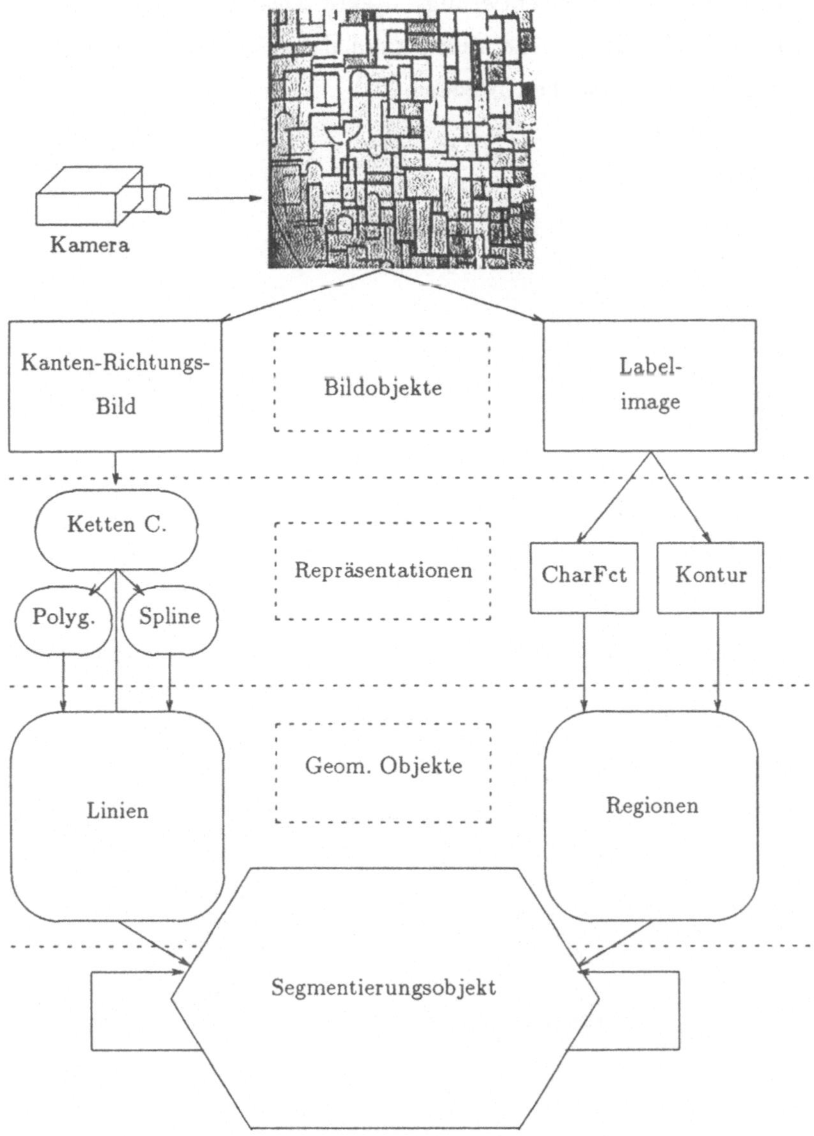

Bild 8.3: *Zusammenspiel der Klassen im Segmentierungsobjekt*

Ein Segmentierungsobjekt vereinigt die gesamten Ergebnisse der beiden Pfade. Die Repräsentationen aus der regionenbasierten Segmentierung werden mit denen aus der linienbasierten Segmentierung durch Relationen verknüpft. Hier können nun Relationen gefunden werden. Linien werden zu Gruppen zusammengefaßt und bilden neue Segmentierungsobjekte. Das gesamte Segmentierungsobjekt wird mit XDR abgespeichert und kann dann symbolisch weiterverarbeitet werden (z.B. mit semantischen Netzen).

Teil 3

Wissensbasierte Bildanalyse

"Symbol" is used here as a very general and colorless term. It covers letters, words, texts, pictures, diagrams , maps, models, and more, but carries no implication of the oblique or the occult. The most literal portrait and the most prosaic passage are as much symbols, and as 'highly symbolic', as the most fanciful and figurative. Nelson Goodman

In den folgenden Kapiteln wird untersucht, wie sich ἵππος für die wissensbasierte Bildanalyse verwenden läßt.

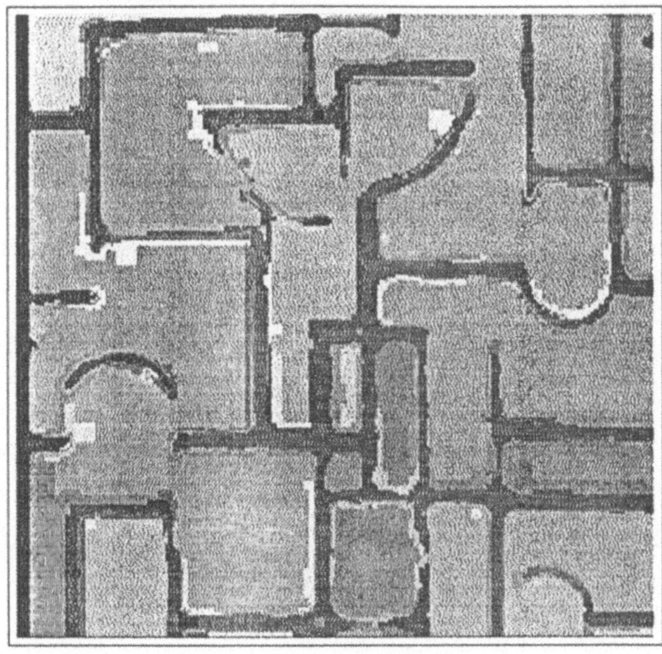

Regionenbild aus dem Bild von Mondrian (aus [Str90]). Dargestellt ist jeweils der mittlere Grauwert der als homogen erkannten Region.

Kapitel 9

Höhere Dimensionen

Weil die Kreatur Zeit und Raum umschließt, in andere Erscheinungen, Darstellungen und Zusammenhänge übergeht, so sind die Kräfte ewig und in einem beständigen Circul. Philpp Matthäus Hahn

In diesem Kapitel werden Anwendungen vorgestellt, in denen höherdimensionale Information mit ikonischen Mitteln verarbeitet werden kann. In der Stereobildverarbeitung ist die dritte Dimension das Ergebnis der Berechnung. In Bildfolgen und in der dargestellten Anwendung aus der medizinischen Bildverarbeitung liegt die Ausgangsinformation bereits höherdimensional vor. Die vorgestellten Verfahren liefern erste Ergebnisse mit ikonischen Mitteln, erfordern aber im weiteren Verlauf ein wissensbasiertes Vorgehen.

9.1 Rekonstruktion der dritten Dimension

In Abschnitt 2.6 wurden zahlreiche Verfahren zur Gewinnung von Tiefeninformation aufgeführt. Einige der erwähnten Verfahren können für sich allein betrachtet nur eine unvollständige Rekonstruktion der dreidimensionalen Information liefern (z.B. die merkmalsbasierten Stereo-Verfahren in [Pos90a]) oder erfordern einschränkende Annahmen (z.B. in [Hor75]). In [Alo89] wird gezeigt, wie die Kombination von Bewegung, Oberflächenermittlung, Stereo, zweidimensionaler Segmentierung und Farbbildern dazu verwendet werden kann, eine maximale Informationsausbeute zu erreichen. Hiermit läßt sich beispielsweise die Beleuchtungsrichtung ermitteln, die in den Verfahren „Form aus ..." eine wichtige Rolle spielt. In [Cas90] werden Möglichkeiten untersucht, Grauwertbildverarbeitung und strukturiertes Licht zu kombinieren. In [Shu90] erfolgt die Kombination von Stereo und strukturiertem Licht. In [Ike88] werden Kantendetektion und Modellzuordnung von Oberflächen kombiniert. Zur Einschränkung des Suchraums ist es hier nützlich, wenn die segmentierten Kanten bereits dreidimensionale Information enthalten, wie dies z.B. mit den in [Pos90a] dargestellten lininenbasierten Verfahren möglich ist.

Eine einheitliche Programmierschnittstelle, wie sie ἵππος im Segmentierungsobjekt bietet, ist von großem Nutzen, wenn mehrere Verfahren kombiniert werden sollen. Die oben aufgeführten Kombinationen verbinden — mit Ausnahme des zuletzt genannten — ikonische Verfahren. Eine vollständige Rekonstruktion der dritten Dimension ist im allgemeinen nur problemabhängig oder wissensbasiert zu erlangen.

9.2 Dreidimensionale Linien aus Stereo

In Bild 9.1 wird ein System vorgestellt, das in [Pos90b] entstanden ist, und nun in ἵππος angewendet wird. Darin werden aus Stereobildern dreidimensionale Linien ermittelt, deren Lage in Rechner- oder Weltkoordinaten angegeben werden kann.

Das Verfahren läßt sich in groben Zügen wie folgt beschreiben: Mit einer kalibrierten Stereokamera werden zwei Bilder einer Szene aufgenommen, die nach einer Vorverarbeitung den Anforderungen an ideale Stereobilder genügen, und die damit dem Stereokameramodell entsprechen. Auf beiden Bildern wird nun unabhängig ein Liniendetektionsverfahren ausgeführt, wobei eine Auflösungshierarchie verwendet wird, die in der Abbildung nicht dargestellt ist. Ergebnis dieses Verfahrens sind gerade Liniensegmente. Das Korrespondenzproblem ([Dud72, Bar82a]) wird nun für diese Liniensegmente gelöst. Es ergibt sich eine Zuordnung von Linien im linken Teilbild zu Linien im rechten Teilbild und umgekehrt. Für jedes zugeordnete Linienpaar wird nun aus der Disparität und den bekannten Kameraparametern die Tiefe der Linien ermittelt. Aus den bekannten Kameraparametern kann nun die Lage der Linien in einem Weltkoordinatensystem errechnet werden.

Details des Verfahrens können [Pos90b] entnommen werden; in ἵππος ist wiederum zunächst nur die Darstellung der Ergebnisse von Bedeutung. Das angegebene Verfahren folgt den Abstraktionsstufen aus Bild 2.2. Bilder werden zunächst in der Liniendetektion in Merkmalsbilder transformiert, aus denen Liniensegmente als Repräsentation der Linien hervorgehen. Betrachten wir nun *eine* ausgezeich-

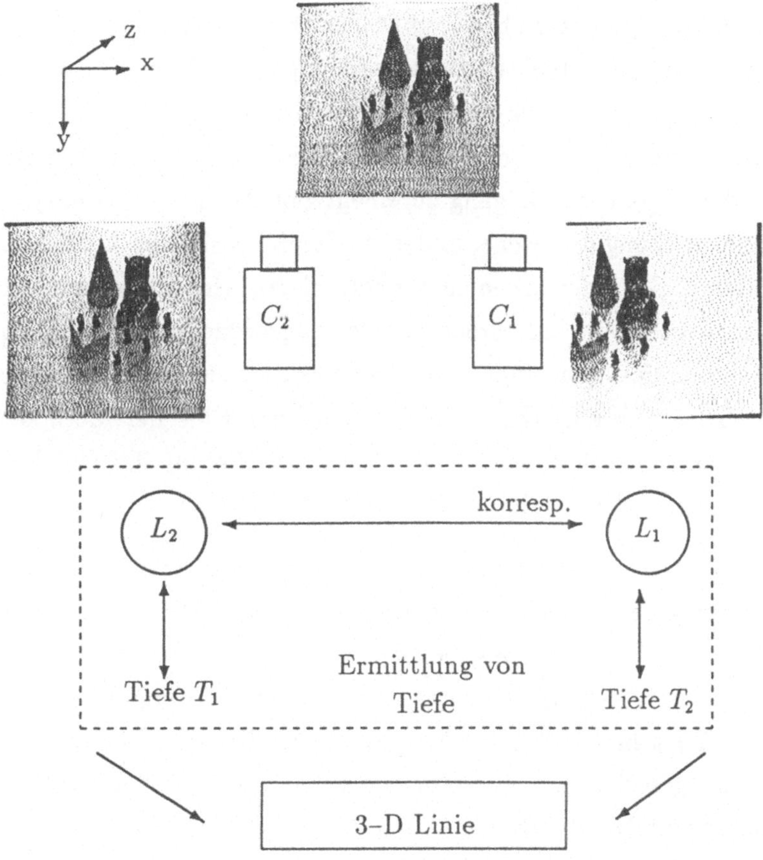

Bild 9.1: *3–D Linien aus Stereobildern. Die schwarzen Ränder entstehen bei der Transformation in ideale Stereobilder, die eine Rotation erforderlich macht.*

nete Linie in der Szene, so ist festzustellen, daß *zwei* Linien zur Repräsentation entstehen, nämlich eine in jedem Teilbild. Zur Verwaltung der Repräsentation werden zwei atomare Objekte (L1 und L2) kreiert. Dann werden die Ergebnisse aus beiden Teilbildern zusammen betrachtet; dies ist in Bild 9.1 durch den gestrichelten Kasten angedeutet. Das Verfahren ermittelt nun potentielle Korrespondenzen zwischen Linien in den beiden Teilbildern. Unter Umständen werden einer Linie im einen Teilbild mehrere mögliche Korrespondenzen im anderen Teilbild zugeordnet, die eine Bewertung haben. Die potentiellen Zuordnungen werden nun iterativ mittels eines Relaxationsverfahrens bewertet. Aus den potentiellen Zuordnungen werden die Korrespondenzen zwischen den Linien ausgewählt. Die ausgewählten Linienpaare besitzen Disparitäten an den Endpunkten, die als Attribute an die Linienobjekte gefügt werden. Aus der Disparität und den bekannten Kameraparametern wird dann das weitere Attribut „Tiefe" ermittelt. Jeder Linie kann nun in Bildkoordinaten volle dreidimensionale Information zugeordnet werden. Erst der Übergang zu einem globalen Koordinatensystem führt zu einer Beschreibung der Szene, in der ein dreidimensionales Linienobjekt der ausgewählten Linie in der Szene entspricht. Hierzu wird nun eine dreidimensionale Linie instantiiert, die zusammen mit den zugeordneten Linien in ein neues Segmentierungsobjekt eingefügt wird. Die Selektion der Korrespondenzen aus der Menge der potentiellen Zuordnungen kann mit Hilfe der Methoden der Relationenobjekte ermittelt werden. Die Zusammenfassung der Objekte L1 und L2 erfolgt in einem Segmentierungsobjekt.

Abschließend sei noch einmal betont, daß das gesamte geschilderte Verfahren außer einer groben Abschätzung des erwarteten Tiefenbereichs keine problemspezifischen Annahmen über die Struktur der Szene macht und damit zu den ikonischen Verfahren zu rechnen ist. Die Implementierung des dargestellten Verfahrens erfolgt in [Pos90b] in konventioneller Programmierung. Die Ergebnisdarstellung geschieht nun objektorientiert in *ἵππος*. Die Verknüpfung der beiden Programme erfolgt über XDR.

9.3 Zeitliche Bildfolgen

Die Detektion von bewegten Objekten in Bildfolgen und die Steuerung autonomer Fahrzeuge sind aktueller Gegenstand der Forschung, und die dabei auftretenden Probleme sind noch nicht vollständig gelöst (vgl. dazu beispielsweise die Arbeiten in [Cap90a] oder [Cha89]). Demzufolge existiert auch noch kein einheitliches Verfahren für die Segmentierung von Bildfolgen und für die Darstellung der Ergebnisse. In *ἵππος* können hierzu weitere Anregungen geliefert werden, indem die bisher eingeführten Klassen auf ihre Verwendbarkeit in Bildfolgen hin untersucht werden.

Die Anzahl der möglichen Systemstrukturen, die Bildfolgen liefern, ist groß. Im einfachsten Fall erfaßt eine fest montierte Kamera laufend eine Szene. Ziel ist die Detektion und Beschreibung bewegter und ruhender Objekte. Bei bewegter

Kamera in einem Fahrzeug ist außerdem dessen Bewegung zu ermitteln, wozu außer den Bildern noch weitere sensorische Information verwendet werden kann. Ein weiteres Ziel ist hier die Beschreibung der Bewegung der Kamera, respektive des Fahrzeugs, in dem sich diese befindet.

In realen Systemen ist es nicht möglich, die Vorgeschichte eines bewegten Objekts unbegrenzt aufzubewahren, da dies einen im Prinzip unendlichen Speicher erfordern würde. Sowohl für Objektbeschreibungen, als auch für die Bilder muß daher eine Aktion des „Vergessens" existieren, wobei die Zeitdauer bis zur vollständigen Löschung einer Information je nach Zielstellung des Systems variabel gestaltet werden kann.

Das Bildmaterial kann in *ἵππος* als eine Folgen von Bildobjekten repräsentiert werden, wozu die Klasse SeqCltn (→ Abschnitt 3.8) verwendet wird. Neue Bilder werden am Anfang dieser Folge eingereiht. Das Löschen erfolgt durch die entsprechende Operation dieser Klasse. Beim Eintrag erhalten die Bildobjekte ein Attribut, das den Zeitpunkt des Eintreffens angibt.

9.4 Bewegungserkennung

Drei Verfahren bieten sich an, Bewegung aus einer Bildfolge zu ermitteln, ohne szenenspezifisches Wissen einzusetzen. Im einzelnen sind dies die Verfahren des optischen Flusses [Hor81], Blockvergleichverfahren [Mus85] und die Zuordnung von Bildprimitiven aus der Segmentierung (vgl. zum Beispiel [Jah89]). In jedem dieser Verfahren können die Klassen aus *ἵππος* genutzt werden. Entstehende Objekte werden dabei jeweils über ein Attribut gekennzeichnet, das die Zugehörigkeit zu einem Bild aus der Folge — also den Zeitpunkt — angibt.

Die Ermittlung des optischen Flusses und die Verwendung von Blockvergleichverfahren ergeben Bilder im Merkmalsraum, die die Verschiebung (oder die Geschwindigkeit und die Richtung) an den einzelnen Bildpunkten angeben. In der Bildhierarchie von *ἵππος* ist hierfür die Klasse $\mathsf{DisplField}^t$ vorgesehen (→ Abschnitt 4.7). In Verschiebungsvektorfeldern können homogene Bereiche ermittelt werden. Dazu eignet sich ein modifiziertes regionenbasiertes Segmentierungsverfahren, das als Ergebnis Regionen-Objekte liefert, die in einem Segmentierungsobjekt zusammengefaßt werden. Die geometrischen Objekte im Merkmalsbild haben eine pixelweise Korrespondenz zu den Strukturen im Bild der Folge. Glättungen des Verschiebungsvektorfelds können dazu verwendet werden, Teilverdeckungen von bewegten Objekten auszugleichen. Durch die Verwendung zeitlich zurückliegender Bewegungsinformation kann auch ein begrenztes Weiterleben vollständig in die Verdeckung geratener Objekte ermöglicht werden.

Die Zuordnung von Primitiven aus der Segmentierung ist vergleichbar mit dem Korrespondenzproblem in der Stereobildverarbeitung (→ Abschnitt 9.2). Für Bildfolgen ist sie beispielsweise in [Ull79, Jah89] dargestellt. Sie stellt das eigentliche Problem bei diesen Verfahren zur Bewegungsdetektion dar. Zunächst werden die Bilder aus der Folge segmentiert, wobei geometrische Objekte ermittelt werden. Die Ergebnisse werden in gewohnter Form in Segmentierungsobjekten zusammengestellt. Dann werden Korrespondenzen in den einzelnen Bildern gesucht, die durch bewertete Relationen zwischen Teilen der Segmentierungsobjekte verbunden werden. Zur Darstellung der zeitlichen Bezüge genügt eine einfache transitive Relation („nachher"), die bei Bedarf noch die Zeitdifferenz als Attribut trägt. Temporale Logik ([Kro87]) ermöglicht im Prinzip die Nutzung eines formalen Kalküls für diese Relationen. Da aber in der Ikonik zeitliche Bezüge nur dargestellt werden und keine Deduktionen erfolgen, bleibt die Nutzung dieser Theorie der Symbolik vorbehalten (vgl. zum Beispiel [Kah75]). Durch Verdeckung von Objekten kann es zu unvollständigen Korrespondenzen kommen. Die vollständige Zuordnung verdeckter und wieder auftauchender Objekte erfordert einen Vergleich mit zeitlich weiter zurückliegenden Beschreibungen, die daher für eine beschränkte Zeitdauer gespeichert werden.

Für bewegte Objekte wird in der Regel eine Starrheitsbedingung angenommen [Jah89]. Im Idealfall wird daher ein bewegtes Objekt in den verschiedenen Bildern der Folge in die gleichen geometrischen Objekte segmentiert, wobei sich nur deren Position ändert. Für jedes als bewegt angenommene Objekt wird ein Segmentierungsobjekt instantiiert. Die Suche nach korrespondierenden Objekten erfolgt damit auf Segmentierungsobjekten, wobei zur Zuordnung der Vergleich von Gruppierungen ([Nie89]) genutzt werden kann. Die Aktion des Vergessens wird dadurch ebenfalls ermöglicht. Die Entfernung eines Segmentierungsobjekts enspricht der vollständigen Löschung der Information. Durch Entfernen einzelner Teile aus einem Segmentierungsobjekt können aber auch Grobstrukturen über längere Zeiträume bei geringem Speicherbedarf aufbewahrt werden, wogegen Detailinformation gelöscht wird. Dies ist dann von Nutzen, wenn versucht werden soll, Objekte wieder zuzuordnen, die längere Zeit verdeckt waren. Eine Möglichkeit zur Zuordnung der Objekte in *ἵππος* kann dann beispielsweise in der Verwendung von Formfaktoren bestehen, die den geometrischen Objekten in Form von Attributen mitgegeben werden. Bisher werden solche Zuordnungen hauptsächlich wissensbasiert durchgeführt.

Die Kombination von Segmentierung mit Blockvergleich wird beispielsweise in [Bof90] verfolgt. Ein solches Verfahren kann in *ἵππος* die detektierten Objekte aus beiden Verfahren durch Relationen in Beziehung setzen und liefert pro Bild ein Segmentierungsobjekt als Ergebnis der Kombination.

9.5 Darstellung zeitlicher Bezüge

Bild 9.2 zeigt die Zuordnung von geometrischen Objekten am Beispiel einer Bildfolge aus einer unbewegten Kamera. Zunächst werden zu jedem Bild Segmentierungsergebnisse erstellt (S1–S3). Die Objekte „Auto", „Flugzeug" und „Haus" werden als Segmentierungsobjekte instantiiert. Ein großes Segmentierungsobjekt (S0) umfaßt die gesamte Information. In diesem werden in einem nächsten Schritt („Weiterführung") die unbewegten Objekte zusammengefaßt. Der Vergleich der Objekte wird durch Relationen repräsentiert. Veraltete und nicht mehr benötigte Informationen können durch Löschen der entsprechenden Segmentierungsobjekte ohne großen Aufwand entfernt werden. Die dazu verwendete Methode (`removePart` in Tabelle 8.2) sorgt dafür, daß alle beteiligten Relationen, die auf das Objekt oder dessen Teile verweisen, gelöscht werden. Auch selektives Löschen einzelner Objekte ist möglich. Um beispielsweise das Objekt S2 zu löschen und die Verbindung des Objekts „Flugzeug" zwischen Objekt S1 und S3 aufrechtzuerhalten, muß zunächst auf der Relationenmenge von S0 eine Selektion aller Tupel erfolgen, die S2 oder Teile von S2 betreffen. Die erhaltene Menge wird transitiv erweitert und in S0 erneut aufgenommen. Dann kann S2 aus S0 entfernt werden. Die dazu verwendeten Operationen sind Teil der Relationenklassen (→ Tabelle 7.5).

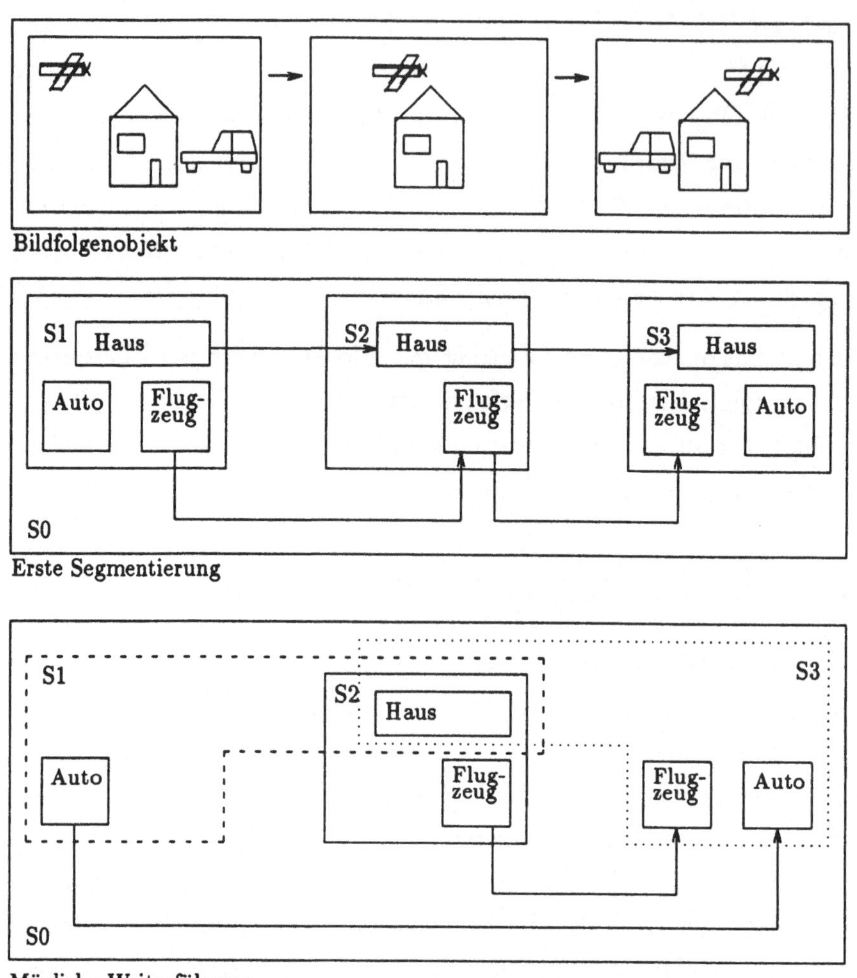

Bild 9.2: *Darstellung der Ergebnisse aus der Bildfolgensegmentierung mit Segmentierungsobjekten. Relationen sind Teil von S0 und als Pfeile dargestellt.*

Die bisher dargestellten Verfahren ermitteln Bewegungsinformation dadurch, daß jedes neu eintreffende Bild der Folge vollständig untersucht wird. Dieses Vorgehen erfordert für die Verarbeitung in Echtzeit eine sehr schnell arbeitende Hardware. Vorwissen über die Szene kann dazu verwendet werden, den Aufwand zu reduzieren. Nach einer Initialisierungsphase wird ein neu eintreffendes Bild nur noch in den Bereichen nachsegmentiert, in denen eine Änderung zu erwarten ist. Die Steuerung dieser Bereiche und die Parametrisierung der Segmentierung übernimmt die wissensbasierte Komponente des Systems. Zur Nachsegmentierung werden im neu eintreffenden Bild Teilbilder (→ Abschnitt 4.4) angegeben, in denen die Suche nach geometrischen Objekten stattfindet. Die Ergebnisse werden dann im symbolischen Teil des Systems, der unabhängig von *ἵππος* arbeitet, geeignet repräsentiert.

Zusammenfassend läßt sich feststellen, daß für die Verarbeitung von Bildfolgen zahlreiche Klassen genutzt werden können. Bilder werden durch Folgenobjekte zu Bildfolgen zusammengesetzt. Für die häufig verwendeten Verschiebungsvektorfelder steht eine eigene Bildklasse zur Verfügung. Bewegte Objekte werden mit den Klassen für geometrische Objekte repräsentiert. Rechnerisch ermittelte Größen, wie beispielsweise die Geschwindigkeit des Objekts, werden in Attributen angegeben. Der typische Vorgang des Vergessens erfolgt durch Löschung von Bildern aus der Folge und Entfernen von Objekten aus den Segmentierungsobjekten. Die Relationen des Segmentierungsobjekts eignen sich dazu, zeitliche Bezüge darzustellen.

Für die Darstellung der Ergebnisse der Bildfolgensegmentierung ergeben sich in *ἵππος* vier Möglichkeiten, die auch kombiniert werden können. Zwei davon führen zur Einführung von neuen Klassen, zwei kommen mit den bekannten Mitteln aus.

- Für jedes Bild wird ein neues Segmentierungsobjekt erstellt, das sich aus neu detektierten geometrischen Objekten zusammensetzt und dazu die unveränderten Objekte — die sich nicht bewegt haben — übernimmt. Alle Segmentierungsobjekte werden in einem großen Segmentierungsobjekt zusammengefaßt. Damit ist die Übernahme von Teilen aus alten Objekten ohne Kopieren möglich. Alle Objekte bekommen eine Zeitinformation als Attribut und werden durch Relationen verbunden.

  Diese Lösung hat den Vorteil, daß für einen Zeitpunkt die Menge der bekannten Objekte durch ein Segmentierungsobjekt beschrieben wird. Veraltete und nicht mehr benötigte Information kann durch Löschen der entsprechenden Segmentierungsobjekte einfach entfernt werden.

- Für jedes geometrische Objekt wird ein Segmentierungsobjekt erstellt, das die Historie dieses geometrischen Objekts verkörpert. Die Teile des Segmentierungsobjekts bilden die Zustände des geometrischen Objekts zu den verschiedenen Zeitpunkten.

Diese Lösung hat den Vorteil, daß jedes Objekt durch einfache Operationen zeitlich verfolgt werden kann. Das Löschen von alten Informationen ist dagegen aufwendiger, als bei der vorigen Lösung.

- Es kann auch aus dem Segmentierungsobjekt eine spezielle neue Klasse abgeleitet werden, die nur der Darstellung von Ergebnissen aus der Bildfolgenverarbeitung dient.
- Als letzte Möglichkeit bietet es sich an, ein neues Objekt unter Verwendung des Segmentierungsobjekts und der Folgen-Objekte ohne Ableitung zu bilden.

Die ersten beiden Lösungen lassen sich einfach kombinieren und fügen sich in das bisher vorgestellte Gesamtkonzept ein. Daher wird ihnen der Vorzug vor der Einführung neuer Klassen gegeben, die die Funktion des Segmentierungsobjekts als universelle Schnittstelle zur Symbolik aufbrechen würden. Eine Entscheidung für eines der vier Verfahren kann in einem konkreten Anwendungsfall erst nach einem intensiven Vergleich erfolgen.

9.6 Medizinische Bildverarbeitung

In der medizinische Bildverarbeitung liegen die Bilddaten im Gegensatz zu den vorigen Anwendungen in einigen Fällen von vorneherein in voller Dreidimensionalität vor (vgl. z.B. [Hoh88]). Ein typisches Format für MR-Bilder (Kernspin-Tomographie) ist beispielsweise ein Bild-Würfel mit 256×256 Bildpunkten pro Schicht und 64 Bildschichten. In Bild 9.3 (a) ist eine solche Schicht eines MR-Bilds des Knies dargestellt.

Ziel der Bildverarbeitung in der Medizin ist in vielen Fällen die Rekonstruktion dreidimensionaler Eigenschaften aus solchen Bildern. Im allgemeinen ist hierfür ein wissensbasierts Vorgehen erforderlich, vor allem, da die Qualität der Bilder (Signal-Rauschverhältnis) im Vergleich zu Aufnahmen mit einer CCD-Kamera verfahrensbedingt gering sein muß, um den Patienten nicht zu sehr zu belasten (beispielsweise in CT-Bildern).

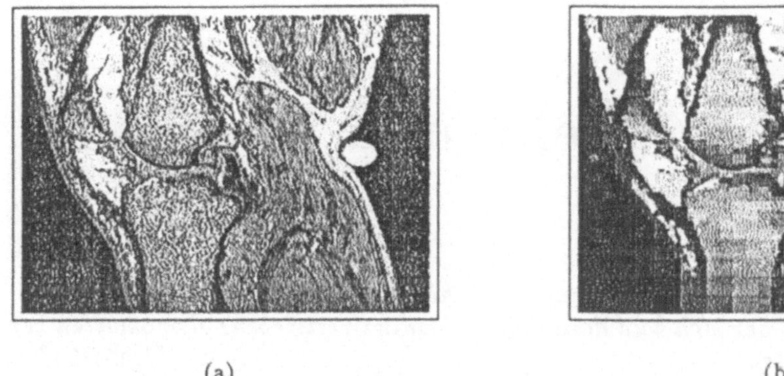

(a) (b)

Bild 9.3: *MR-Bild des Knies. Links das Ausgangsbild, rechts eine einfache Regionensegmentierung (aus [Wol92]). Die Ellipse rechts im Bild stammt von einem Wasserröhrchen.*

Wie in zweidimensionalen Bildern ist es zunächst möglich, problemunabhängige Verfahren anzuwenden. In [Wol92] wird in einem MR-Bild zunächst ein dreidimensionales Regionenwachstum durchgeführt, das eine Verallgemeinerung der zweidimensionalen Regionensegmentierung darstellt. Als Ergebnisse entstehen Volumenrepräsentationen, die als Octtrees abgespeichert werden. Einen Schnitt durch einen segmentierten Bildwürfel zeigt Bild 9.3 (b). Zur Anwendung kommen hier die ἵππος-Klassen für dreidimensionale Bilder (→ Abschnitt 4.7).

Kapitel 10

Wissen, Modelle und Vergleich

Die Paulizianer waren die Anhänger eines gewissen Paulus, (...), mit der sich bald darauf aus Albanien vertriebene Ikonoklasten vereinten.
Umberto Eco

Die ikonische Bildverarbeitung wurde in Kapitel 2 dadurch definiert, daß explizit repräsentiertes Wissen über die Szene in der Verarbeitung nicht verwendet wurde. Die symbolische Bildverarbeitung verwendet solches Wissen, das in *Modellen* vorliegt. Modelle werden in einem Formalismus zur *Wissensrepräsentation* beschreiben, wofür es zahlreiche Möglichkeiten gibt. In der symbolischen Bildverarbeitung erfolgt ein *Vergleich* der Modelle mit den Segmentierungsdaten, der letztlich zur symbolischen Beschreibung des Musters führt. Ebenfalls eng verbunden mit Modellen und Wissen sind die Bereiche „Planung". Diese werden hier nicht behandelt (vgl. hierzu z.B. [Nie90a]).

10.1 Mechanismen zur Wissensrepräsentation

Während in der Ikonik eine ziemlich klare Vorstellung existiert, welche Daten und welche Operatoren zum Standardrepertoire der Bildverarbeitung zählen sollten, ist in der Symbolik die Lage noch weitgehend ungeklärt.

Es existieren verschiedenartige Ansätze, Wissen im Rechner darzustellen. In vielen Fällen werden die symbolischen Bild-Arbeitsdaten mit derselben Datenstruktur dargestellt, wie das extern repräsentierte Wissen, beispielsweise in einem semantischen Netz. Jeder der folgenden Ansätze bedingt eine andere Datenstruktur. Die am weitesten verbreiteten Formalismen zur Wissensrepräsentation sind:

- Prädikatenlogik [Nil80]
- Regelbasierte Systeme [Bar82b]

- Augmented Transition Networks (ATN's) [Woo75]
- Semantische Netze [Sch89b, Kum87, Nie90b]
- Frames [Mis75]
- Relationale Datenbanken [Goo89]
- Black-Board Architekturen [Han76, Che90, Yac77]

Eine Zusammenstellung dieser Ansätze findet sich in [Sag90]. Für die symbolische Bildverarbeitung kommen dabei hauptsächlich Frames, Regelsysteme, Black-Boards, Datenbanken und semantische Netze in Frage. Für die angegebenen Formalismen gibt es keine normierten Darstellungen in Datenstrukturen. Beispielsweise werden semantische Netze von verschiedenen Verfassern verschieden definiert.

Eine Einordnung in die bisher erörterten Konzepte ergibt folgendes Bild: die Datenstruktur für Black-Boards ist mit Multimengen (Klasse Bag) zu realisieren, wobei die Methoden noch um spezielle Eigenschaften der Black-Boards ergänzt werden müssen. Ein Black-Board wird beispielsweise in [Che90] als Objekt modelliert. Für eine Anbindung an relationale Datenbanken bietet sich die Klasse Relation an. Die übrigen oben genannten Ansätze sind zunächst formal Graphen (→ Kapitel 11). Der Unterschied ergibt sich aus der Interpretation der Kanten und Knoten. Objektorientierte Datenbanken erlauben die Kombination von objektorientierter Programmierung und Datenbanken. In [Cha88] und [Gla92] werden Frames zur Wissensrepräsentation verwendet, wobei ein objektorientiertes System verwendet wird.

Neben der statischen Repräsentation von Wissen werden Graphen in den obigen Systemen auch dazu verwendet, Kontrollstrukturen für die Verarbeitung zu repräsentieren.

10.2 Modelle

Ein Modell ist nach [Bal82, S. 317] eine Erwartung dessen, wie die Welt zusammenpaßt. Modelle existieren unabhängig vom Eintreffen ikonischer Daten.

Die Summe der Modelle bildet das Wissen über die Welt, das die Interpretation visueller Daten ermöglicht.

Um eine Lösung der Aufgabenstellung zu ermöglichen, die unabhängig von der Anwendung zu korrekten Ergebnissen führt, ist es wichtig, den Prozeß der Bilderzeugung genau zu modellieren. In den Modellen ist insbesondere darzustellen, welche einschränkenden Annahmen in einem Verfahren gemacht werden. Solche Annahmen sind vor allem bei isoliert durchgeführten Verfahren nötig (Annahmen über Oberflächenreflexion bei den Verfahren „Form aus ...", vgl. Abschnitt 5.9, Glattheitsbedingungen bei der (Bewegungserkennung und Stereo, usw.). Zu unterscheiden sind die folgenden Modelle:

- *Geometrische Modelle:* In diesen Modellen werden die darstellbaren Linien, Oberflächen und Volumen modelliert [Fis86].
- *Objektmodelle:* In diesen Modellen wird dargestellt, welche Eigenschaften die Objekte besitzen, die in der Szene erwartet werden. Dazu werden die geometrischen Modelle verwendet.
- *Reflexionsmodell:* Die erwarteten Reflexionseigenschaften der Objekte in der Szene werden in separaten Modellen angegeben. In [Nay90] wird ein hybrides Modell vorgestellt, das die älteren Ansätze ([Hor75, Hor77]) übertrifft.
- *Sensormodelle:* Aufnahmegeräte, Beleuchtung und Bilderzeugung müssen separat modelliert werden [Ike89].

Beim aktuellen Stand der bekannten Bildverarbeitungssysteme werden Objektmodelle in einer Wissensbasis zusammengefaßt. Die Objektmodelle werden dann mit den Bilddaten verglichen. In industriellen Anwendungen können die Objektmodelle teilweise aus Fertigungsunterlagen erzeugt werden. Im allgemeinen kann versucht werden, Wissensbasen in einer Akquisitionsphase automatisch zu generieren [Sch90]. Für die automatische Erzeugung von Modellen dreidimensionaler Objekte werden meist mehrere Ansichten verwendet [Xu90].

Die übrigen Modelle werden vor der Realisierung der Algorithmen fest gewählt. In künftigen Anwendungen könnten auch diese Modelle in der Wissensbasis flexibel dargestellt werden.

10.3 Modellvergleich

Im Sinne der klassischen Unterscheidung in deklaratives und prozedurales Wissen sind Modelle dem deklarativen Wissen zuzuordnen. Der Vergleich der Modelle mit den aus den Bildern gewonnenen Daten erfordert prozedurales Wissen. Dazu wird im allgemeinen nach einer datengetriebenen Segmentierungsphase (Ikonik) eine Abbildung der Segmentierungsdaten auf die Modelle ermittelt (Symbolik). Gegebenenfalls kann auch die Segmentierung wissensbasiert erfolgen (s.u.); in Spezialfällen entfällt sie völlig. Wenn die Modellierung der Objekte in 2-D erfolgt, so ist ein Vergleich mit zweidimensionalen Segmentierungsdaten einfach durchzuführen. In vielen Fällen ist eine dreidimensionale Modellierung der Objekte natürlicher und eleganter, da sie der Anschauung der Objekte entspricht. Transformationen der Modelle im dreidimensionalen Raum gestatten die Modellierung zahlreicher Ansichten eines Objekts, ohne daß hierfür eigene Modelle erforderlich wären. Ein Vergleich von dreidimensionalen Modellen mit zweidimsionalen Segmentierungsdaten erfordert dann eine Projektion der Modelle in die Ebene. Wenn dreidimensionale Segmentierungsergebnisse vorliegen, so werden sie direkt mit den Modellen verglichen.

Eine Darstellung der Verfahren für den Modellvergleich würde den Rahmen dieses Buches sprengen. Eine Zusammenfassung findet sich in [Nie90a, Bal82, Shi87]. In [Nie90a] wird dargestellt, wie eine allgemeine Repräsentation eines Modells mit einem Segmentierungsobjekt verglichen wird, das durch die formale Beschreibung aus Abschnitt 8.1 vorgegeben ist.

10.4 Wissensbasierte Segmentierung

Im Segmentierungsobjekt steht eine allgemeine Schnittstelle zur Verfügung, die die Übermittlung von Information aus der Ikonik in die Symbolik gestattet. Für eine Steuerung der Ikonik — speziell der Segmentierung — durch eine Wissensbasis ist ein Informationsfluß in die andere Richtung — von der Symbolik zur Ikonik — erforderlich. Dies ist dem Bild 2.7 zu entnehmen, wenn dort die Pfeile als Datenfluß interpretiert werden. Für die Struktur von ἵππος ist es von Bedeutung, in welcher Form die Steuerung erfolgt, und ob dies weitere Klassendefinitionen erfordert. Die eigentliche Steuerung, der Kontrollalgorithmus und eventuell die Suchverfahren sind Teil der Symbolik. In [Nie85a, Bru90] wird dargestellt, wie die Segmentierung wissensbasiert gesteuert wird. Wesentliche Aufgaben sind dabei

- die *Auswahl* der Segmentierungsverfahren aus der Menge der bekannten Alternativen,
- die Wahl der *Reihenfolge* der Verfahren,
- die Angabe von geeigneten *Parametern*.

Einige Beispiele sollen diese Wahlmöglichkeiten verdeutlichen. Wenn erwartet wird, daß sich viele Objekte mit kreisförmigen Konturen im Bild befinden, so kann die Kontrolle ein Segmentierungsverfahren auswählen, das bevorzugt solche Segmente liefert. Ist bekannt, welcher Teil im Bild zum Hintergrund zu zählen ist, so kann dies als Parameter für die Angabe eines Schwellwerts zur Binarisierung verwendet werden. Die Auswahl der Reihenfolge erlaubt eine Kombination von Tiefpaßfilterung, Unterabtastung und Merkmalsextraktion, wenn in einer Auflösungshierarchie gearbeitet werden soll. Bei der Segmentierung von Bildfolgen kann es sinnvoll sein, gezielt Änderungen zu verifizieren, die aufgrund der Bewegung bereits erkannter Objekte vorhergesagt werden.

Eine weitere Form der Einflußnahme der Symbolik ist in der Steuerung von Geräten vorstellbar. So kann beispielsweise eine Kamera auf das interessierende Objekt hin bewegt werden oder es wird ein Zoom auf diesen Bildbereich durchgeführt. Wenn Geräte als Objekte der Ikonik existieren, so kann auch diese Steuerung als Auswahl der Methoden (z.B. Kamerasteuerung) und Parameter (z.B. Angabe der Brennweite) betrachtet werden. Die Steuerung eines Fahrzeugs oder eines Industrieroboters durch Informationen aus der Segmentierung (vgl. z.B. [Mat89]) gehören dagegen nicht zu diesen Verfahren, da das Fahrzeug nicht Teil der ikonischen Begriffswelt ist. Es existieren hierfür andere Schnittstellen zwischen der Symbolik und dem Fahrzeug.

10.5 Steuerung der Segmentierung

Bild 10.1 zeigt schematisch die Struktur ikonischer Bildverarbeitungssyteme (in Anlehnung an Bild 2.7). Die Steuerung ersetzt den Kontrollmodul der wissensbasierten Bildanalyse. Sie ist vergleichsweise einfach und erlaubt eine Verknüpfung der ikonischen Verfahren. Für die wissensbasierte Segmentierung ergeben sich zwei Möglichkeiten. Entweder ist die ikonische Verarbeitung integraler Bestandteil des wissensbasierten Musteranalysesystems, oder es existieren zwei Systeme, eines für die ikonische Bildverarbeitung und eines für die wissensbasierte Analyse, die über eine Schnittstelle kommunizieren.

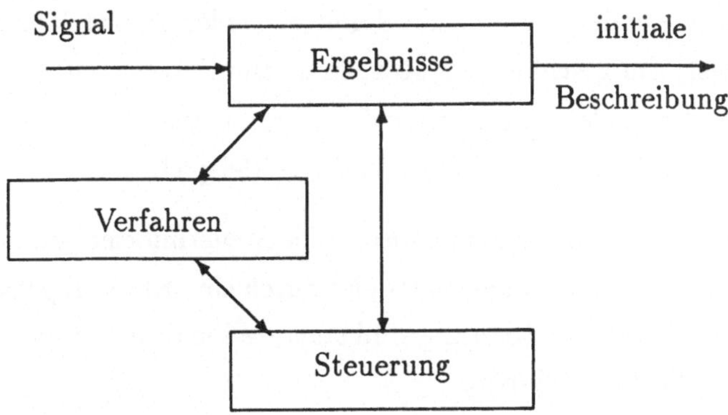

Bild 10.1: *Struktur der ikonischen Bildverarbeitung*

Im ersten Fall ergeben sich für den Modul „Steuerung" keine nennenswerten Probleme, indem er als Teil der Kontrolle eingesetzt wird. Im zweiten Fall ist nach dem Informationsfluß, der von der Ikonik zur Symbolik durch das Segmentierungsobjekt angegeben wird, ein weiterer Informationsfluß in die Gegenrichtung zu betrachten. Es liegt nahe, die Steuerung ebenfalls durch die Angabe einer Datenstruktur und einer Schnittstelle in feste Kanäle zu leiten. Der Steuerungsmodul der ikonischen Verarbeitung erhält eine Angabe über die auszuführenden Verfahren und deren Parameter. Die Interpretation der Angaben führt zu einer Aktivierung der entsprechenden Methoden. Diese Steuerungsinformationen können in einem Objekt zur Beschreibung von Verfahren zusammengefaßt werden. Die Wissensbasis enthält dann zusätzlich noch eine Beschreibung der vorhandenen ikonischen Verfahren. Dieser Ansatz wurde in [Wei88] für parallele Architekturen bereits durchgeführt.

Drei Beispiele zu diesen Wahlmöglichkeiten zeigen, daß eine Trennung in problemunabhängige Segmentierungsverfahren (mit zahlreichen Parametern) und in einen wissensbasierten Teil, die über eine Schnittstelle kommunizieren, nicht immer sinnvoll ist. Problemabhängige Segmentierungsverfahren mit direkter Koppelung an die Wissensbasis sind beispielsweise für die Erkennung bewegter Objekte aus Bildfolgen sinnvoll, wobei bereits errechnete Information als Vorwissen dient (→ Abschnitt 9.4). In der Robotik und autonomen Fahrzeugen können zudem die aktiven Bewegungen des Fahrzeugs und des Roboters zur Vorhersage von Änderungen verwendet werden, die damit schneller und verläßlicher detektiert werden können. Ein geschlossener Regelkreis zum Fokusieren einer Kamera, der die Bilddaten verwendet, um die Scharfstellung zu erkennen, und die Einstellung des Objektivs zurückmeldet, bildet das dritte Beispiel.

In diesen Fällen erscheint es nicht sinnvoll, die Steuerinformation in ein gemeinsames Schema zu pressen, das beispielsweise durch eine Klasse repräsentiert würde. Die Verfahren zur Bildverarbeitung sind statt dessen direkt in die wissensbasierte Verarbeitung mit aufzunehmen.

Kapitel 11

Graphen in Ikonik und Symbolik

Dali hat für die > Objekte mit symbolischer Funktion < auch Unterkategorien vorgeschlagen: transsubstantiierte Objekte (Uhren aus Stroh), Wurf-Objekte ...
Sarane Alexandrian

In der Literatur spielen Graphen bei der Beschreibung von Segmentierungsergebnissen neben Relationen eine große Rolle. Die enge Verwandtschaft von Graphen und Relationen erlaubt es, alle bekannten Darstellungsformalismen für die Segmentierung durch Relationen zu formulieren, auch wenn diese ursprünglich mit Graphen arbeiteten. Dies ist zweckmäßig, da die Graphen in der Ikonik ohnehin hauptsächlich strukturelle Relationen beschreiben. Graph-Objekte spielen in ἵππος hauptsächlich für die weiterführende symbolische Verarbeitung eine Rolle. In diesem Kapitel erfolgt außer der Einführung der Klassen für Graphen noch die Darstellung bekannter Ergebnis-Graphen durch Segmentierungsobjekte.

11.1 Relationen und Graphen

Zu einer zweistelligen Relation kann ein *assoziierter Graph* angegeben werden ([Sch89a, S. 6]). Die Knoten des Graphen bilden alle in der Relation vorkommenden Elemente. Zwei Knoten sind miteinander durch eine Kante verbunden, wenn sie als Paar in der Relation vorkommen.

Umgekehrt kann ein Graph so interpretiert werden, daß durch Kanten verbundene Knoten zueinander in Relation stehen. Damit kann aus einem Graphen eine zweistellige Relation erzeugt werden.

Diese Umformungsmöglichkeit ist nützlich, da mit ihr einige spezielle Graphen, die in der Bildverarbeitung Verwendung finden, durch Relationen in Segmentierungsobjekten dargestellt werden können. Da die Ergebnisgraphen in der Ikonik in erster Linie dazu verwendet werden, Strukturrelationen zwischen detektierten Objekten herzustellen, ist die Darstellung mittels eines Relationenobjekts angemessen. Die Notwendigkeit, Graphen als Klassen in der *Ikonik* einzuführen, besteht daher im allgemeinen nicht. Die zur Anwendung in Frage kommenden Graphenstrukturen können mit Relationen problemlos und effizient formuliert werden, wie im folgenden an Beispielen gezeigt wird. Für die symbolische Weiterverarbeitung kann eine Klasse Graph jedoch von Nutzen sein. Sie wird daher für Anwendungen der *Symbolik* eingeführt.

11.2 Graphen in der Ikonik

In [Str88] wird die Verwendung von Graphen in der Bildverarbeitung untersucht. Dort wird gezeigt, daß sich Graphen dazu eignen, symbolische Beschreibungen von Bildern zu liefern. In der Symbolik werden Graphen über ihre beschreibende Funktion hinaus in der Kontrolle eines Bildanalysesystems (→ Abschnitt 10.3) eingesetzt. Für die ikonische Bildverarbeitung lassen sich unter anderem die folgenden bekannten Graphen finden:

- "Region–Segment–Endpoints–Graph" (RSE-Graph) [Han76]
- "Line–Adjacency–Graph" (LAG) [Pav77]
- "Region–Adjacency–Graph" (RAG) [Pav77]

Weitere Beispiele für Graphen, die ikonisches Material repräsentieren, sind Bildgraphen [Bar87] und das "Triangulated–Irregular–Network" [Tan80]. Graphen und ihre Verwendung in der Bildverarbeitung sind auch in [Nie90a] zusammengestellt. Ein spezieller Graph, das Exoskelett, wird in [Eve88] zur Schriftzeichenerkennung verwendet. [Fis86] verknüpft symbolische Beschreibungen von Oberflächenelementen durch einen Graphen, wobei Kanten im Graphen Nachbarschaftsbeziehungen im Bild repräsentieren.

Ein Graph–Konzept erlaubt ebenso wie ein uneingeschränktes Relationenkonzept eine freie Verknüpfung von Information. Während dies in der Symbolik für die Wissensrepräsentation von Nutzen sein kann, ist es für die Ikonik zu wenig strukturiert. Die Relationen in Segmentierungsobjekten stellen dagegen ein angemessenes Darstellungsmittel für die Repräsentation struktureller Zusammenhänge von Objekten in der Ikonik zur Verfügung.

11.3 Linien- und Regionengraphen

Die oben angeführten Graphen für Regionen- und Liniennachbarschaften (RAG und LAG) werden nun erklärt und durch Relationen und Segmentierungsobjekte dargestellt. Das Segmentierungsobjekt erweist sich dabei den Graphen überlegen, da es diese nachbilden kann und zusätzlich über eine weitere Strukturierung verfügt.

Der RAG [Pav77] verbindet Regionen, die eine gemeinsame Begrenzungslinie haben, und macht damit die topologische Struktur von Regionen deutlich. Knoten im Graphen bilden die Regionen, benachbarte Regionen sind durch Kanten miteinander verbunden. Dieser Graph läßt sich als homogene zweistellige Relation auf Regionen darstellen. Ein Beispiel zeigt Bild 11.1. Die sieben Regionen des Bilds werden durch einen RAG beschrieben. Der Hintergrund wird als weitere Region in die Beschreibung aufgenommen. Im entsprechenden Segmentierungsobjekt bilden die Regionen die Bestandteile. Die Nachbarschaftsbeziehung ist durch Relationen dargestellt. Die erweiterte Relationenmenge (gestrichelter Kasten) entsteht durch Bildung der symmetrische Hülle.

Der "Line-Adjacency-Graph" (LAG) wird in [Pav77] eingeführt. Der Name ist etwas irreführend, da nicht die Nachbarschaft von Linien im Bild durch den Graphen ausgedrückt wird, sondern zusammenhängende Regionen in einem Binärbild. Bild 11.2 zeigt ein einfaches Binärbild und den dazugehörigen LAG-Graphen.

Zur Erstellung des LAG wird das Binärbild zeilenweise betrachtet. Ununterbrochene Folgen von schwarzen Punkten bilden je einen Knoten im Graphen. Kanten können zwischen Knoten existieren, deren Punktfolgen auf benachbarten Zeilen liegen. Voraussetzung dafür ist, daß sich diese Folgen überlappen. Der LAG liefert damit eine einfache Beschreibung der Struktur eines Binärbilds, beziehungsweise einer Region in einem beliebigen anderen Bild. Für eine Schnittstelle zur Symbolik ist diese Beschreibung jedoch nicht umfassend genug. Wenn in ἵππος ein LAG

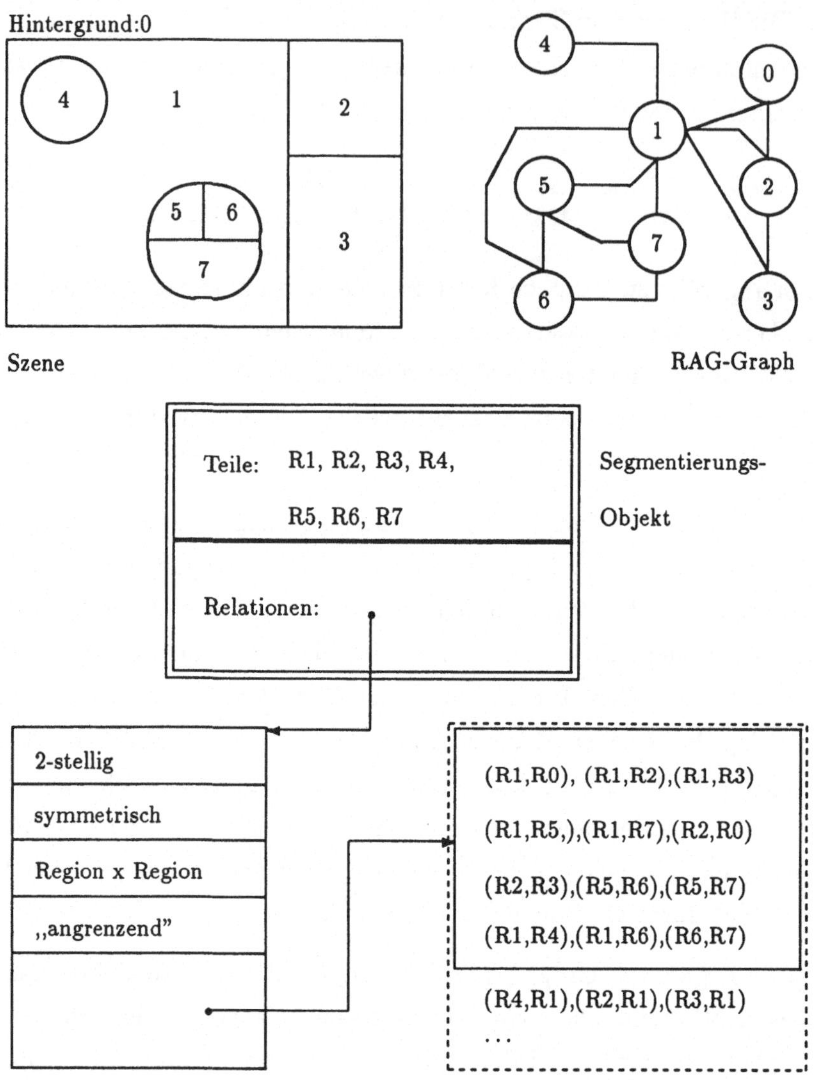

Bild 11.1: *RAG-Graph aus [Sha80] als Segmentierungsobjekt*

dargestellt werden soll, so kann dies in einem Segmentierungsobjekt erfolgen, wobei die Knoten des Graphen durch Punkt–Objekte gebildet werden, die jeweils den Anfang der Folge im Binärbild markieren und die Lauflänge als Attribut tragen. Die Kanten werden durch eine reflexive Relation zwischen den Punkten gebildet. Dies zeigt, daß die Darstellung eines LAG prinzipiell möglich ist. Da in Segmentierungsobjekten aber ein wesentlich mächtigerer Formalismus zur

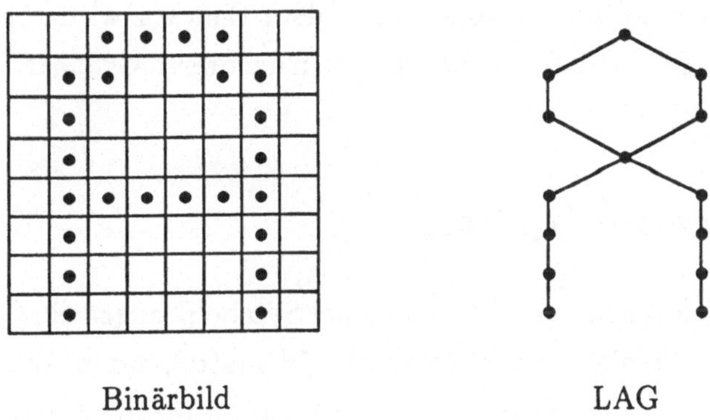

Bild 11.2: *LAG-Graph nach [Sha80]*

Verfügung steht, erscheint die Verwendung des LAG in der dargestellten Form wenig sinnvoll.

Der RSE-Graph [Han76] wird für das System VISIONS eingeführt. Er ist — wie das Segmentierungsobjekt — als Schnittstelle zwischen Ikonik und Symbolik konzipiert. Der RSE ist ein tripartiter Graph, in dem Regionen mit Linien und Linien mit Punkten durch Kanten verbunden sind. Er ist in seiner Darstellungskraft erheblich aussagekräftiger als RAG und LAG und wird im Rahmen des Vergleichs von VISIONS mit ἵππος im Abschnitt 12.5 besprochen. Eine Darstellung des RSE–Graphen als Segmentierungsobjekt erfolgt in [Her90].

In einem Segmentierungsobjekt sind somit die Graphen der Ikonik mit Relationen darstellbar. Im Segmentierungsobjekt ist es weiterhin möglich, gleichzeitig mehrere Graphen und Relationen aufzubauen, ohne daß Verwaltungsprobleme entstehen. Dies ist durch die Trennung von Bestandteilen und Relationen gewährleistet.

Weder RAG noch LAG haben den Anspruch der Allgemeinheit eines Segmentierungsobjekts. Die Stärke der Segmentierungsobjekte liegt in ihrer hohen Strukturierung und Aussagekraft. Indem geometrische Objekte explizit als Teile aufgeführt werden, ist es möglich, auch mehrere Graphen gleichzeitig (durch Relationen) darzustellen. Die Trennung der Relationen von den in Beziehung gesetzten Objekten macht es möglich, *dieselben* Objekte mehrfach in Relationen zu verwenden. Eine externe Repräsentationsform, die die Identität mehrfach verwendeter

Knoten in einem solchen Graphen nach dem Einlesen wiederherstellt, ist hier machbar, wogegen sie bei der Kombination mehrerer Graphen im allgemeinen nicht möglich ist.

11.4 Graphobjekte

Die Klasse Graph wird eingeführt, um in der Symbolik allgemein Graphen definieren zu können. Sie bietet ein elementares Hilfsmittel, die in Abschnitt 10.1 aufgeführten Formalismen zur Wissensrepräsentation für die Symbolik durch Graphen darzustellen. Eine vollständige Implementierung dieser Konzepte ist mit den angebotenen Operationen der Klasse Graph im Prinzip möglich. Es soll hier jedoch nicht versucht werden, einen der Formalismen zur symbolischen Verarbeitung erschöpfend darzustellen. Die Klasse Graph soll statt dessen exemplarisch die einfachste Möglichkeit einer direkten Fortführung des objektorientierten Ansatzes in der Symbolik verdeutlichen. Mit ihr ist ein fließender Übergang von der Ikonik in die Symbolik in einem objektorientierten Gesamtsystem möglich. Damit können Segmentierungsobjekte in der Symbolik weiterverwendet werden, ohne daß ihre externe Repräsentation als Schnittstelle benötigt wird (vgl. Abschnitt 10.5). Da außer der Klasse Graph die allgemeinen Klassen Relation und Collection ebenfalls ausdrucksstarke Konzepte zur Informationsdarstellung sind, steht in der Gesamtheit der Klassen aus ἵππος auch für die symbolische Verarbeitung ein ausreichender Grundstock an Hilfsmitteln zur Verfügung.

Semantische Netze sind beispielsweise formal zunächst Graphen. Für die Wissensrepräsentation mit einem semantischen Netz aus ERNEST ([Nie90b]) sind die elementaren Operationen aus Tabelle 11.1 natürlich bei weitem nicht ausreichend. Die Graphklasse kann nur als unterste Grundlage für eine Implementierung dienen.

Die Graphentheorie ist ein wichtiges Hilfsmittel für die Beschreibung der möglichen Operationen auf Graphen (und damit der Klasse Graph). Die Methoden der Klasse orientieren sich an dieser Theorie.

Ein Graph wird in der Klasse beschrieben durch eine Menge von Knoten und eine Menge von Kanten, die Knoten verbinden. Jeder Knoten und jede Kante kann eine beliebige Markierung tragen (ein Objekt). Die Operationen auf ei-

`getNodeSet`:	Liefert eine Menge aller Knotenkennungen, die im Graph bekannt sind.
`getSetOfEdges`:	Liefert eine Menge von Kanten, die aus einem angegebenen Knoten hinauslaufen oder dort eintreffen.
`getEdge`:	Liefert eine Information an der Kante, die die angegebenen beiden Knoten verbindet. Die Knoten werden durch Schlüssel identifiziert.
`getNode`:	Liefert eine Knoteninformation aus dem Graphen; der Knoten wird durch einen Schlüssel identifiziert.
`EdgeInfo`:	Setzt die Information an der angegebn Kante.
`NodeInfo`:	Setzt die Information am angegeben Knoten.
`remEdge`:	Löscht eine Kante aus den Graphen.
`remNode`:	Löscht einen Knoten aus den Graphen.
`addNode`:	Fügt einen Knoten in den Graphen ein.
`addEdge`:	Verbindet zwei Knoten mit einer Kante.

Tabelle 11.1: *Wichtige Methoden der Klasse* Graph

nem Graphobjekt (Tabelle 11.1) umfassen Methoden, um neue Kanten und Knoten einzufügen (**addNode**, **addEdge**), Kanten und Knoten zu löschen (**remNode**, **remEdge**) und Methoden zur Extraktion von Information aus dem Graphen. Zu jedem Knoten kann die Menge der heraus- oder hineinführenden Kanten erfragt werden. Die Markierung jeder Kante und jedes Knotens ist verfügbar und kann auch modifiziert werden. Jeder Knoten und jede Kante hat eine eindeutige Kennung, über die das Knoten- und Kantenobjekt angesprochen werden kann (getNode, getEdge).

Die Klasse Graph ist elementar und daher für die Wissensrepräsentation in einem der benannten Formalismen noch nicht ausreichend. Als weitere Operationen werden die benötigten Verfahren zur Verarbeitung von Graphen benötigt. Darunter fallen beispielsweise Graphsuchverfahren, wie sie aus der Graphentheorie bekannt sind. Im Prinzip können solche Verfahren mit den Methoden der Klasse Graph formuliert werden. Aus Effizienzgründen wird sich aber eine Implementierung empfehlen, die direkt als Methode der Klasse angegeben wird.

11.5 Segmentierungsobjekte und Graphen

Graphen in der vorgestellten Form verknüpfen beliebige Objekte. Im Vergleich dazu sind die Relationen im Segmentierungsobjekt eingeschränkt – sie verknüpfen nur geometrische Objekte aus einer Beobachtung, die zudem Bestandteile des betrachteten Segmentierungsobjekts sein müssen. Nur durch diese Einschränkung ist das Segmentierungsobjekt als Schnittstelle brauchbar, da dies eine übersichtlich strukturierte Darstellung der Ergebnisse garantiert. Die in den Graphen ermöglichte freie Informationsverknünpfung ist in der *Ikonik* nur dann sinnvoll einzusetzen, wenn sich die symbolische Verarbeitung in demselben System direkt anschließt. Die Graphen müssen dann nicht extern repräsentiert werden, sondern werden direkt in die Weiterverarbeitung übernommen. Eine Verwendung der Graphobjekte zur Ergebnisrepräsentation in der Ikonik setzt also eine Weiterführung der symbolischen Verarbeitung in demselben objektorientierten System voraus. Die Klasse Graph kann daher nicht zu den allgemein verfügbaren ikonischen Klassen gezählt werden.

Als Mittel zur Kontrolle der Verarbeitung kann die Graphklasse dagegen auch in der Ikonik in Spezialanwendungen von Nutzen sein; (beispielsweise werden in [Hor89] Graphsuchverfahren zur Lösung des Korrespondenzproblems eingesetzt, die mit Graphobjekten formuliert werden können.) In solchen Anwendungen können Graphobjekte verwendet werden. Sie dürfen dann aber nicht zur Ergebnisdarstellung dienen.

Teil 4

Realisierung

Nothing here depends on the internal structure of a symbol, for what describes in some system may depict in others. Resemblance disappears as a criterion of representation and structural similarity as a requirement upon notational or any other languages. The often stressed distinction between iconic and other signs becomes transient and trivial; thus does heresy breed iconoclasm. Yet so drastic a reformation was imperative. It allows for a full relativity of representation and for representation by things other than pictures. Nelson Goodman

In den folgenden beiden Kapiteln wird der Ansatz von ἵππος mit anderen Systemen verglichen. Die Implementierung in C++ wird bewertet.

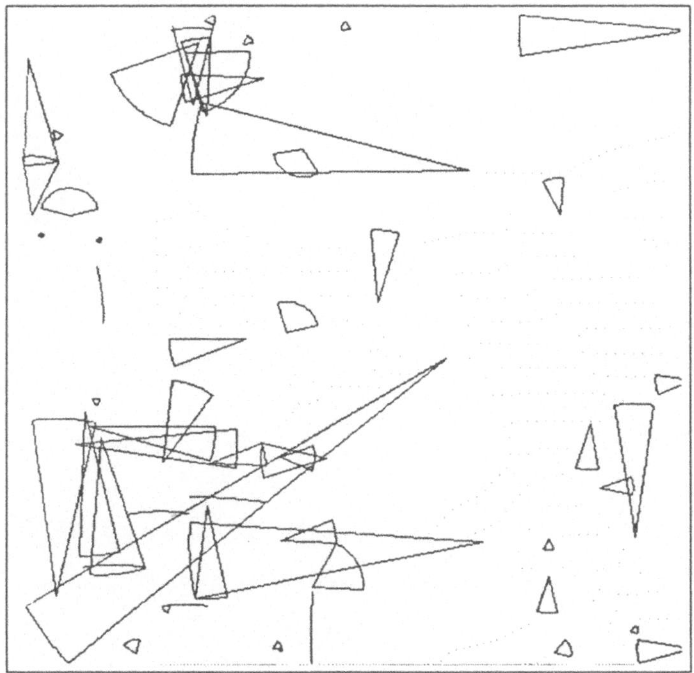

Detektierte Kreisbögen in einem Ausschnitt des Bild von Mondrian: Dargestellt sind Radius und Öffnungswinkel (aus [Her90]).

Kapitel 12

Verhältnis zu anderen Systemen

So ist es immer: Viele Dinge sind's aus denen ein Ganzes sich zusammenschließt, und dennoch sind sie nicht immer zugleich, die Vielen, aus denen sich das Ganze bildet Augustinus, Bischof von Hippo

Das Gesamtkonzept von ἵππος wurde in den vorigen Kapiteln vollständig dargestellt. Es trägt Züge, die in manchen anderen Systemen ebenfalls vorzufinden sind. Daher ist es einfach möglich, deren Struktur zu übernehmen oder zu emulieren, wenn Schnittstellen zu diesen Systemen erforderlich sind.

Die Flexibilität von ἵππος zeigt sich nun erneut, wenn bestehende andere Lösungsansätze zum Vergleich herangezogen werden. Untersucht wird nun das Verhältnis von ἵππος zu einigen Systemen, die auf verschiedenen Ebenen angesiedelt sind.

Auf unterster Abstraktionsstufe wird das Zusammenspiel mit der Bibliothek SPIDER betrachtet. Die Schnittstellen zum ikonischen Bildverarbeitungssystem IPAX werden erklärt. Die Bildanalysesysteme VISIONS und ESP-3 sowie das objektorientierte Datenbanksystem zur Bildanalyse aus [Goo89] werden darauf mit dem Segmentierungsobjekt aus ἵππος verglichen. Zum Schluß wird gezeigt, wie sich die eingeführte Klassenstruktur nahtlos in ein wissensbasiertes Bildanalysesystem mit ERNEST einfügt, das mit semantischen Netzen arbeitet.

In jedem der angesprochenen Systeme finden sich einige Datenstrukturen und Begriffe, die Äquivalente in ἵππος haben. Diese Ähnlichkeit ist natürlich, da sich die Bausteine für ein Bildverarbeitungssystem anschaulich aus den geometrischen Objekten ergeben, deren Verwendung in der Bildverarbeitung schon lange alltäglich ist. Neben den eingeführten Datenstrukturen ist noch zu beachten, daß ἵππος mit XDR ein generelles Konzept für Schnittstellen bereithält und durch die

Trennung von Repräsentationen und geometrischen Objekten eine einfache Erweiterung ermöglicht.

12.1 Unterprogrammsammlungen

Das Paket SPIDER [Tam82] stellt auf den unteren Ebenen der Bildverarbeitung eine große Anzahl von Routinen bereit, die hauptsächlich Bildmatrizen manipulieren. So sind damit beispielsweise zahlreiche Filteroperationen möglich. Auch Kanten- und Regionensegmentierungsverfahren sind angegeben. Eingabedaten und Ergebnisse der SPIDER–Routinen sind Felder, die Repräsentationen von Bildern sind, oder Merkmale, Histogramme etc., die als Vektoren numerisch angeben werden. SPIDER war für ein Jahrzehnt das bestimmende Unterprogrammpaket für die Bildverarbeitung.

Es ist naheliegend, diese — oder ähnliche — Bibliotheken in *ἵππος* zu nutzen. Den Anknüpfungspunkt für *ἵππος* bieten dabei die Bild– und Matrixklassen. Matrizen besitzen in [Her89] eigens eine Methode, mit der eine interne Repräsentation erstellt werden kann, die der Parameterkonvention von SPIDER entspricht, die von der dort verwendeten Programmiersprache FORTRAN diktiert wird. Eine Einbindung der Bibliothek erfolgt bei Bedarf, wobei für neue SPIDER–Routinen zu entscheiden ist, welchen Typ die Argumente haben. Somit ist eine einfache Nutzung dieser elementaren Bildoperationen aus SPIDER in *ἵππος* möglich.

Längerfristig sollten solche Bibliotheken durch objektorientiert programmierte Äquivalente ersetzt werden, deren Ergebnisse in Datenstrukturen niedergelegt werden, die dem objektorientierten Vorgehen entsprechen. Beispielsweise wird in IPAX (s.u.) die SPIDER–Routine `rsam` zur Regionensegmentierung nach dem "Split–and–Merge"–Verfahren aus [Hor76] verwendet, die als Ergebnis eine Regionenmatrix (also ein LabelImage) liefert und auch die Regionennachbarschaften in diese Matrix codiert. [Str90] implementiert diesen Algorithmus mit objektorientierten Mitteln und erzielt bei ähnlichem Zeitverhalten vergleichbare Resultate. Die Ergebnisse sind unmittelbar als Segmentierungsobjekte verfügbar und besitzen somit eine erheblich höhere Strukturierung, als dies mit den Fortran–Routinen aus SPIDER möglich ist.

Das ISO–Projekt PIKS (Programmers Interface Kernel System) zielt auf eine standardisierte Unterprogrammsammlung mit einem gegeüber SPIDER erweiterten Funktionsumfang aber ansonsten ähnlicher Funktionalität [Cla92]. Eine Verbindung dieser Routinen mit den Matrixklassen aus *ἵππος* ist unmittelbar möglich.

12.2 Das Bildverarbeitungssystem IPAX

In [Bru88] wird das Bildverarbeitungssystem IPAX (**I**mage **P**rocessing and **A**rchiving System under Uni**X**) vorgestellt (vgl. auch [Sch89b, Nie90b]). Es handelt sich dabei um ein interaktives System, das unter Verwendung der Möglichkeiten des Betriebssystems Unix eine Benutzeroberfläche für die konventionelle Programmierung, Erprobung und Anwendung von Bildverarbeitungsmethoden herstellt. Wissensbasierte Bildanalyse kann in Kooperation mit ERNEST in semantischen Netzen erfolgen, ist aber kein Teil von IPAX, das somit zu den ikonischen Bildverarbeitungssystemen zählt. In IPAX wurde ein Teil der Klassen in konventioneller Programmierung in C implementiert, die auch in *ἵππος* existieren. So entstand eine Vorform des Segmentierungsobjekts ([Ans89]), die einen Vergleich von objektorientierter und konventioneller Programmierung für einen Teilbereich der Bildverarbeitung möglich macht.

In der Implementierung von [Ans89] wird deutlich, daß die Fortsetzung der Entwicklung aus IPAX nur mit objektorientierten Mitteln sinnvoll möglich ist. Die Programmierung der Relationen, Attribute und Segmentierungsergebnisse erfordert erheblichen Aufwand und stößt an die Grenzen der Darstellbarkeit in der konventionellen Programmierung. Als besonders störend erweist sich die fehlende Typenprüfung, die zur Nachbildung der Polymorphismen in den Makros durch *Casts* zusätzlich erschwert wird. Da zu den Datenstrukturen keine Methoden angegeben sind, werden von den Benutzern weitergehende Kenntnisse über die innere Struktur der Daten erfordert. Die manuelle Verwaltung der Objekt–Identifikatoren ist fehleranfällig und unflexibel, da die vergebenen Nummern in der externen Repräsentation verwendet werden und sich so über mehrere Programme hinweg erhalten.

12.3 ESP-3

In [Sha80] werden Systeme untersucht, die *rekursive Datenstrukturen* für die Repräsentation von Bildern ermöglichen.

> „In solchen Systemen kann ein Bild ein Primitiv sein — beispielsweise eine Gerade oder ein Kreis — oder eine endliche Menge von Primitiven und Bildern." [Sha80]

Als Beispiel für eine rekursive Bilddatenstruktur dient eine Beschreibung, die im System ESP-3 [Sha77] entwickelt wurde. Die ESP-3–Datenstruktur ist eine symbolische Beschreibung des Bilds. Dies drückt sich schon darin aus, daß sie in Form einer Grammatik beschrieben werden kann, in der die Symbole LINE, CIRLE, ARC, FIGURE, FUNCTION, CURVE, RECTANGLE, SQUARE und TRIANGLE terminale Symbole sind, und das nichtterminale Symbol PICTURE aus der Kombination der vorigen Symbole entsteht.

Jedes ESP-3–Bild kann rotiert, skaliert und verschoben werden, wobei in zusammengesetzten Objekten die Operationen rekursiv auf den Teilen erfolgen.

Die symbolische Beschreibung eines Bilds als Ausdruck, der syntaktisch der definierten Grammatik entspricht, wird im Rechner umgesetzt in eine Datenstruktur, die mit einer Fülle von Tabellen und verketteten Listen arbeitet. Zu bedauern ist hier, daß der in der verbalen Beschreibung angegebene Ansatz mit Mengen von Primitiven nicht auch in der Realisierung durchgehalten wurde, sondern auf Zeiger und Listen verwiesen wird.

Das Segmentierungsobjekt aus *ἵππος* entspricht der Definition als rekursive Datenstruktur, wobei die Begriffe PICTURE mit „geometrisches Objekt" und PRIMITIV mit „atomares Objekt" assoziiert werden können. Der Begriff „Bild" wird in *ἵππος* klar von den geometrischen Objekten getrennt. Die rekursive Betrachtung der Transformationen einer ESP-3–Datenstruktur entspricht dem Vorgehen für geometrische Objekte.

12.4 „Spatial Data Structure"

In [Sha80] wird ein weiterer Formalismus beschrieben, der zu den rekursiven Datenstrukturen (s.o.) gehört, nämlich die "Spatial Data Structure", die im folgenden mit SDS abgekürzt wird. Die SDS wurde für die Repräsentation von kartographischen Daten vorgeschlagen und hat das Ziel, beliebige Objekte aus dieser Begriffswelt sowie Relationen zwischen diesen Objekten zu repräsentieren.

In [Sha80] wird angegeben, daß die "Iconic–Symbolic Data Structure" (Bild 4.1) als Spezialfall der SDS dargestellt werden kann. Die SDS ist somit genereller als die ISDS.

Eine SDS verfügt über atomare Objekte, von denen in [Sha80] Linien und Punkte angegeben sind. Eine SDS besitzt eine Menge von Relationen und eine Attributmenge. Werte der Relationen und Attribute können atomare Objekte oder SDS–Objekte sein.

Bild 12.1 zeigt einen modifizierten Ausschnitt einer Illustration aus [Sha80]. Deutlich wird, daß die Beschreibung stark symbolische Züge trägt. Die meiste Information ist in den Attributmengen enthalten. Es existieren zwei Knotentypen mit den Bezeichnungen NODE und CHAIN, die beide zur Darstellung von Städten und Straßenverbindungen verwendet werden. Alle Knoten im Graphen haben einen symbolischen Namen. Die Werte der Attribute können beliebige Typen besitzen, wodurch auch strukturelle Relationen ausgedrückt werden. So besitzt eine Straßenverbindung das Attribut „Anfang", das beispielsweise als Wert eine Stadt hat, die als SDS repräsentiert wird.

Relationen werden zu mehreren Zwecken eingesetzt. Sie dienen als einstellige Relationen dazu, Bestandteilsbeziehungen auszudrücken, wie am Beispiel der Straßen deutlich ist, deren geographischer Verlauf durch Punkte angegeben wird, die auf der Straße liegen. Zum anderen können sie topologische Beziehungen ausdrücken.

Der Vergleich von SDS mit einem Segmentierungsobjekt läßt eine gewisse Ähnlichkeit erkennen, die über die gemeinsamen Begriffe hinausgeht. So sind Attributmengen in beiden Systemen ähnlich aufgebaut. Während in SDS aber Attributmengen dazu verwendet werden, begrifflich sowohl Relationen als auch Merkmale auszudrücken, werden in ἵππος strukturelle Relationen und Eigenschaften von Objekten klar getrennt. Der Eintrag von Einwohnerzahlen zu einem geometrischen Objekt ist im speziellen Fall einer geographischen Datenbank zu vertreten, im allgemeinen Fall aber als ein Durchbrechen von Abstraktionsebenen

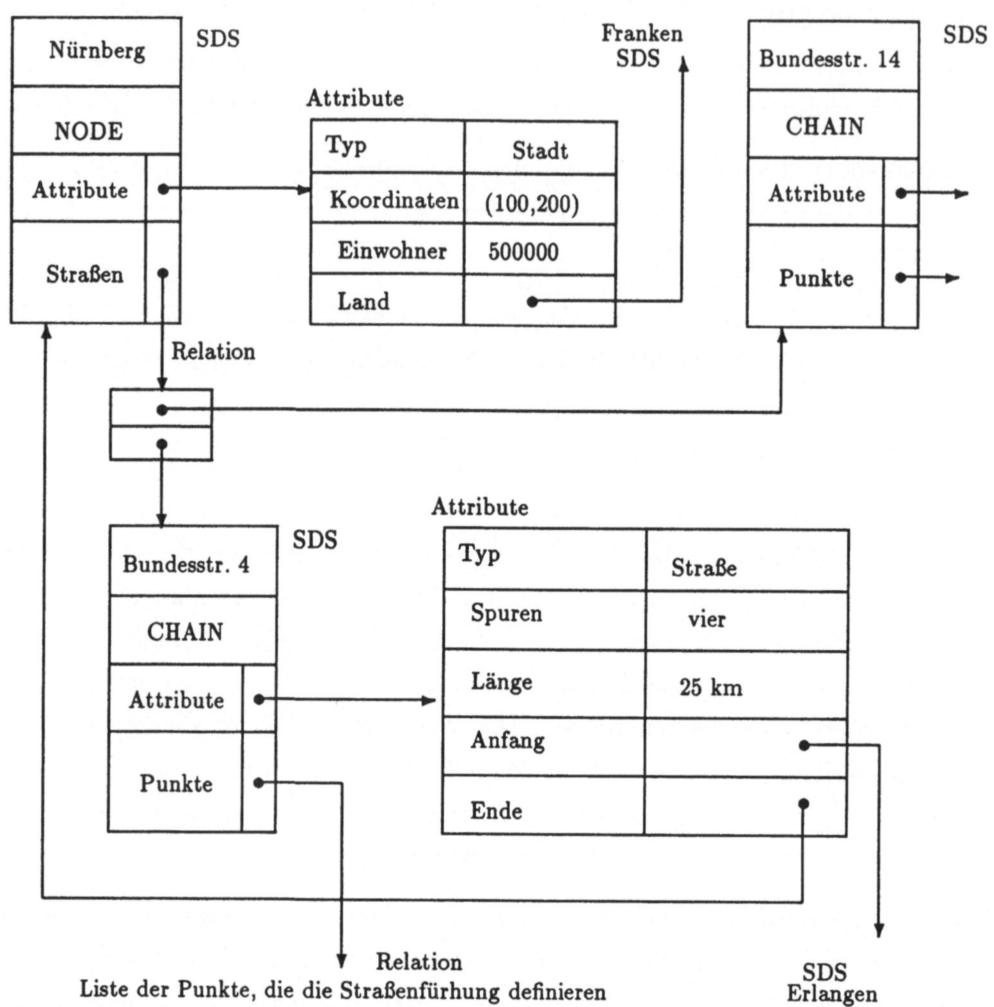

Bild 12.1: *"Spatial Data Structure" nach [Sha80]*

einzustufen. Es ist unmittelbar zu sehen, daß die SDS durch ein Segmentierungsobjekt dargestellt werden kann. Die Bestandteilsrelation kann dabei explizit aufgeführt werden, oder die Bestandteile werden in die Menge der Teile eines Segmentierungsobjekts aufgenommen. In der objektorientierten Programmierung brauchen Typen nicht explizit aufgeführt zu werden, sondern die Klassenzugehörigkeit wird durch das System verwaltet.

12.5 Das Bildanalysesystem VISIONS

Im System VISIONS [Han76] wird der RSE–Graph als Schnittstelle zwischen ikonischer und wissensbasierter (symbolischer) Verarbeitung eingeführt. Dieser ausdrucksstarke Formalismus kann in speziellen Anwendungen als Alternative zum Segmentierungsobjekt dienen.

Ein RSE–Graph ist ein tripartiter Graph, dessen Knoten Punkte, Linien und Regionen sind. Kanten existieren zwischen Linien und Punkten und zwischen Regionen und Linien. Eine Linie hat Verbindungen mit ihren Endpunkten; eine Region besitzt Kanten zu ihren Konturliniensegmenten und zu allen Linien, die vollständig innerhalb der Region liegen. Es sind keine Liniensegmente zugelassen, die Teil von Konturen von mehr als zwei Regionen sind, oder die die Kontur einer Region schneiden. Wenn in der Linien–Segmentierung solche Segmente entstanden sind, so werden sie beim Eintrag in den RSE–Graphen so zerteilt, daß sie diese Bedingungen erfüllen.

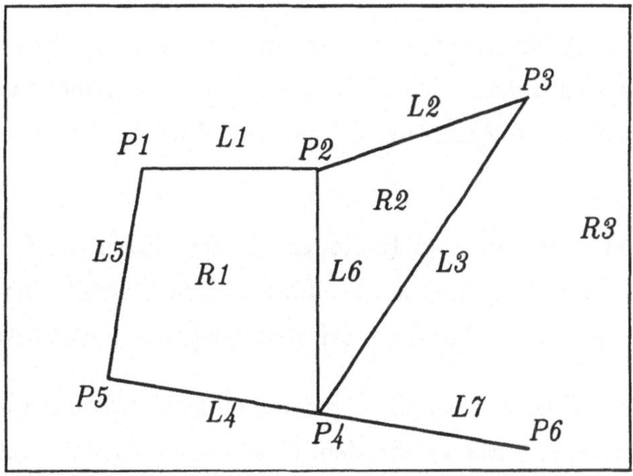

Bild 12.2: *Regionen in einer Szene. R1–R3: Regionen, L1–L7: Liniensegmente, P1–P6: Punkte*

Ein Beispiel einer Szene zeigt Bild 12.2. Der zugeordnete RSE–Graph ist in Bild 12.3 dargestellt. Die Linien *L4* und *L7* sind durch Teilung entstanden, da nur *L4* Teil der Kontur zwischen *R3* und *R1* ist.

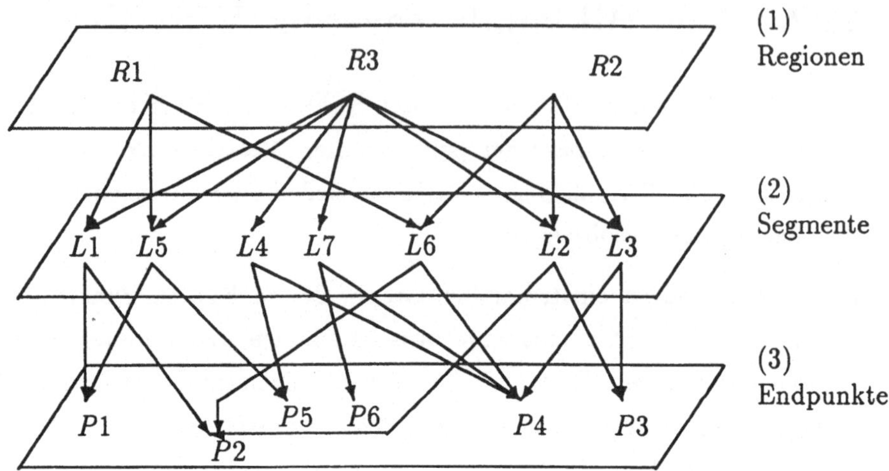

Bild 12.3: *RSE-Graph zur Szene aus Bild 12.2*

In der Struktur des RSE-Graphen sind implizit eine Reihe von Informationen enthalten, von denen in [Han76] unter anderem die folgenden angegeben werden:

1. Aus der Anzahl der Kanten, die von einer Linie zu der Ebene der Regionen führt, läßt sich ablesen, ob die Linie ein Kontursegment ist. (*L7* hat eine Kante, ist also keine Kontur, *L4* hat zwei Kanten, ist also ein Kontursegment.)

2. Grenzlinien zwischen zwei Regionen können durch die Untersuchung der Kanten von den Regionen zu den Linien einfach ermittelt werden. (*L6* hat Kanten zu *R1* und *R2* und gehört also zur gemeinsamen Kontur).

3. Benachbarte Regionen zu einer gegebenen Region können aus den gemeinsamen Konturen ermittelt werden. (Da *L6* gemeinsame Kontur zu *R1* und *R2* ist, sind diese benachbart.)

4. Zu einer Region kann die geschlossene Konturlinie aus den Liniensegmenten angegeben werden. (Die Suche aller Kanten im Graphen, die von einer Region ausgehen, ergibt die geschlossene Konturlinie.)

In [Han76] wird weiterhin angegeben, daß beliebige zusätzliche Kantentypen zwischen den Objekten erlaubt sind. Die oben angegebene implizite Information ist aber nur dann erhältlich, wenn die neuen Kanten von den ursprünglichen Kanten unterschieden werden können. Trotz dieser Erweiterung ist der RSE-Graph in erster Linie für die Darstellung von Ergebnissen der regionenbasierten Segmentierung geeignet, da hier geschlossene Konturen geliefert werden. Ergebnisse von Liniendetektionen können zwar mit zusätzlichen Kanten in den Graphen integriert werden, die speziellen Vorteile der impliziten Informationsdarstellung entfallen jedoch dafür. Für eine kombinierte Darstellung von Regionen und Linien sind die Einschränkungen hinderlich, die im RAG für die Liniendarstellungen bestehen.

In [Her90] werden äquivalente Segmentierungsobjekte zu einem RSE-Graphen erstellt, die in verschieden starkem Maß die Struktur des RSE-Graphen nachbilden. Es läßt sich feststellen, daß der RSE-Graph exakt übertragen werden kann, indem Punkte, Linien und Regionen in einem Segmentierungsobjekt durch Relationen verbunden werden, die den Kanten des Graphen entsprechen. Diese Darstellung läßt aber viele Stärken des Segmentierungsobjekts außer acht und ist wenig effizient, da beispielsweise die Endpunkte einer Linie Komponenten eines Linienobjekts sind und nun im Segmentierungsobjekt explizit als Kopie aufgeführt werden [Her90]. Prinzipiell ist eine Nachbildung aber möglich.

Beziehungen, die im RSE-Graphen explizit repräsentiert werden, sind teilweise implizit in den ἵππος-Objekten enthalten. So erlaubt die Methode asBoundary (Tabelle 5.6) die Ermittlung der Kontur aus einer Region. Falls die Region intern durch ihre Konturlinie repräsentiert wurde, so erfordert dies in ἵππος keinen Rechenaufwand.

Umgekehrt stehen Methoden der Klassen bereit, die die implizite Information aus dem RSE-Graphen durch einen Funktionsaufruf verfügbar machen. Bei der Transformation eines Regionenbilds (LabelImage) in geometrische Objekte der Klasse Region werden beispielsweise die Nachbarschaften als Relationen explizit in das Segmentierungsobjekt eingetragen. Die Klasse LabelImage verfügt hierzu über entsprechende Methoden.

Mit diesen Angaben läßt sich die Szene aus Bild 12.2 durch ein einfaches Segmentierungsobjekt repräsentieren, das in Bild 12.4 dargestellt ist. Auf die Teilung der Linien *L4* und *L7* wurde verzichtet. Eine Relation stellt die Beziehung zwischen

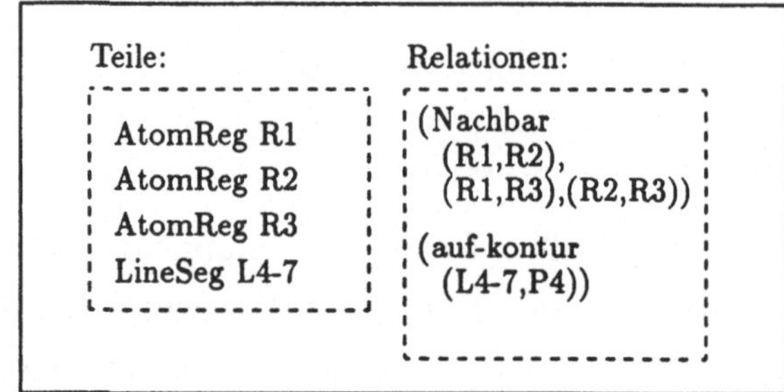

Bild 12.4: *Einfaches Segmentierungsobjekt zur Szene aus Bild 12.2*

L4-L7 und *R1* explizit dar; ein ähnliches Beispiel in [Her90] behält die Linienteilung bei. Dieses Objekt hat dieselbe Aussagekraft wie der RSE–Graph in Bild 12.3, verwendet zur Darstellung der Information aber eine andere Struktur.

Zum System VISIONS ist weiterhin zu bemerken, daß dreidimensionale Objekte und Oberflächen dort erst in der wissensbasierten Verarbeitungsstufe als Datenstrukturen vorgesehen sind. In ἵππος sind sie bereits Teil der Ikonik, da gezeigt wurde, daß dreidimensionale Information auch ohne Verwendung von Wissen über die Szene ermittelt werden kann (→ Abschnitt 9.2).

12.6 Objektorientierte Datenbanken

In [Goo89] wird eine objektorientierte Datenbank für die wissensbasierte Bildanalyse vorgestellt. Auch hier läßt sich eine Ähnlichkeit in der Terminologie mit den anderen Vorschlägen feststellen, indem dort Objekte, Linien, Regionen, Punkte, Pyramiden, Relationen, Mengen und Attribute angegeben sind. Die Struktur des Systems unterscheidet sich aber gänzlich von den anderen, und die Verknüpfung der Begriffe verläuft in anderen Bahnen. Dies wird durch die Verbindung von Bildverarbeitung, Objektorientierung und Datenbanktechnik bedingt.

Das System ist konzipiert als eine objektorientierte Datenbank mit einer dazugehörigen Datenbanksprache für die Beschreibung der Daten (DBDL) und für die Anfrage ("Query"), die eingebettet sind in die Implementierungssprache CommonLisp ([Ste89]). Vererbung und Verwaltung der Objekte sind Teil des Datenbanksystems. Ein Klassenbegriff existiert nicht.

Unterschieden wird die Bildverarbeitung in zwei Phasen, eine *online*-Phase und eine *offline*-Phase, wobei letztere der Wissensakquisition (vgl. [Sch90]) entspricht. Dort werden dreidimensionale CAD-Daten mit Bilddaten verglichen und mögliche Sichten ermittelt, die für Modelle verwendet werden können. Es entsteht eine Folge von relationalen Beschreibungen — als „Pyramide" bezeichnet —, wobei Relationen jeweils nur zwischen Elementen einer Ebene existieren können. Diese Folge entspricht in gewisser Weise einer Sichtweise in Abstraktionsstufen, wie sie in Abschnitt 2.1 dargestellt wurde. Auch in der *online*-Phase entsteht eine solche Pyramide, die aber unmittelbar für den Vergleich mit Modellen verwendet wird.

Die ikonische Verarbeitung ("low-level") ist nur ein kleiner Teil des Systems, wird aber für zukünftige Erweiterungen konzipiert; es wird versucht, die Symbolik möglichst weit nach unten auszudehnen, da das System wissensbasiert arbeitet. Für den Vergleich mit ἵππος sind daher auch Teile des Systems von Interesse, die in ESP-3 wissensbasiert ablaufen. Die für ESP-3 angegebenen Objekte sind eine Teilmenge der Klassen, die für ἵππος spezifiziert wurden. Bereits erwähnt wurde, daß ein Vertex in ESP-3 durch die Kanten angegeben wird, die sich in ihm schneiden. Die Notwendigkeit, Graphen, Relationen, Mengen und Attribute als Klassen zur Verfügung zu stellen, wird hier erneut dokumentiert.

Die Beschreibung des Systems ESP-3 in [Goo89] listet einige Mängel anderer Ansätze auf, die durch die Verwendung einer objektorientierten Datenbank verschwinden. Als Anforderungen an eine Sprache für die Bildverarbeitung und ein dazugehöriges System werden die folgenden Punkte genannt, wobei die ersten drei Punkte die wichtigsten sind:

1. Erweiterbarkeit der Datenstrukturen,
2. Verfügbarkeit von Mengen, Folgen und Feldern,
3. Relationenkonzept in der Stärke einer relationalen Datenbank,
4. Automatische Speicherverwaltung,
5. Experten-Shell für die Benutzung,

6. Einfache "Locking"-Mechanismen der Datenbank,
7. Austauschmöglichkeit von Objekten zwischen Benutzern,
8. Einbettung in eine bestehende Programmiersprache.

Zu Punkt 3 wird dabei angemerkt, daß in keiner existierenden objektorientierten Programmiersprache ein Konzept mit der geforderten Mächtigkeit bestehe. Ebenfalls als ungenügend wird das Mengenkonzept in anderen Systemen eingestuft.

Die Verwendung einer objektorientierten Datenbank für die Speicherung von Objekten, die aus der objektorientierten Bildverarbeitung erwachsen, erscheint auf den ersten Blick naheliegend. Die typischen Eigenschaften einer Datenbank (Punkte 5–8), die in der Mehrbenutzerfähgigkeit und der Kombinationsmöglichkeit von Daten aus verschiedenen Bereichen liegen, kommen aber in Anwendungen der Bildverarbeitung nicht zum Tragen. Somit werden beispielsweise Locking-Verfahren auf einzelnen Objekten nicht benötigt. Das Konzept von *ἵππος* erfüllt klar die ersten drei Anforderungen. Der vierte Punkt wurde bisher nicht weiter diskutiert, da er Teil der objektorientierten Programmierumgebung sein sollte, in die *ἵππος* eingebettet wird.

12.7 Das DARPA Projekt zur objektorientierten Bildverarbeitung

Zahlreiche Institutionen bekunden in [Mun92] ihr gemeinsames Ziel, einen faktischen Standard für die Bildanalyse mit einer C++-Klassenhierarchie zu schaffen. In Bild 4.5 wurden bereits die Bildklassen dieses Vorschlags dargestellt. Ein weiterer Ausschnitt der vorgeschlagenen Hierarchie ist in Bild 12.5 dargestellt. In [Har92] wird die Hierarchie für Linien genauer spezifiziert.

Die Konzeption des Projekts ist auf Unix mit einer graphischen Umgebung unter X11 ausgelegt, die nicht Teil der Planung ist. Anwendungen in Echtzeit werden nicht vorgesehen.

Ein Vergleich mit *ἵππος* fällt schwer, da die Hierarchie aus Bild 12.5 noch nicht implementiert wurde. Konzeptionelle Brüche in der Planung werden somit unter

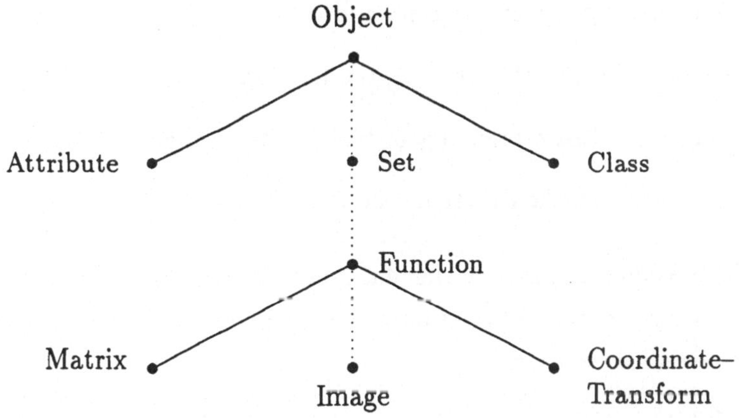

Bild 12.5: *Auschnitt des Klassenbaums aus [Mun92]. Auf den gepunkteten Vererbungskanten liegen weitere Klassen.*

Umständen in der Implementierung behoben. Die Anzahl der vorgeschlagenen Klassen ist groß und übersteigt die Anzahl der Klassen in ἵππος. Allerdings wird ein Mengenkonzept nicht vorausgesetzt, sondern eigens für die Klassenhierarchie implementiert. Die Vererbungsbeziehungen der Klassen in Bild 12.5 lassen eine Unterteilung in Abstraktionsebenen vermissen, die in ἵππος konsequent durchgehalten wurde. Es fehlt somit die Trennung von internen Repräsentationen und geometrischen Objekten. Es erscheint fraglich, ob die Betrachtungsweise eines Bilds als spezieller Punktmenge, wie sie durch Bild 12.5 impliziert wird, in der Implementierung effizient umgesetzt werden kann.

12.8 Semantische Netze in ERNEST

Die Systemschale ERNEST (ERlanger semantisches NEtzwerk SysTem) [Sch89b, Kum87, Sch90, Sag85, Nie90b] stellt eine Implementierung von semantischen Netzen [Qui68] dar, die speziell für die Musteranalyse genutzt wird [Nie85b]. Dabei erweist sich das System als gleichermaßen geeignet für die Sprachverarbeitung wie für die Bildanalyse. Für die Beziehungen zu ἵππος sind nur Teilaspekte der Struktur von ERNEST von Bedeutung, die nun erörtert werden:

- Konzepte — die Knoten des Netzes,

- Konkretisierung, Spezialisierung und Bestandteil — die Kanten des Netzes,
- Relationen, die zwischen Konzepten hergestellt werden können,
- Attribute, die Konzepten zugeordnet werden können,
- Beziehungen zwischen Instanz und Konzept.

Untersucht werden soll nun, wie sich das Netz strukturell mit ἵππος verträgt und wie eine modellgesteuerte Analyse unter Leitung von ERNEST die Segmentierung mit ἵππος beeinflussen kann.

In ERNEST bilden Konzepte die Knoten des semantischen Netzes. Ein Konzept repräsentiert dabei einen Begriff und besitzt Attribute und Relationen, die Verknüpfungen von Konzepten über die Attribute herstellen können. Im Netz sind die Konzepte durch gerichtete Kanten verbunden, die drei wesentlichen Typen angehören können. Kanten können eine Spezialisierung, eine Konkretisierung oder eine Bestandteilsrelation darstellen. Die Umkehrung der Richtung in der Spezialisierungskante führt zu einer Generalisierung, die Umkehr der Konkretisierung zu einer Abstraktion. Die Beziehung zwischen Konzept und Instanz kann als weitere Kante bestehen.

Bereits in den Namen der Kanten und in der Verwendung von Relationen und Attributen zeigt sich die Verwandtschaft des objektorientierten Ansatzes in ἵππος mit der Struktur der semantischen Netze. Die Frage liegt nahe, wie sich die mit gleichen Namen bezeichneten Konstrukte in den beiden Systemen einander entsprechen.

Die Kanten sind in ERNEST gewissen Einschränkungen unterworfen, die eine Konsistenz des Netzes sicherstellen sollen (vgl. [Sag85]). Es stellt sich also weiterhin die Frage, ob die im Ableitungsbaum von ἵππος bestehenden Kanten in einer mit diesen Einschränkungen verträglichen Art und Weise auf ERNEST abgebildet werden können. Die wesentliche Anforderung an Spezialisierungskanten in ERNEST ist, daß zwei Konzepte, die durch eine Konkretisierungskante verbunden sind, keine gemeinsame Generalisierung haben dürfen, und keines der beiden Konzepte eine Generalisierung des anderen ist. Dies heißt, daß Konzepte, die in einer Spezialisierungsbeziehung stehen, zu derselben Abstraktionsebene gehören müssen.

Im Abschnitt 3.3 wurden die Vererbungskanten im ἵππος-Baum als Spezialisierungen interpretiert. Da der in Bild 3.2 dargestellte Baum eine Wurzel besitzt, lassen sich keine durch eine Konkretisierungskante verbundene Knotenpaare finden, die die obige Forderung erfüllen, solange der gesamte Baum betrachtet wird.

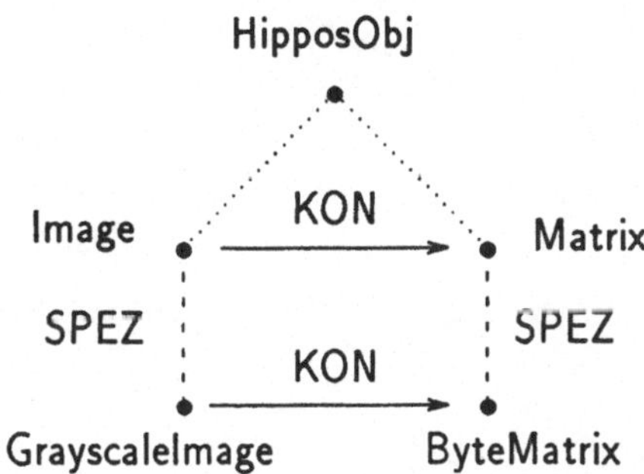

Bild 12.6: *Konkretisierung von Bildern*

Die in Bild 2.2 dargestellte Abfolge der Abstraktionsstufen, die für die gesamte Struktur von ἵππος prägend ist, ergibt Konkretisierungsbeziehungen, die in den Bildern 12.6 und 12.7 durch durchgezogene Pfeile dargestellt sind. Die Spezialisierungskanten, die die Einschränkung von ERNEST verletzen, sind gepunktet dargestellt. Die übrigen Ableitungskanten sind gestrichelt. Dargestellt werden Teilbäume, die die wichtigsten Konzepte aus ἵππος umfassen.

Die Lösung der Probleme erfolgt durch eine genauere Untersuchung der gepunkteten Kanten. Diese dienen nämlich der Vererbung von struktureller Information in bezug auf die Wissensdarstellung. So werden von der Klasse Object die Fähigkeiten vererbt, strukturelle Information über den Baum und das Objekt zu erfragen (z.B. die Methode `isA` in Tabelle 3.2). Das ἵππος-Objekt stellt Attribute bereit, und in Segmentierungsobjekten werden Relationen beigefügt. Dies sind aber alles Eigenschaften, die *jedes* Konzept in ERNEST besitzt, ohne daß es dazu die Vererbung (oder Spezialisierung) bemühen müßte.

Die übrigen (gestrichelten) Ableitungskanten sind dagegen Spezialisierungen im Sinne von ERNEST, und nur diese müssen bei der Einschränkung für die Konkretisierung betrachtet werden. Sie stehen nicht im Widerspruch zu den genannten Forderungen. Für die im Abschnitt 3.3 theoretisch untersuchten Bedeutungen

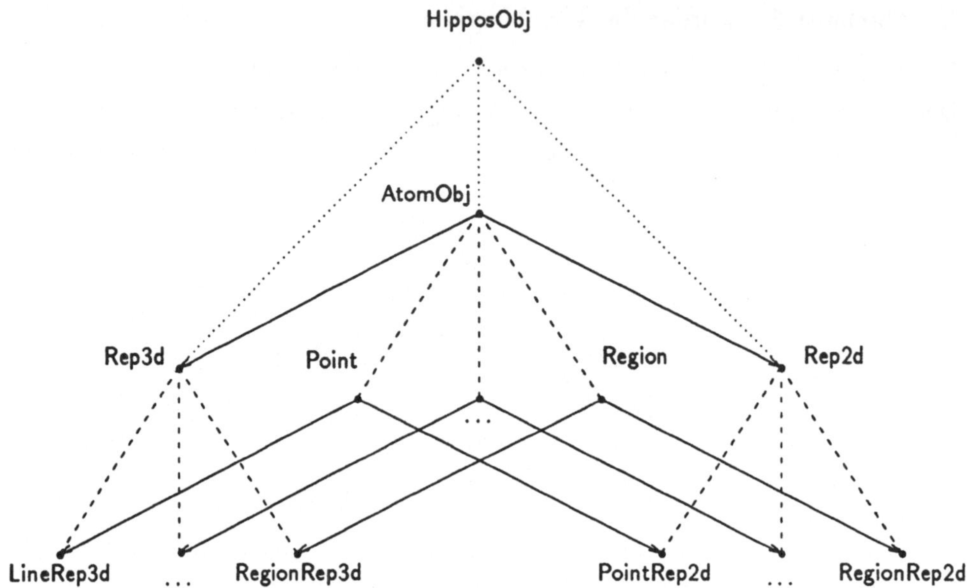

Bild 12.7: *Konkretisierung atomarer Objekte*

der Kanten könnte sich also eine Trennung in strukturelle und begriffliche Spezialisierungskanten empfehlen.

Eine Untersuchung der übrigen Kantentypen aus ERNEST zeigt, daß diese Beziehungen in *ἵππος* nicht alle explizit repräsentiert sind. Die Bestandteilsbeziehung wird durch die Konstruktionsmechanismen für neue Klassen (→ Abschnitt 3.3) geliefert. Die Instanz–Kante wird in NIHCL durch die Methode `isA` geliefert (vgl. Anmerkung zur Methode `isA` in der Tabelle 3.2).

In diesem Sinn ergibt sich also eine Übereinstimmung von *ἵππος* mit den Forderungen an die Konsistenz und mit allen oben aufgeführten Kantentypen aus ERNEST, womit also auch die letzte offengebliebene Äquivalenz in der Tabelle 8.1 erfüllt ist. Da auch Relationen und Attribute in beiden Systemen existieren, ist eine Übernahme des Segmentierungsobjekts nach ERNEST unmittelbar möglich. Eine Möglichkeit besteht darin, jeder Klasse in *ἵππος* ein Konzept in ERNEST zuzuordnen und die in den Bildern 12.6 und 12.7 gestrichelt gezeichneten Spezialisierungskanten zu übernehmen. An der Schnittstelle *ἵππος*–ERNEST — der Schnittstelle Ikonik–Symbolik — ist es aber ebenfalls möglich, das Segmentierungsobjekt in ein Netz mit einer anderen Struktur einzulesen. In dem semantischen Netz erfolgt dann eine weitere Untersuchung der Ergebnisse der Segmentierung, die zu einer vollständigen symbolischen Beschreibung führen kann, oder — im Falle von Anwendungen aus der Robotik — direkt zu Aktionen führt, die aus dem Bild abgeleitet werden.

Kapitel 13

Ergebnisse und Implementierung

Im alten Testament ist das Nilpferd Symbol brutaler Kraft. Lexikon der Symbole

Nachdem ἵππος komplett vorgestellt und mit der Struktur anderer Systeme verglichen wurde, sollen nun die Möglichkeiten untersucht werden, das Klassenkonzept zu implementieren. Zunächst wird erneut festgestellt, daß die gewählte Struktur auf den Problemkreis genau zugeschnitten ist. Eine Untersuchung gängiger Programmiersprachen legt eine objektorientierte Programmierung nahe. Dargestellt wird die Implementierung von ἵππος in C++, wobei Ergebnisse und Erweiterungsmöglichkeiten diskutiert werden.

13.1 Gesamtkonzept

Jede der in ἵππος definierten Klassen entspricht einem Konzept, das in der Bildverarbeitung verwendet wird. Bei der Betrachtung anderer Systeme im Kapitel 11 und 12 lassen sich viele Begriffe wiederfinden, die in ἵππος als Klassen und Methoden realisiert wurden. Die angegebenen Methoden zu den Klassen sind in der prototypischen Implementierung getestet und bei Bedarf erweiterbar. Die Auswahl der Klassen und Methoden erscheint damit hinreichend begründet zu sein.

Die Ableitungsbeziehung könnte dagegen auch in anderen Bahnen verlaufen, wie beispielsweise im Abschnitt 3.3 dargestellt wurde. Für eine sinnvolle Konstruktion des Ableitungsbaums sind die Einschränkungen der Konkretisierungs- und Spezialisierungskanten in ERNEST (→ Abschnitt 12.8) nützlich, die besagen, daß zwischen Begriffen aus unterschiedlichen Abstraktionsebenen oder Begriffswelten keine Spezialisierungsbeziehung bestehen kann.

Die Trennung von zwei- und höherdimensionalen Objekten auf der Ebene der Repräsentationen erfordert nur in geringem Umfang eine Duplizierung von Programmcode und erweist sich in der Implementierung als sinnvoll. Die Gliederung von *ἵππος* in Abstraktionsebenen bringt eine klare Struktur des Baums mit sich, die unter anderem für eine Schnittstelle zu anderen Systemen auf verschiedenen Stufen von Nutzen ist. Auch in der praktischen Erprobung erwies sie sich als sinnvoll.

Den zentralen Punkt der *ἵππος*-Hierarchie bildet das Segmentierungsobjekt, das die meisten Klassen in sich vereint. Die Darstellung der Möglichkeiten im Kapitel 8 belegt, daß die Struktur dieser Klasse allen Anforderungen an eine Datenstruktur für die Schnittstelle Ikonik–Symbolik gerecht wird. Die Gegenüberstellung mit anderen Formalismen im Kapitel 12 stellt die Ausdruckskraft des Segmentierungsobjekts unter Beweis. Mengenstrukturen treten in allen Klassen zahlreich zutage. Die Forderung nach der Verfügbarkeit eines Mengenkonzepts für die Bildverarbeitung ist damit gerechtfertigt.

Von herausragender Bedeutung ist die Kombination des Klassenbaums mit XDR, womit eine einfache Verwaltung der Daten in lokalen Netzwerken ermöglicht wird. Für viele Objekte entstehen so Schnittstellen zu anderen Systemen. Nicht zuletzt die Schnittstelle zur Symbolik läßt sich durch die XDR–Repräsentation des Segmentierungsobjekts einfach angeben.

13.2 Programmiersprachen

Die Beschreibung von *ἵππος* erfolgte nach objektorientierten Grundsätzen, indem die innere Struktur der Daten verborgen blieb, und eine Vererbungshierarchie aufgebaut wurde. Dies legt eine Implementierung in einer objektorientierten Sprache nahe, erzwingt sie aber nicht. Als Alternative bieten sich andere gängige höhere Programmiersprachen an, deren Eignung für die Realisierung des Systems im folgenden kurz betrachtet werden soll. Maßgeblich für den Vergleich sind dabei die Möglichkeit, das objektorientierte Konzept angemessen wiederzugeben, und die für die Bildverarbeitung unerläßliche Forderung nach hoher Effizienz.

FORTRAN ist nach wie vor eine weitverbreitete Sprache für die Programmierung von Bildverarbeitungsverfahren. Ab der Version 5 (FORTRAN 77) sind auch in beschränktem Maße benutzerdefinierbare Datenstrukturen möglich. Eine objektorientierte Programmierung in dieser Sprache erscheint trotzdem nur schwer möglich zu sein, da dafür hilfreiche Konstruktionen — beispielsweise Funktionstabellen — nicht im Sprachumfang enthalten sind. Das Fehlen von dynamischer Speicherverwaltung macht eine freie Instantiierung von Objekten zur Laufzeit nahezu unmöglich. Eine Verwendung von FORTRAN für die Implementierung von *ἵππος* ist also nur für ergänzende Unterprogrammbibliotheken und für separate Bildvorverarbeitungsprogramme, die mit XDR gekoppelt werden, sinnvoll.

C [Ker78] verdankt seine große Beliebtheit der wachsenden Verbreitung des Betriebssystems UNIX und der Mischung aus hochsprachlichen Sprachelementen mit der Möglichkeit, maschinennah zu programmieren. Große Programmsysteme (z.B. das X-Window-System [Man90]) wurden in C programmiert und haben eine objektorientierte Struktur, indem sie Objekte und Vererbung modellieren. C hat gegenüber FORTRAN den Vorteil, daß es viele Eigenschaften einer hohen Programmiersprache besitzt und in der Effizienz mit FORTRAN vergleichbar ist.

Pascal [Jen85] ist längst dem Stadium einer akademischen Lehrsprache entsprungen und ist eine Sprache auf hohem Niveau. Deshalb wird Pascal auch in [Zah77] als Sprache für die Bildverarbeitung vorgeschlagen. Pascal ist im Forschungsbereich eine weit verbreitete Sprache. Für eine Implementierung objektorientierter Konzepte ist aber die äußerst strenge Typenüberprüfung des Compilers teilweise hinderlich, die für Polymorphismen umgangen werden muß.

Modula [Wir83] ist als Erweiterung von Pascal zu verstehen, die abstrakte Datentypen bereitstellt. Für eine objektorientierte Sprache fehlt aber die Vererbung. Auch hier ist die strenge Typenprüfung nur mit niederen Datenstrukturen (`bit/byte/word`) zu umgehen. Eine Implementierung von *ἵππος* erscheint hier aber möglich.

ADA [Uni81] kennt ebenfalls trotz eines großen Sprachumfangs keine Vererbung und ist somit keine objektorientierte Sprache [Mey86]. *ἵππος* läßt sich aber dennoch damit darstellen, da in den generischen Moduln ("generic package") ein leistungsstarkes Sprachelement zur Verfügung steht. In [Mey86] werden hierzu generische Funktionen mit Polymorphismen verglichen.

In LISP ist unter Verwendung von entsprechenden Programmen objektorientierte Programmierung möglich (vgl. z.B. [Sto84]). LISP und andere symbolische Programmiersprachen sind für die Realisierung nur dann geeignet, wenn sie einen Anschluß schneller Routinen aus anderen Sprachen erlauben, da die Unterstützung von beispielsweise Matrix- und Vektoroperationen nicht in einer Effizienz erfolgt, die für die Bildverarbeitung unerläßlich ist.

PROLOG [Clo81] verfolgt den Ansatz einer logischen Programmierung, der wenig verträglich mit einem objektorientierten Ansatz ist.

Reine objektorientierte Sprachen — z.B. Smalltalk [Gol83] — unterliegen derselben Einschränkung wie LISP bezüglich Matrizen, Vektoren und mathematischen Funktionen. Daher sind diese Systeme nur dann in der Bildverarbeitung einsetzbar, wenn sie einen Anschluß konventionell programmierter Routinen gestatten. Der wesentliche Vorteil interpretierter objektorientierter Sprachen liegt darin, daß Klassen dynamisch erstellt und modifiziert werden können. Da jedoch die Hierarchie in *ἵππος* stabil ist, und keine dynamischen Veränderungen erforderlich sind, kommt dieser Vorzug nicht zum Tragen.

Aus den konventionellen Sprachen wird C nun erneut untersucht, da es im Zusammenhang mit IPAX zu einer Teilimplementierung des Repräsentationsbaums verwendet wurde (vgl. Abschnitt 12.2). Ableitungsbeziehungen werden in [Ans89] durch geschachtelte Strukturen dargestellt. Zur Nachbildung der Objektorientierung in C sind zwei Wege möglich:

- Über Funktionstabellen und indirekten Funktionsaufruf ist ein polymorphes Verhalten von Funktionen simulierbar. Dieser Weg wurde beispielsweise in der Implementierung von XDR [RPC86] gewählt. Eine Überprüfung des Typs und der Anzahl der Argumente durch den Compiler ist dabei allerdings nicht möglich.
- Über Makros, die Teil des Standard-C-Compilers sind, können Polymorphismen simuliert werden. Durch die Konkatenation von Typnamen mit der — vermeintlich — polymorphen Funktionsbezeichnung entstehen ein-

deutige Funktionsnamen. Polymorphe Funktionen werden jeweils durch ein Makro simuliert. Ein Makropaket hierfür ist Teil der Programmierumgebung für die Musteranalyse (PUMA, → Anhang B).

Beide Lösungen ermöglichen auch in einer konventionellen C–Umgebung eine Programmierung nach objektorientierten Grundsätzen. Mit wachsender Anzahl der Datenstrukturen wird die Verwaltung, die nur teilweise automatisierbar ist, aber immer komplizierter, da die manuelle Nachbildung der objektorientierten Strukturen vom Compiler nicht unterstützt wird, und die syntaktische Untersuchung der Konstruktionen meist keine Hilfe bietet. Es muß statt dessen ein administrativer Rahmen erstellt werden, durch den die Benutzung der Datenstrukturen genau geregelt wird. In Systemen, in denen ein solcher Rahmen existiert, ist ein objektorientiertes Konzept auch mit konventionellen Programmiersprachen möglich; in ERNEST werden beispielsweise die Makros aus PUMA (→ Anhang B) mit Erfolg eingesetzt, in der Realisierung von XDR [RPC86] werden Funktionstabellen verwendet.

Die Verwendung von Funktionen zum Zugriff auf die Datenstrukturen führt in der Praxis unter Umständen zu unhandlichen Ausdrücken und Funktionsaufrufen, wofür unter anderem die fehlende Möglichkeit der Parameterübergabe per Referenz verantwortlich ist; (z.B. `if (*(getX(getPoint(&PunktFolge,3))) == 3 ) ...`). Die Verwendung von Makros zum Zugriff ist ebenfalls nicht unproblematisch (vgl. [Koe89]). Im administrativen Rahmen müssen außerdem obligatorische Initialisierungs- und Destruktionsfunktionen angegeben werden, die vom Anwendungsprogramm explizit aufgerufen werden müssen.

Ein Vergleich mit C++ zeigt, daß die Verwaltung von Funktionstabellen und die hierarchische Strukturierung der Datenstrukturen automatisch erhältlich ist, ohne daß dies mit wesentlichem zeitlichen Mehraufwand zu bezahlen wäre. Während in C die Überprüfung der Richtlinien des administrativen Rahmens unter Einsatz von Arbeitszeit kontrolliert werden muß, wird in C++ diese Überprüfung maschinell durch den Compiler durchgeführt, der auch für die automatische Initialisierung und Löschung der Objekte sorgt.

C++ besitzt alle Eigenschaften (Vor- und Nachteile) von C, erweitert die Sprache aber um objektorientierte Fähigkeiten und ein Klassenkonzept, das an SIMU-

LA [Bir83] angelehnt ist. Die erweiterte Typenprüfung kann bei der Programmierung sehr hilfreich sein. Vom Compiler werden zudem die Zugriffe auf die Objekte und die korrekte Verwendung der Methoden überprüft. Die gegenüber C erweiterte Syntax erlaubt Referenzen und ersetzt Makros weitgehend durch `inline`-Funktionen, die ebenso schnell sind und keine Risiken in sich bergen. C++ ist eine hybride Sprache, die objektorientierte und konventionelle Programmierung vereint. In ähnlicher Form existieren Spracherweiterungen von Pascal ("Object-Oriented Pascal" [Ezz89]) oder eine Kombination von Smalltalk und C ("Objective-C" [Cox86]). Jede dieser Erweiterungen ist für die Realisierung von *ἵππος* geeignet, wobei die Pascalerweiterungen in [Ezz89] für Personalcomputer konzipiert sind und daher für große Anwendungen entfallen.

Zusammenfassend läßt sich also feststellen, daß in allen Sprachen, die benutzerdefinierbare Datenstrukturen erlauben, eine Implementierung von *ἵππος* im Prinzip möglich ist. Konventionelle Sprachen erfordern dabei vom Anwender höhere Disziplin, da keine Überprüfung der objektorientierten Grundsätze bezüglich Datenabkapselung und Verwendung von Methoden erfolgt. Die objektorientierten Mechanismen müssen unter Umständen nachgebildet werden. Dies erfordert einen administrativen Rahmen, in dem die Verwendung der Datenstrukturen und Funktionen festgelegt wird.

Echte objektorientierte Sprachen erfordern in der Implementierung den geringsten Aufwand, erfüllen aber in der Regel die Anforderungen an Effizienz nur dann, wenn sie die Kombination mit anderen Sprachen ermöglichen. Diese Anschlußmöglichkeiten sind aber meist nicht im Sprachumfang enthalten und führen zu geringer Portabilität.

Hybride Sprachen, wie C++ oder Objective-C, haben die Kombination von objektorientierter und konventioneller Programmierung bereits im Sprachumfang und erfordern keine Schnittstellen zu anderen Sprachen. Sie sind daher am besten für die Implementierung von *ἵππος* geeignet.

13.3 Implementierung in C++

ἵππος umfaßt den Bereich von der untersten Ebene der Bildverarbeitung bis zur Schnittstelle Ikonik–Symbolik. Im Speziellen müssen also rechenintensive Bildvorverarbeitungsverfahren in ἵππος programmiert werden können, die in der Geschwindigkeit nicht hinter den Vorgaben liegen, die durch konventionelle Programmierung gemacht werden. Ansonsten hat die objektorientierte Vorgehensweise keine Chance, in der Praxis akzeptiert zu werden. Es zeigt sich, daß ἵππος diese Anforderungen in vollem Umfang erfüllt.

Wie im vorigen Kapitel verdeutlicht wurde, ist hierfür eine hybride Programmiersprache ideal. Der Prototyp von ἵππος wurde in C++ implementiert, wofür zusammenfassend die folgenden Gesichtspunkte ausschlaggebend waren:

- Verfügbarkeit unter UNIX
- Effizienz der Implementierung
- Anschlußmöglichkeiten bestehender Systeme in anderen Sprachen
- Verbreitung der Sprache
- Umfang der Unterstützung der objektorientierten Programmierung

C++ findet in der System- und Anwendungsprogrammierung unter UNIX und neuerdings auch unter MS-DOS wachsende Verwendung [Sak88]. Die Programmierung ist bei Kenntnis der Programmiersprache C unmittelbar möglich, da C++ eine echte Obermenge der Sprache C darstellt [Str91]. Daher können auch bestehende C–Programme direkt übenommen werden. Getestet wurde dies unter anderem dadurch, daß die komplexen Systeme IPAX und ERNEST mit C++ verbunden wurden. C++ bietet in seiner Grundausstattung nur eine begrenzte Unterstützung der objektorientierten Programmierung. Das Paket NIHCL [Gor87b] behebt diesen Mangel, indem es Klassen anbietet, deren Funktionalität an Smalltalk [Gol83] orientiert ist. In [Sak88] wird eine Kritik an der Sprache C++ geübt, die der praktischen Anwendung entsprungen ist, zugleich werden aber praktische Hinweise gegeben, wie Probleme zu vermeiden sind. In der Implementierung von ἵππος fanden sich einige Kritikpunkte bestätigt, vor allem was die Speicherverwaltung anging. In den wesentlichen Anwendungen erwies sich die Sprache aber als die richtige Wahl für die Implementierung, was durch die im folgenden angegebenen Ergebnisse unterstrichen wird.

Eine Alternative zu C++ hätte in Objective-C [Cox86] oder Simula [Bir83, Kir89] bestanden, die in ähnlicher Form die Anforderungen erfüllen. Ein weiterer Vergleich der Sprachen soll hier nicht stattfinden. Die Wahl der Sprache C++ erfolgte wegen der Verfügbarkeit der Sprache auf den verwendeten Rechnern und aufgrund persönlichen Präferenzen des Autors.

Alle wichtigen Klassen, die bisher im Text aufgeführt wurden, wurden in C++ implementiert. Linien- und Punktrepräsentationen sind im Detail in [Oes88] dokumentiert, Regionen und deren Repräsentationen stammen aus [Str90]. Dort wird auch ein objektorientiertes Segmentierungsverfahren beigesteuert. Die Ergebnisse werden in Segmentierungsobjekten zusammengefaßt, die das Thema der Arbeit [Her90] bildeten. Verwendet werden hierfür Relationen, die aus [Wey90] stammen und in [All90] untersucht wurden. Matrizen als grundlegende Strukturen der Bildverarbeitung wurden in [Her89] programmiert. Aus [Lut90] stammt das Schema und die Routinen zur externen Repräsentation aller Objekte mit XDR. Weiterhin existiert noch die Klassen für Graphen.[1] Dreidimensionale Polygone werden zur Repräsentation der Ergebnisse verwendet, die durch Stereo-Verfahren in [Pos90a] entstehen. Weitere Klassen für die Repräsentation von Oberflächen sind noch in der Entwicklung.

Zu Beginn der Entwicklung stand NIHCL (Vers. 1.0) und C++ (Vers. 1.3) zur Verfügung. Die Beschränkung auf einfache Vererbung in Form eines Baums war damit zunächst technisch erzwungen. Im späteren Stadium der Realisierung wäre vom Sprachumfang des neuen Compilers C++ (Vers. 2.0, vgl. [Lip89, Ell90]) her ein Übergang zur Mehrfachvererbung möglich gewesen. Dieser Schritt wurde aber nicht vollzogen, da ἵππος in der dargestellten Form ein schlüssiges Konzept darstellt, und die einfache Vererbung in der Wartung der Programme wenig Probleme bietet. Der Anschluß bestehender Systeme über eine gemeinsame externe Repräsentation war damit ebenfalls einfach möglich, da beispielsweise in [Ans89] eine baumartige Anordnung der Datenstrukturen verwendet wurde. Die Programmierung einer Struktur, die mit Mehrfachvererbung arbeitet, ist in einer konventionellen Sprache nur mit erheblich größerem Aufwand nachzubilden.

[1] Graphen wurden für das automatische Scheduling von parallelen Prozessen für die Liniendetektion in einer Auflösungshierarchie verwendet [Pos90b].

Die Implementierung der Klassen verlief weitgehend reibungslos, so daß die Auswahl der Klassen und Methoden, sowie die Struktur der Ableitung als gesichert gelten kann. Das einzige konzeptionelle Problem ergab sich in der Implementierung der Matrizen in [Her89], da der Zugriff auf die Elemente einer Matrix (`elem` in Tabelle 4.1) nicht in der Basisklasse Matrix erfolgen kann, sondern aus technischen Gründen erst in den abgeleiteten Klassen möglich ist.[2] Dies ist die einzige Stelle, an der sich das vorgeschlagene Konzept von der tatsächlichen Implementierung fundamental unterscheidet. Eine Lösung könnten generische Klassen bieten, die für C++ vorgeschlagen wurden und in [Her89] durch Makros simuliert wurden.

Im Prototyp wurde in erster Linie darauf geachtet, eine vollständige Überprüfung des vorgeschlagenen Konzepts auf seine Stimmigkeit durchzuführen. Die Methoden der Klassen verzichteten weitgehend auf effizienzsteigernde Tricks. Die Zeit und Größenangaben im folgenden Abschnitt belegen, daß selbst unter diesen Umständen ein konkurrenzfähiges Softwareprodukt entsteht, das den Vergleich mit konventionell programmierten Systemen nicht zu scheuen braucht. Die Implementierung des Prototyps auf mehreren CADMUS-Rechnern der Firma PCS (Prozessor Motorola 68020, 2 / 3 / 5 MIPS) ist damit erfolgreich abgeschlossen. Die Rechner sind in einem Netzwerk verbunden, das weitere Maschinen vom Typ VAX und einige PC's enthält. An einem der CADMUS-Rechner befindet sich ein Bildspeicher der Firma SIGNUM, auf den sich die in [Her89] implementierten Bildspeicherobjekte beziehen. Eine Portierung von *ἵππος* auf VAX- und DEC Risc-Rechner ist ebenfalls erfolgt. Die XDR-Repräsentation wurde mit den verschiedenen Rechnern im Netzwerk erfolgreich getestet. Da die zum Vergleich herangezogenen konventionellen Programme aber nur auf PCS-Rechnern existieren und nicht weiter portiert wurden, werden im folgenden die Rechenzeiten für diesen Rechnertyp angegeben.

---

[2]Virtuelle Funktionen können den Typ ihres Ergebnisses in der abgeleiteten Klasse nicht redefinieren. (Signaturkompatibilität von virtuellen Funktionen in C++).

13.4 Bewertung der Implementierung

Die Entwicklung des Prototyps von ἵππος erfolgte in einem Zeitraum von mehreren Jahren. Mit Fortschreiten der Implementierung traten Effizienzgesichtspunkte mehr in den Vordergrund. In den grundlegenden Arbeiten wurde dagegen untersucht, ob sich das System überhaupt in der vorgeschlagenen Form realisieren ließ. Da diese Frage nun geklärt ist, können effizienzsteigernde Verbesserungen an den Methoden der Klassen vorgenommen werden, die aber noch nicht abgeschlossen sind (→ Abschnitt 13.5). Die folgenden Angaben zu Größen und Laufzeitverhalten der Programme aus ἵππος werden also in Zukunft noch weiter verbessert werden, obwohl sie bereits in der vorliegenden Form durchaus befriedigende Ergebnisse darstellen.

Vergleiche lassen sich teilweise zwischen Programmen ziehen, die in ἵππος mit objektorientierten Mitteln implementiert wurden, und Programmen, die unter IPAX laufen und konventionell erstellt wurden. Verglichen werden die Laufzeiten und Größen der Programme und Daten. Die folgenden Zeitangaben beziehen sich auf den schnellsten der im vorigen Abschnitt angegebenen Rechner (5 MIPS), falls nichts anderes angegeben ist.[3]

Die Größe der Programme, die mit ἵππος im Prototyp entstehen, ist ungefähr doppelt so groß (ca. 200–600 KByte Objektcode auf einem 32 Bit Mikroprozessor), wie die vergleichbarer C–Programme. Dieser Effekt ist bei großen Systembibliotheken nicht weiter verwunderlich. Die Verwendung bekannter anderer Systeme — wie `curses` (siehe z.B. das X-Window–System [Man90]) — ergeben ähnlich große Objektdateien.

Von größerer Bedeutung ist die Dateigröße der Daten in ihrer externen Repräsentation. Hier zeigt die Verwendung von XDR mit Mitteln aus [Lut90] ihre Stärke. Während XDR in seiner ursprünglichen Form unter Umständen eine Vergrößerung der Dateien bewirkt, wird durch die Klasse XDR ein äußerst effizentes Verfahren für die Speicherung von Objekten garantiert. Erreicht wird somit eine Maschinenunabhängigkeit ohne Verschnitt von Speicherplatz. Im Vergleich zu

[3]Die Auflösung der Zeitmessung ist 20 Millisekunden, bedingt durch die zur Verfügung stehenden Systemroutinen in UNIX. Die Zeitangaben entstehen durch Mittelung, unterliegen aber systembedingten Schwankungen.

maschinenabhängigem binären Speichern ohne Verwaltungsinformation ergibt sich nur ein geringfügiger Mehrbedarf an Speicherplatz. In der Tabelle 13.1 werden hierzu Werte angegeben. Untersucht werden einfache Strukturen in C und C++, mit denen Ergebnisse einer Liniendetektion dargestellt werden. Die Spalte „generisch" bezieht sich auf eine automatisch erzeugte Speicherroutine und Datenstrukturen. Eine Kante wird als eine Struktur von Kantenrichtung und Kantenstärke definiert. Ein Packen mit maschinenunabhängigen Verfahren reduziert den Speicherbedarf stark, verringert die Rechenzeit aber nur unwesentlich. Wenn die Zeit zur Speicherung der Strukturen als zu hoch erachtet wird, so kann unter Verwendung der gepackten Speicherung von „Short-Matrizen" mit vertretbarem Aufwand Maschinenunabhängigkeit erlangt werden, indem getrennte Felder für Kanten- und Richtungswerte gespeichert werden.

	Information	C/C++ binär	XDR generisch	XDR gepackt	XDR + Cntrl	
Kanten	3	4	8	4	12	[byte]
Short	2	2	4	4	–	[byte]
Kantenbild	$3 * 2^{18}$	$4 * 2^{18}$	$8 * 2^{18}$	$4 * 2^{18}$	$4 * 2^{18}$ +8	[byte]
(512×512)	–	1900	44580	41540	41580	[msec]
Short-Matrix	$2 * 2^{18}$	$2 * 2^{18}$	$4 * 2^{18}$	$2 * 2^{18}$	–	[byte]
(512×512)	–	860	21640	1680	–	[msec]

Tabelle 13.1: *Zeit- und Platzangaben für einfache Datentypen mit XDR auf einer Workstation mit 2 MIPS*

Die Klasse XDR optimiert die Verwaltungsinformationen, so daß zu jedem gespeicherten Objekt dafür nur einmal Speicherplatz für die Beschreibung der Klasse benötigt wird. Dieser Effekt ist aus Tabelle 13.2 ersichtlich; die Verwaltungsinformation tritt bei der Berechnung für den Platzbedarf in den Hintergrund, wenn große Anzahlen von Objekten geschrieben werden.

Wenn die XDR-Funktion für Grauwertbilder eine Datenkompression vornimmt, so führt die Verwendung von XDR sogar zu einer Verringerung des Speicherbedarfs.

Der Komfort und die erreichte Maschinenunabhängigkeit müssen natürlich mit Rechenzeit erkauft werden (→ Tabelle 13.1). Mit wenigen Ausnahmen ist dies aber unkritisch, da die benötigte Rechenzeit für die Ein- und Ausgabe bei Pro-

Anzahl	1	10	100	1000	
NIHCL-Bag	84	84	84	84	[byte]
SeqCltn	84(—)	120 (—)	480(0.02)	4080(0.32)	[byte] ([sec])
—	48(—)	156(0.04)	1236(0.62)	12036(5.90)	[byte] ([sec])

Tabelle 13.2: *Messungen für Punkte mit* XDR. *Derselbe Punkt wird zum einen mehrfach in einem Containerobjekt abgespeichert, zum anderen mehrfach als selbständiges Objekt. Die Laufzeiten sind angegeben, sofern sie sich oberhalb der Meßschwelle befinden.*

grammen der Bildverarbeitung meistens im Vergleich zur eigentlichen Verarbeitung gering ist. Eine Ausnahme bilden beispielsweise Programme, die der Visualisierung von Ergebnissen dienen. Bei der aktuellen Entwicklung auf dem Rechnermarkt, in dem selbst Maschinen desselben Herstellers unterschiedliche Binärformate haben, gibt es zur Verwendung einer maschinenunabhängigen Speicherung ohnehin keine Alternative. XDR ist die naheliegende Wahl, da es in UNIX auf allen Rechnern im System vorhanden ist, die das verbreitete Netzwerk mit `nfs` (vgl. [San90]) verwenden.

In der Arbeit [Oes88] wurden Grundsteine für die Implementierung gelegt. Effizienz stand hier im Hintergrund; wichtig war es, die Sprache C++ und den Klassenbaum zu untersuchen. Zeitmessungen zu diesen Methoden sind in Tabelle 13.3 angegeben. Diese Methoden verwenden ausschließlich objektorientierte Zugriffe und wurden noch keiner Optimierung unterworfen.

Die Matrixklassen wurden genaueren Untersuchungen bezüglich ihres Zeitverhaltens unterzogen [Her89]. Dabei wurden programmiertechnische Mechanismen vorgesehen, dasselbe Programm durch entsprechende Optionen beim Übersetzen mit unterschiedlich umfangreichen Methoden der Matrixobjekte zu assoziieren. Dies macht es möglich, eine Funktion mit komfortablen Matrixobjekten zu entwickeln, und nach der Entwicklungs- und Testphase die Matrixobjekte durch einfache Felder zu ersetzen, auf die mit den aus der Sprache C bekannten Zeigerberechnungen hocheffizient zugegriffen wird. Die Laufzeiten für Programme, die Matrixobjekte verwenden, variieren daher stark. Bei der Verwendung der einfachen Felder ergibt sich ein Verhalten, das zu konventionell programmierten Programmen identisch ist (Tabelle 13.6, Zeile 1). Nicht immer führt die Verwen-

	Bild 1	Bild 2	Bild 3	Bild 4
Anzahl d. Kettencodes	78	486	937	1628
Mittlere Länge	21	18	14	12
Maximale Länge	78	271	261	261
Minimale Länge	3	1	1	1
Dauer d. Konvert. [sec]	1.52	8.02	13.86	22.06
Durchschnitt [msec]	19.4	16.5	14.7	13.5

Tabelle 13.3: *Anhaltspunkte für die Dauer der Konvertierung von Linienrepräsentationen. Die Zeiten umfassen die Instantiierung eines Polygons und die Konvertierung aus einem Kettencode nach [Ram72]. Die Angaben für den Durchschnitt beziehen sich auf die durchschnittliche Zeit für die Konvertierung einer Linie im Kettencode.*

dung der Matrixobjekte zu einem Mehrbedarf an Rechenzeit, wie am Beispiel des Bildspeicherobjekts zu sehen ist. Dieses Gerät läßt sich mittels Matrixobjekten schneller und komfortabler ansprechen, als es durch die direkte Verwendung des Treibers möglich ist. Der Grund hierfür liegt in der Pufferung, die in dem Objekt durchgeführt wird (Tabelle 13.4, Zeilen 14 und 15). Aus der Tabelle ist ersichtlich, daß von der schnellsten Zugriffsart (Zeile 1), die in C++ und C dieselben Ergebnisse liefert, bis zum reinen objektorientierten Zugriff ausschließlich über Methoden der Klasse mit voller Überprüfung, ein beträchtlicher Zeitunterschied vom Faktor 6.24 liegt. Weitere Messungen finden sich in [Her89].

Relationen wurden in [Wey90] implementiert und untersucht. Die Zeitmessungen sind in Tabelle 13.5 angegeben. Die Zeitdauer zum Eintrag eines Tupels steigt mit der Anzahl, da die Vergleiche in den Mengen an Aufwand zunehmen.

In [Her90] konnten Vergleiche gezogen werden, die Programme aus *ἵππος* an ähnlichen Programmen aus IPAX messen. Es zeigt sich, daß C++ durchaus konkurrenzfähig ist, wobei einschränkend bemerkt werden muß, daß die Verschlechterung der Ergebnisse für IPAX in Tabelle 13.6 bei einer hohen Anzahl von Instantiierungen durch die ineffiziente Verwaltung der Ressourcen im System begründet ist. Die Tabelle zeigt aber, daß die Verwendung der objektorientierten Programmierung die Performanz nicht notwendigerweise verschlechtert. Bemerkenswert ist auch, daß für die externe Repräsentation eines Segmentierungsobjekts in C++ eine Reduktion im Vergleich zur Repräsentation der identischen Ergebnisse aus

Nr.	Zugriffsmethode	Flags	Zeit (relativ)
1	Matrix dynamisch in C		1
2	Matrix dynamisch in C++		1
4	Statisch in C		1.69
5	Statisch in C++		1.69
6	Matrix mit "fastelem()"		1.76
10	Matrix mit "ByteMatrix::operator []"		4.80
13	Matrix mit "ByteMatrix::operator []"	DEBUG	6.24
14	Bildspeicher mit "ByteMatrix::operator []"		1
15	Bildspeicher mit "ByteMatrix::operator []"	DEBUG	1
16	Bildspeicher über Treiber "put_pixel"		7.75

Tabelle 13.4: *Messungen an Matrizen aus [Her89]; Zeitangaben sind normiert auf die jeweils schnellste Zugriffsart. Mit Flag „DEBUG" erfolgt eine erweiterte Fehlerüberprüfung.*

		Zeit [msec]
Anlegen einer Relation		0.4
Löschen einer Relation		0.2
Eintragen eines Tupels	Anz. Tupel: 2	0.20
	5	0.40
	10	0.66
	20	0.83
	100	1.38

Tabelle 13.5: *Zeitmessungen für Relationenobjekte*

[Ans89] erzielt werden konnte, da die Klasse XDR die Verwaltungsinformation stark reduziert.

Die Zeiten für das Einfügen von Segmentierungsobjekten als Teile in ein Segmentierungsobjekt steigen mit der Anzahl der bereits vorhandenen Bestandteile an. Die Gründe hierfür liegen darin, daß die durchgeführten Konsistenztests im Aufwand zunehmen, je größer die Anzahl der zu vergleichenden Teile ist. Die Zeit für die Berechnung des Prädikats `includesPart` (Tabelle 8.2), das beim Test verwendet wird, nimmt linear mit der Anzahl der vorhandenen Segmentierungsobjekte zu (→ Tabelle 13.7). Zur Zeitersparnis kann durch Angabe eines optionalen Arguments auf den Test verzichtet werden (vgl. `addPart` in Tabel-

	Anzahl	ἵππος	IPAX	
Instantiierung	100	0.8	0.8	[msec / Objekt]
	500	1.0	2.5	[msec / Objekt]
	1000	1.1	4.6	[msec / Objekt]
	2000	1.5	9.0	[msec / Objekt]

Tabelle 13.6: *Messungen am Segmentierungsobjekt nach [Her90] und [Lut90]*

le 8.2). Dasselbe gilt für das Einfügen von Relationen (addRel in Tabelle 8.2), da beim Einfügen einer Relation getestet wird, ob die verknüpften Objekte Bestandteil des Segmentierungsobjekts sind.

Anzahl n	Einfügen		includesPart		
1	0.80	(1.00)	0.50	(2.90)	[msec / Objekt]
10	1.00	(2.15)	7.04	(42.11)	[msec / Objekt]
50	1.20	(3.32)	36.40	(225.00)	[msec / Objekt]
100	1.40	(5.98)	72.00	(450.00)	[msec / Objekt]

Tabelle 13.7: *In ein Segmentierungsobjekt, das bereits n Segmentierungsobjekte als Teile enthält, werden weitere Daten eingetragen und das Vorhandensein von nicht enthaltenen Objekten (erfolglos) getestet. In Klammern sind Angaben für Zeiten auf einer VAX WS 2000 Workstation.*

Die in Tabelle 13.7 angegebenen Zeiten für die Suche nach Objekten sind Obergrenzen für die Laufzeiten, da eine erfolglose Suche alle Teile rekursiv durchläuft. Beim Einfügen von Relationen mit Konsistenztest wird pro Element des Tupels im Schnitt die Hälfte der Zeit benötigt, da bei der erfolgreichen Suche normalerweise von einer Gleichverteilung der Zeiten ausgegangen werden kann.

Abschließend werden die Ergebnisse aus [Str90] betrachtet. Hier wird erstmals ein Verfahren zur *Gewinnung* von Information mit Mitteln aus ἵππος implementiert, das direkte Vergleiche zur konventionell Programmierung erlaubt. Nach der Implementierung aller notwendigen Klassen zur Regionendarstellung werden diese Klassen, die Matrizen und das Segmentierungsobjekt für ein Segmentierungsverfahren nach [Hor76] angewendet. Die Implementierung erfolgt objektorientiert in C++ und verwendet den optimierten Matrixzugriff. Dasselbe Verfahren wurde in [Bru90] untersucht, wobei für IPAX eine Routine aus SPIDER (rsam) verwendet wurde; dort wurden Laufzeiten im Bereich von 20 Sekunden bis zu mehreren Minuten für ein 256^2-Bild gemessen. Angaben für ἵππος sind der Tabelle 13.8 zu entnehmen.

Anfangssegmentierung	Gesamtzeit [sec]	Anzahl der Regionen
2	73.4	274
6	62.3	241
7	53.8	216

Tabelle 13.8: *Messungen für Split u. Merge nach [Str90]. Das Ergebnis mit 274 Regionen ist auf Seite 117 dargestellt.*

Es ist hiermit offensichtlich, daß die Verwendung des objektorientierten Ansatzes in ἵππος eine Programmierung erlaubt, deren Laufzeitverhalten im Bereich der konventionellen Programmierung liegt. Der Komfort und die Sicherheit, die durch die Klassen geboten wird, erhöhen die Lesbarkeit und die Zuverlässigkeit der entwickelten Systeme und rechtfertigen daher den geringen Mehrbedarf an Rechenzeit und Speicherplatz.

13.5 Erweiterungsmöglichkeiten

Die in Abschnitt 10.4 vorgeschlagenen Objekte für die Verfahrensbeschreibung können einfach dazu verwendet werden, Objekte einzuführen, die die Historie eines Bilds beschreiben. Dies kann dazu verwendet werden, um in interaktiven Systemen Operationen rückgängig zu machen oder zu wiederholen. Eine Erklärungskomponente kann aus der Historie ihre Informationen beziehen. Das Segmentierungsobjekt (→ Kapitel 8) trägt dagegen keine Information über seine Entstehung. Unter Umständen können für die Benutzeroberfläche auch Interaktionsobjekte definiert werden.

Die folgende Liste neuer Klassen liefert Anregungen für einen weiteren Systemausbau von ἵππος. Sie sind bislang nicht im Baum vorgesehen.

- Historie
- Verfahrensbeschreibung

- Kommunikationsobjekte
- Fuzzy-Mengen
- Fuzzy-Relationen
- Bildverarbeitungs-Operator-Objekte (Aktionsklassen)

Einfache Erweiterungsmöglichkeiten sind im Baum für weitere Repräsentationen vorgesehen. Die Einfügung einer neuen Klasse erfordert hier nur lokale Veränderungen im Teilbaum.

Teil 5

Programmtechnischer Anhang

Auf der Verwechslung des Symbols *mit dem Symbolisirten – auf ihre Identisirung – auf den Glauben an wahrhafte, vollst[ändige] Repraesentation – und Relation des Bildes und des Originals – der Erscheinung und der Substanz – auf der Folgerung von äußerer Aehnlichkeit – auf durchgängige innre Übereinstimmung und Zusammenhang – kurz auf Verwechslungen von Sub[ject] und Obj[ect] beruht der ganze Aberglaube und Irrthum aller Zeiten, Völker und Individuen.* Novalis

In den folgenden Kapiteln werden programmtechnische Details erläutert, die in der C++ Implementierung in zur Anwendung kamen.


```
002  -b  -0 004   R   e   l   a   t   i   o   n  -0  -0  -0 004
 -0  -0  -0 001  -0  -0  -0 001  -0  -0  -0 002  -0  -0  -0 001
 -0  -0  -0  -0  -0  -0  -0 007  -0  -0  -0 002  -0 006  -0 004
  S   t   r   i   n   g  -0  -0  -0  -0  -0 004  -0  -0  -0 001
 -0  -0  -0 001  -0  -0  -0 001  -0  -0  -0 001  -0  -0  -0  -r
  N   a   c   h   b   a   r   s   c   h   a   f   t  -0  -0  -0
 -0 003  -0 003   S   e   t  -0  -0  -0  -0 003  -0  -0  -0 001
 -0  -0  -0 001  -0  -0  -0 001  -0  -0  -0 020  -0  -0  -0 003
 -0  -b  -0 004   R   e   l   T   u   p   e   l  -0  -0  -0 004
 -0  -0  -0 001  -0  -0  -0 001  -0  -0  -0 002  -0  -0  -0 001
 -0  -0  -0  -0  -0  -t  -0 003   A   r   r   a   y   o   b   i
  d  -0  -0  -0  -0  -0  -0 003  -0  -0  -0 001  -0  -0  -0 001
 -0  -0  -0 001  -0  -0  -0 003  -0 007  -0 005   L   i   n   e
  S   e   g  -0  -0  -0  -0 005  -0  -0  -0 001  -0  -0  -0 001
 -0  -0  -0 001  -0  -0  -0 002  -0  -0  -0 001  -0  -0  -0  -0
 -0 007  -0 006   P   o   l   y   g   o   n  -0  -0  -0  -0 006
 -0  -0  -0 001  -0  -0  -0 001  -0  -0  -0 001  -0  -0  -0 001
 -0  -0  -0 002  -0  -0  -0 001  -0  -0  -0  -0  -0  -b  -0 002
  S   e   q   P   o   i   n   t  -0  -0  -0 002  -0  -0  -0 001
```


Ausschnitt aus einem Binärdump einer XDR–Repräsentation des segmentierten Bilds von Mondrian.

Anhang A

Implementierung in C++

C++ ist eine Sprache, die objektorientierte Programmierung ermöglicht, die dazu aber keine Systemumgebung bereitstellt. Dieser Mangel wird in [Sak88] kritisiert. Abhilfe schaffen Programmpakete, die Klassen bereitstellen. Ein solches Paket ist NIHCL [Gor87b, Gor90], dessen Name für "National Institutes of Health Class Library" steht. Mit diesem Paket wird ein Teil der Smalltalk–Welt auch in C++ verfügbar. NIHCL bildet die Grundlage für die Implementierung von ἵππος in C++. Detaillierte Beschreibungen dieser Beziehung finden sich in [Oes88, Her89, Lut90, Str90, Her90, Wey90, Rup92].

A.1 Die Struktur von NIHCL

Die NIHCL–Klassen sind in einem Baum angeordnet, dessen Wurzel die Klasse Object bildet.[1] In C++ sind die Standarddatentypen, die aus C bekannt sind, keine Objekte. NIHCL definiert daher Klassen, die diesen Datentypen entsprechen (Integer, Float). Sie sind direkt von der Klasse Object abgeleitet. Außerdem werden Klassen für die oft benötigten Konzepte „Datum" (Date) und „Text" (String) angegeben. Diese Klassen erfüllen die Anforderungen, die auf der Seite 40 aufgeführt sind. Einen wesentlichen Anteil an NIHCL nehmen Klassen für Kollektionen ein, die in ἵππος zahlreiche Anwendungen finden.

Von der Klasse Object ererben alle Klassen eine grundlegende Funktionalität, mit der Kopieren, Vergleichen, Instantiieren, Löschen usw. der Objekte geregelt ist. Teile dieser Methoden wurden bereits in der Tabelle 3.2 angegeben. Zur Verwaltung der Klassen wird das Konzept einer Metaklasse eingeführt, das nun erläutert wird.

---

[1] Tatsächlich ist noch eine weitere Objerklasse NIH vorhanden, die aber für die Programmierung weitgehend unsichtbar bleibt.

Klassen sind in C++ keine Objekte, sie sind also zur Laufzeit eines Programms nicht als Einheiten verfügbar. Darin unterscheidet sich C++ beispielsweise von Smalltalk. Die *Metaklasse* (Class) ist eine spezielle Klasse in NIHCL, die Klassen (also nicht Objekte) beschreibt. Sie ist ebenfalls von Object abgeleitet. Normalerweise existiert je eine Instanz der Metaklasse für jede Klasse, von der ein Objekt oder ein abgeleitetes Objekt instantiiert wird.[2] Diese Instanz bildet das Meta-Objekt zu einem Objekt. Metaklassen dienen dazu, dynamisch Klassenbeschreibungen zu erfragen, und ersetzen die fehlenden Klassenobjekte des Systems in C++.

Die Anwendungen der Klasse Class sind vielfältig. In ihr wird der Name der Klasse, die Basisklasse, Größe des Objekts und einige weitere Verwaltungsinformation gespeichert. Die häufigste Anwendung erfolgt durch die Funktion `isA`, die einen Zeiger auf die entsprechende Instanz der Klasse Class liefert (→ Tabelle 3.2). Über diesen Zeiger kann beispielsweise der Name der Klasse erfragt werden. Dies ist unter anderem in der externen Repräsentation von Bedeutung (→ Abschnitt A.3).

A.2 Das Verhältnis von NIHCL und ἵππος

Die Implementierung von ἵππος baut auf NIHCL auf. Dabei wurden geringfügige Änderungen an der NIHCL-Hierarchie vorgenommen. Die NIHCL-Klassen Point und Rectangle wurden den Erfordernissen von ἵππος angepaßt. Das in NIHCL vorhandene Paket für Vektoren blieb unberücksichtigt. Die Matrixklassen aus [Her90] sind besser auf die Anwendungen der Bildverarbeitung zugeschnitten. NIHCL bietet für die externen Repräsentation sechs Funktionen an:

Lesen `scanFrom` ASCII: zur manuellen Eingabe, hauptsächlich in der Testphase,

Schreiben `printOn` ASCII: zur Ausgabe von Testinformation,

Schreiben `storeOn` ASCII: zur maschinenunabhängigen Ausgabe in lesbaren Zeichen,

[2] Also auch eine Instanz für die Metaklasse Class.

Lesen `Constructor` ASCII: zum maschinenabhängigen Lesen der mit storeOn erzeugten Repräsentation,

Schreiben `storeOn` binär: zur maschinenabhängigen kompakten binären Ausgabe,

Lesen `Constructor` binär: zum maschinenabhängigen Lesen der mit storeOn erzeugten Repräsentation.

Die ersten beiden Methoden sind nicht unbedingt erforderlich und werden hauptsächlich für Tests in der Programmentwicklung verwendet. Sie werden für *ἵππος* beibehalten, sind aber nicht obligatorischer Teil der Klassen. Die ASCII–Speicherung in NIHCL liefert ein maschinenunabhängiges Format, das aber trotz seiner Speicherung mit druckbaren Zeichen wegen seiner hochgradigen Verschlüsselung nicht manuell verändert werden kann (beispielsweise im Editor). Die binäre Speicherung ist kompakt, ergibt aber auf verschiedenen Maschinen inkompatible Daten.

In *ἵππος* werden die letzten vier Funktionen durch die Speicherung mit XDR (→ Abschnitt A.5) ersetzt. Dieser Formalismus wurde auf alle NIHCL–Objekte ausgedehnt [Lut90]. Die Anzahl der vom Benutzer notwendigerweise zu definierenden Funktionen reduziert sich damit von vier auf eine Funktion, womit unter anderem auch die Fehleranfälligkeit in der Implementierung abnimmt.

A.3 Externe Repräsentation mit XDR

XDR [RPC86] ist ein von der Firma SUN geliefertes Softwarepaket in konventioneller Programmierung, das die maschinenunabhängige Repräsentation beliebiger Daten zum Ziel hat. XDR wird auch als Grundlage für den "Remote–Procedure–Call" (RPC) verwendet und ist wesentliches Hilfsmittel für die Verwaltung lokaler Netzwerke (`nfs`). XDR ist weit verbreitet und ein „De–Facto–Standard". In [Lut90] wird gezeigt, daß XDR auch in einer objektorientierten Umgebung einsetzbar ist, und die erforderlichen Erweiterungen werden dort eingeführt. Der modulare Aufbau von XDR vereinfacht die Übertragung stark.

XDR liefert ein Schema, mit dem beliebige Daten der Bildverarbeitung repräsentiert werden können. Dies umfaßt Bildmatrizen ebenso wie Histogramme, Listen,

Mengen und komplexere Datenstrukturen. XDR ist damit geeignet, in heterogenen Rechnernetzen gemeinsame Daten zu verwalten. Dabei wird davon ausgegangen, daß auf den beteiligten Rechnern ähnliche Programme mit ähnlichen Datenstrukturen verwendet werden. Die Repräsentation komplexer Datenstrukturen erfordert eine strukturelle Ähnlichkeit der Programme, die sie verwenden.

Die Grundeigenschaften von XDR lassen sich wie folgt zusammenfassen.

- Kompakte Speicherung (binär)
- Sequentielle Speicherung; wahlfreier Zugriff nur bedingt möglich
- Maschinenunabhängigkeit der Repräsentation
- Maschinenunabhängigkeit der Programmierschnittstellen
- Modularität

In strenger Modularität wird für jeden Datentyp eine XDR-Funktion gefordert. Das XDR-Paket stellt zunächst für jeden elementaren Datentyp diese Funktionen zur Verfügung. Jede dieser Systemroutinen bildet die elementaren Datenstrukturen über eine maschinenabhängige Bibliothek auf ein maschinenunabhängiges externes Format ab. Dieses umfaßt ein XDR-Wort oder ein XDR-Doppelwort. Das maschinenabhängige interne Binärformat wird also in der maschinenabhängigen Bibliothek auf ein maschinenunabhängiges XDR-Format abgebildet (Bild A.1). Der Aufruf der elementaren Routinen ist *maschinenunabhängig.* Dies heißt, daß Programme auch auf verschiedenen Rechnern Quellcode-kompatibel sind.

In Abhängigkeit vom Typ des XDR-Stroms wird entschieden, ob ein externes Format geschrieben werden soll oder ob Daten interpretiert werden sollen. Daher wird für jeden Datentyp nur *eine* Routine benötigt, die sowohl lesen als auch schreiben kann, und den XDR-Strom als Argument hat.

In einer weiteren Stufe werden von XDR die Routinen zur Repräsentation von abgeleiteten ("2nd Class Data Structures") angegeben. Damit lassen sich Zeiger, Felder und Vektoren repräsentieren. Dabei werden die Routinen der ersten Stufe benutzt.

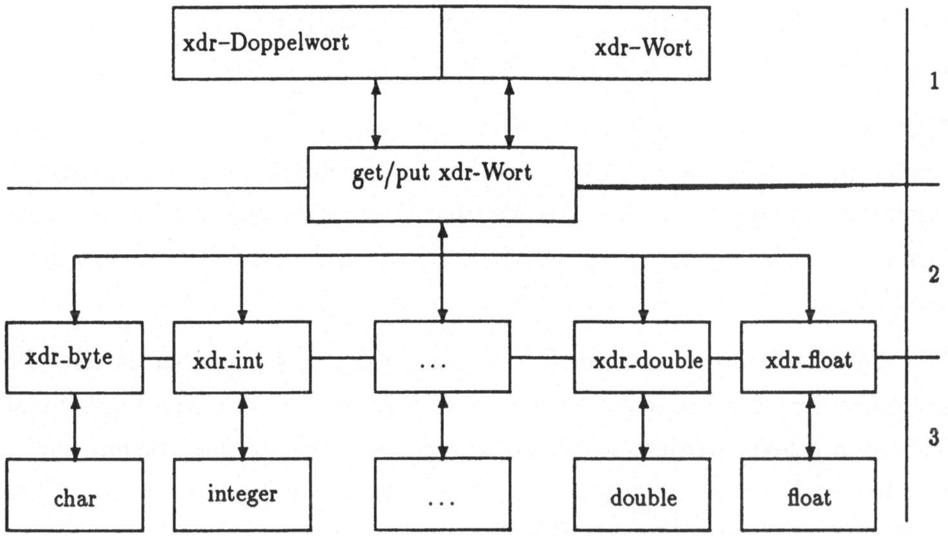

Bild A.1: *Abbildung über eine maschinenabhängige* XDR*-Schnittstelle. Auf der Ebene 1 befindet sich die maschinenunabhängige externe Repräsentation. Die Ebene 2 wird durch die maschinenabhängige* XDR*-Systembibliothek gebildet. Der Übergang von Ebene 2 zu Ebene 3 ist eine maschinenunabhängige Programmierschnittstelle.*

Die modulare Struktur von XDR legt es nahe, zusammengesetzte Datenstrukturen durch die Hintereinanderschreibung ihrer Komponenten darzustellen. Benutzerdefinierte XDR–Routinen können alle Systemroutinen verwenden. Der Aufruf dieser Routinen ist maschinenunabhängig. Damit sind auch die benutzerdefinierten Repräsentationsfunktionen portabel. Ein Beispiel und ein Programmfragment sind in Abschnitt A.7 angegeben.

A.4 Verwaltungsinformation

XDR speichert keine Typen– oder Verwaltungsinformation. Eine Interpretation der Daten ist daher nur möglich, wenn bekannt ist, *was* die Daten repräsentieren. Das kompakte Binärformat enthält kaum Redundanz. Für die Speicherung der Daten in einer Entwicklungsumgebung (→ Anhang B) ist Typ– und Versionsinformation eine große Hilfe bei der Verwaltung. Für die Repräsentation in einem objektorientierten System ist sie sogar notwendig, da es hier im Gegensatz zur konventionellen Anwendung gestattet sein soll, von einer Datei zu lesen, *ohne* zu wissen, welche Objekte dort gespeichert sind.

Dazu wird ein spezieller Datentyp entwickelt, der diese Verwaltungsinformation repräsentiert. Jede Datenstruktur enthält in ihrer Repräsentation zunächst eine Beschreibung ihres Typs und ihrer Version. Die Speicherung der Verwaltungsinformation erfolgt mit den normalen XDR-Routinen, ist also ebenfalls maschinenunabhängig.

Die generelle Strategie in einer Entwicklungsumgebung ist dabei, in allen Programmen die jeweils neueste Version der Repräsentation zu erzeugen. Wenn alte Versionen gelesen werden, so wird dies von der XDR-Routine erkannt und das entsprechende Format interpretiert. Wenn Versionen erkannt werden, die neuer sind als die im Programm aktuell bekannte, dann erfolgt eine Fehlermeldung mit der Aufforderung, das Programm neu zu binden.

A.5 Die Klasse XDR

Mit XDR [RPC86] steht ein Mittel zur Verfügung, das den Erfordernissen der externen Repräsentation aller Datenstrukturen gerecht wird. Für die objektorientierte Programmierung wird das XDR-Konzept zu einer Klasse XDR zusammengefaßt. Dabei werden die Routinen aus der XDR-Bibliothek verwendet, um beliebige Objekte extern zu repräsentieren. Außer der Repräsentation des Zustands des Objekts wird noch Verwaltungsinformation benötigt. Damit werden die Eigenschaften von XDR um die beiden folgenden erweitert:

- Erfordert genau eine Funktion pro Datentyp bzw. in objektorientierten Systemen eine Methode pro Klasse
- Hierarchische Darstellung

Jede Komponente des Objekts wird modular mit ihrer XDR-Funktion repräsentiert. Die hierarchische Struktur der Klassen erfordert es, in der externen Repräsentation eines Objekts auch die ererbte Information anzugeben. Dabei wird zur Darstellung der ererbten Information — des Basis-Objekts — dessen externe Repräsentation verwendet. Modulariät erfordert es, Teile eines Objekts, die selbst Objekte sind, durch deren eigene Repräsentation anzugeben.

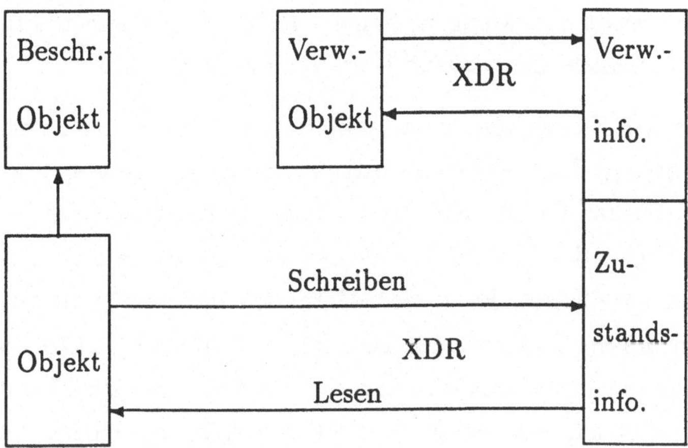

Bild A.2: *Speicherung von Verwaltungsinformation mit* XDR

Das Zusammenspiel von Verwaltungs–Objekt und Objekt ist Bild A.2 zu entnehmen. Für die Verwaltungsinformation steht eine spezielle Klasse zur Verfügung, von der genau ein Objekt instantiiert wird. Wenn ein Objekt gespeichert werden soll, so übernimmt das Verwaltungsobjekt aus dem zugeordneten Beschreibungs–Objekt (Meta–Objekt → Abschnitt A.1) die benötigte Verwaltungsinformation. Das Verwaltungsobjekt wird mit seiner XDR–Funktion gespeichert. Darauf erfolgt die Speicherung des Zustands des Objekts. Beim Lesen eines Objekts wird zunächst das Verwaltungsobjekt mit Information gefüllt. Aus der Menge der vorhandenen Beschreibungsobjekte (Meta–Klassen) sucht es die passende Klassenbeschreibung und instantiiert ein Objekt, dessen XDR–Funktion das weitere Lesen übernimmt. Dem Bild A.2 ist zu entnehmen, daß Verwaltungsinformation mehrfach gespeichert werden kann. Die Klasse XDR erkennt jedoch beim Schreiben bereits bekannte Verwaltungsblöcke und unterdrückt die Speicherung.

Beim Lesen werden Objekte instantiiert, wenn sie noch nicht existieren. Die XDR–Routine, die Zeiger repräsentiert, scheitert, wenn mehrere Zeiger auf ein Objekt existieren. Beim Lesen wird dieses Objekt mehrfach instantiiert. Die Zeiger deuten dann nur noch auf das gleiche, nicht aber mehr auf dasselbe Objekt. Das XDR–Objekt sorgt dafür, daß innerhalb eines Speichervorgangs dieselben Objekte nicht mehrmals repräsentiert werden; statt dessen werden Referenzen verwaltet und automatisch extern repräsentiert. Nur damit ist die Verwendung und Repräsentation von Mengen, Folgen, Relationen, Segmentierungsobjekten, usw. sinnvoll möglich. Details sind [Lut90] zu entnehmen.

Jede Instanz der Klasse XDR dient exklusiv der Eingabe oder der Ausgabe auf einen XDR-Strom, d.h. bei der Konstruktion eines XDR-Objekts muß angegeben werden, ob das Objekt zum Lesen oder Schreiben verwendet werden soll. Ziel (bzw. Quelle) des Stroms und dessen Parameter werden ebenfalls bei der Konstruktion spezifiziert. Es stehen Methoden zur Verfügung, um von einem XDR-Objekt dessen Eigenschaften zu erfahren (`isXDRin`, `isXDRout`). Diese Eigenschaften umfassen Information darüber, ob der Strom zur Ein- oder zur Ausgabe dient und ob auf dem Strom ein direkter Zugriff auf eine bestimmte Position möglich ist. Diese Funktionen sind in der Tabelle A.1 zusammengestellt.

`isOut`:	Liefert TRUE für schreibende XDR-Ströme.
`isIn`:	Liefert TRUE für lesende XDR-Ströme.

Tabelle A.1: *Wichtige Methoden der Klasse* XDR

Eine überladene Funktion (`xdrIO`) dient dazu, ein beliebiges Objekt zu akzeptieren und an einen XDR-Strom weiterzureichen. Dieses Objekt wird extern repräsentiert, falls es sich bei dem XDR-Objekt um ein schreibendes Objekt handelt, und ist die eigentliche Schnittstelle zur Repräsentation aller Objekte. In der Implementierung werden die Standard-XDR-Funktionen durch "overloading" auf diese Methode abgebildet [Lut90]. Die externe Repräsentation wird interpretiert, um das Objekt mit Information zu füllen, falls das XDR-Objekt ein lesendes Objekt ist.

A.6 XDR für Objekte der Bildverarbeitung

Für die Koppelung von ἵππος mit IPAX wurde ein Datenformat definiert, das über einen Programmgenerator auf XDR-Strukturen abbildet. Für Datenstrukturen, die mit den Makros aus TYPES (→ Anhang B) gebildet werden, erfolgt diese Abbildung automatisch. In dem erzeugten konventionellen Programm wird die Versionsverwaltung stark vereinfacht.

Zu jeder der im Teil 2–4 eingeführten Klassen existiert eine XDR-Repräsentation, falls die Klasse Daten enthält, die gespeichert werden sollen. Aktionsobjekte haben also keine externe Repräsentation.

Für grundlegende Datenstrukturen der Bildverarbeitung, die sinnvoll auch in konventioneller Programmierung verwendet werden können, wurde eine einheitliche XDR-Repräsentation für C++ und C definiert. Somit können Bilder und einfache Repräsentationen geometrischer Objekte in beiden Programmiersprachen kompatibel erzeugt und verarbeitet werden.

A.7 Beispiel für die Programmierung von XDR

Zwei kurze Beispiele sollen die Programmierung von Funktionen mit XDR verdeutlichen. Das erste (Bild A.3) zeigt in konventioneller C-Programmierung die Funktionen und Datenstrukturen für zwei Strukturen (`struct`). Auf der linken Seite stehen die Definitionen der Datenstrukturen. Rechts sind die dazugehörigen XDR-Funktionen angegeben.

```
typedef struct{ | bool_t xdr_A(xdrh, a) XDR* xdrh; A* a; {
 int i;         |  return (xdr_int(xdrh,&(a->i)) &&
 float f;       |               xdr_float(xdrh,&(a->f)));
} A;            | }
typedef struct{ | bool_t xdr_B(xdrh, b) XDR* xdrh; B* b; {
 A a,           |  return xdr_A(xdrh,&(b->a)) &&
   * aptr;      |  xdr_pointer(xdrh,&(b->aptr),sizeof(A),xdr_A) &&
 double d;      |  xdr_double(xdrh,&(b->d)) &&
 char c[8];     |  xdr_vector(xdrh,b->c,8,sizeof(char),xdr_char);
} B;            | }
```

Bild A.3: *Beispiel für XDR in C. Links ist die Datenstruktur, rechts die zugehörige* XDR-*Funktion.*

Die Strukturen A und B werden definiert, wobei B als Substruktur A enthält. Die dazugehörigen Funktionen geben die Struktur des Datentyps direkt wieder. Für die externe Repräsentation der Daten ist jeweils nur eine Funktion pro Datentyp erforderlich. Das erste Argument der Funktion bezeichnet einen XDR-Strom. Ist dieser zum Lesen geöffnet, so lesen die untergeordneten Funktionen. Ist es zum Schreiben geöffnet, so schreiben die Funktionen. Auch Zeiger können einfach mit

XDR repräsentiert werden, wie aus der Komponente `aptr` der Struktur B und der zugeordneten Funktion `xdr_pointer` ersichtlich ist.

Die Funktionen können nun um Verwaltungsinformation erweitert werden. Dazu wird eine spezielle Struktur `VerwInfo` verwendet. Die dazugehörige XDR-Funktion packt beim Schreiben Typ- und Versionsinformation zusammen und entschlüsselt diese beim Lesen. Eine mögliche Erweiterung der XDR Funktion um Versionsinformation für die Struktur B ist in Bild A.4 angegeben. Im Beispiel wird nun eine falsche Versionsummer erkannt und führt zu einem Abbruch des Lesens. Durch eine Verzweigung in Abhängigkeit von der gelesenen Versionsnummer wäre auch eine Interpretation veralteter Formate einfach möglich. Hierzu liefert ein Programmgenerator bereits die erforderlichen Anweisungen [Lut90].

```
#define B_Version 1

bool_t xdr_B(xdrh, b)   XDR* xdrh; B* b;
{
     int Version = B_Version;
     struct VerwInfo VI;
     VI.vers = Version;
     xdr_VerwInfo(xdrh,&VI);
     return (VI.vers == B_Version) &&
       xdr_int(xdrh,&(b->i)) &&
       xdr_pointer(xdrh,&b->aptr,sizeof(A),xdr_A) &&
       xdr_double(xdrh,&b->d) &&
       xdr_vector(xdrs,b->c,8,sizeof(char),xdr_char);
}
```

Bild A.4: *Erweitertes Beispiel für* XDR *in C. Durch einen Verwaltungsblock wird die Versioninformation kontrolliert.*

In einer objektorientierten Umgebung in C++ können alle XDR-Funktionen durch einen Namen überladen werden. Die obigen Beispiele vereinfachen sich also dadurch, daß anstelle der Funktionen `xdr_float, xdr_int, ...` nur noch ein Name `xdrIO` mit ansonsten unveränderten Argumenten auftritt. Weitere Möglichkeiten der Verwendung von XDR für Objekte sind in [Lut90] zu finden.

Anhang B

Eine Entwicklungsumgebung für die Musteranalyse

Das System ἵππος dient der Beschreibung von Daten, die während der Bildanalyse entstehen. Natürlich muß es Programme geben, die diese Daten erzeugen und nutzen. Dazu ist ἵππος in eine weitere Umgebung integriert, die Algorithmen zur Musteranalyse und im Speziellen zur Bildanalyse umfaßt. Diese

Programmier**u**mgebug für die **M**uster**a**nalyse (PUMA)

enthält außerdem einen Grundstock von Unterprogrammen, Datenstrukturen mit dazugehörigen Funktionen und Makros, die auch in der Sprachanalyse eingesetzt werden (z.B. im System ERNEST [Kum87, Sch89b]).

Die Teile von ἵππος, die nicht direkt mit der Bildverarbeitung zusammenhängen, sind in PUMA für Anwendungen außerhalb der Bildanalyse zugänglich. Dies sind inbesondere die Kombination von NIHCL mit XDR und die Matrix–Klassen.

Eine Reihe von Makros ermöglicht eine eingeschränkte Nutzung von objektorientierten Ansätzen auch in der Programmiersprache C. Diese Makros wurden im Rahmen von [Bru90] und ERNEST verwendet. Das Makropaket trägt den Namen TYPES.

Programme und Klassen, die die Klassen aus ἵππος verwenden und damit eine Bildanalyse durchführen, entstehen auch im Rahmen anderer Arbeiten. Sie werden zum System

ANIMALS (**An** **Ima**ge **A**na**l**ysis **S**ystem)

zusammengefaßt. Zahlreiche implementierte Segmentierungsverfahren erzeugen letztlich Segmentierungsobjekte. Die Bilder auf den Seiten 51, 117 und 145 sind Ergebnisse von Programmen dieses Subsystems. Die Integration bereits bestehender Verfahren wurde beispielsweise für die Stereo–Bildverarbeitung aus [Pos90a] durchgeführt (vgl. Abschnitt 9.2). Eine Kombination von XDR und RPC in einer Klasse FrameGrabber erlaubt einen transparenten Zugriff auf einen Bildspeicher im lokalen Netzwerk.

Abbildungsverzeichnis

Tabellenverzeichnis

Nachweis der einleitenden Zitate

Seite 1 Die Welt ist ... in [Nov78b] S. 390

Seite 3 Erkenntnis bildet sich ... in [Eco85] S. 94

Seite 9 Mir fiel auf, ... in [Eco89] S. 447

Seite 25 Was ich mir ... in [Aug58] S. 148

Seite 51 We must begin ... in [Goo69] S. 100

Seite 53 Ich meine das ... in [Hil86] S. 62

Seite 69 Ich sah schon ... in [Aug58] S. 238

Seite 85 Ich bin ein ... in [Eco89] S. 347

Seite 94 Während wissenschaftliche Kentnisse ... in [Mor71] S. 89

Seite 105 Und so bleibt ... in [Eco85] S. 99

Seite 117 "Symbol" is used ... in [Goo69] S. xi

Seite 119 Weil die Kreatur ... in [Mun87] S. 65

Seite 130 Die Paulizianer waren ... in [Eco89] S. 455

Seite 137 Dali hat für ... in [Sar73] S. 149

Seite 145 Nothing here depends ... in [Goo69] S. 231

Seite 147 So ist es ... in [Aug58] S. 91

Seite 164 Im alten Testament ... in [Lex78]

Seite 181 Auf der Verwechslung ... in [Nov78a] S. 637

Mondrian, Piet, niederl. Maler, *1872, †1944.
Ikonoklasmus, der; Bildersturm [Dro83].
Augustinus war 396–431 n. Chr. Bischof von Hippo (Nordafrika).
Philipp Matthäus Hahn *1739, †1790, Pfarrer und Erfinder von Rechenmaschinen, ist der Ur^7-Großvater des Autors.

Literaturverzeichnis

* **Abkürzungen**
Für Arbeiten am Lehrstuhl 5 (Mustererkennung) der Universität Erlangen–Nürnberg wurden folgende Abkürzungen verwendet:
I5-DA Diplomarbeit
I5-SA Studienarbeit
I5-Diss Dissertation

[Agu82] T. Agui, et al.: *An algebraic Approach to the Generation and Description of Binary Images.* IEEE Transactions on Pattern Analysis and Machine Intelligence (PAMI), 4(6): S. 635–641, 1982.

[All90] S. Allwang: *Perzeptive Gruppierung von Segmentierungsergebnissen.* I5–SA, Erlangen, 1990.

[Alo89] J. Y. Aloimonos, D. Shulman: *Integration of visual modules.* Academic Press, Boston, 1989.

[Amm86] L. Ammeral: *Programming Principles in Computer Graphics.* Wiley and Sons, Chichester, 1986.

[Ans89] H. Anschütz: *Untersuchungen zur Linienextraktion aus Grauwertbildern.* I5–DA, Erlangen, 1989.

[Aug58] Augustinus: *Bekenntnisse.* VMA Verlag, Wiesbaden, 1958. Übertragen von Hermann Hefele.

[Bal82] D. Ballard, C. Brown: *Computer Vision.* Prentice-Hall, Englewood Cliffs, NJ, 1982.

[Bar78] H. Barrow, J. Tenenbaum: *Recovering Intrinsic Scene Characteristics from Images.* In A. Hanson, E. Risemann (Editoren): *Computer Vision Systems*, S. 3–26, Academic Press, New York, 1978.

[Bar82a] S. Barnard, M. Fischler: *Computational Stereo.* Computing Surveys, 14(4): S. 553–572, 1982.

[Bar82b] A. Barr, E. Feigenbaum: *The Handbook of Artificial Intelligence, Vol.2.* Kaufmann, Los Altos, CA, 1982.

[Bar87] N. Bartneck: *Ein allgemeiner Ansatz der automatischen Bildanalyse zur Auswertung von Linienbildern.* In M. Paul (Editor): *Proc. GI-17.Jahrestagung Computerintegrieter Arbeitsplatz im Büro*, S. 640–652, Springer Verlag, Berlin, 1987. Informatik Fachberichte (156).

[Bau84] F. Bauer, H. Wössner: *Algorithmische Sprache und Programmentwicklung.* Springer, Berlin, 1984. 2. verb. Aufl.

[Bec74] H. H. Beck: *Automatische Klassifikation.* Vandenhoeck - Ruprecht, Göttingen, 1974.

[Ben91] E. A. Bender, S. G. Williamson: *Foundations of applied combinatorics.* Addison-Wesley, Redwood City CA, 1991.

[Bes85] P. J. Besl, R. C. Jain: *Three-Dimensional Object Recognition towards automatic generation of object recognition program.* Computing Surveys, 17(1): S. 75–144, 1985.

[Bir83] G. Birtwistle, O. Dahl, B. Myrhang, K. Nygaard: *Simula Begin.* Auerbach Publ. Inc., Philadelphia, PA, 1983.

[Blu92] C. Blum, G. R. Hofmann: *ISO/IEC's Image Interchange Facility (IIF).* In R. B. Arps, W. K. Pratt (Editoren): *Proc. SPIE on Electronic Imaging, Image Processing and Interchange: Implementation and Systems,* S. 117–129, San Jose, 1992. Proc. SPIE 1659.

[Bof90] S. Bofferio, L. Carnimeo, D. Communale, G. Mastonardi: *A Background Updating Algorithm for Moving Object Scenes.* In V. Cappellini (Editor): *Time-Varying Image Processing and Moving Object Recognition: Proc. of the 3rd Int. Workshop,* S. 297–307, Elsevier, Amsterdam, 1990.

[Bol77] R. Bolles: *Verification vision for programmable assembly.* In *Proceedings of the 5th International Conference on Artificial Intelligence (IJCAI),* S. 569–575, 1977.

[Boy87] K. Boyer, A. Kak: *Color Encoded Structured Light for Rapid Active Ranging.* IEEE Transactions on Pattern Analysis and Machine Intelligence (PAMI), 4: S. 14–28, 1987.

[Bra89] P. Brady, J., N. Nandhakumar, K. Aggarwal, J.: *Recent Progress in Object Recognition from Range Data.* Image, Vision and Computing (IVC), 7(4): S. 295–307, November 1989.

[Bri92] E. Bribiesca: *A geometric structure for two-dimensional shapes and three-dimensional surfaces.* Pattern Recognition, 25(5): S. 483–496, May 1992.

[Bru88] H. Brünig, H. Niemann: *IPAX: Konzeption und Realisierung eines Bildverarbeitungssystems.* In P. S. H. Bunke, O. Kübler (Editor): *Proceedings 10. DAGM-Symposium,* S. 60–67, Springer, Berlin, 1988.

[Bru89] H. Brünig, R. Prechtel: *Gewinnung von Oberflächenformen aus einem Grauwertbild durch Shape from Shading.* In H. Burkhardt, K. Höhne, B. Neumann (Editoren): *Mustererkennung 89 (11. DAGM Symposium),* S. 106–113, Springer, Heidelberg, 1989.

[Bru90] H. Brünig: *Konzeption und Realisierung einer flexiblen Bildsegmentierung.* I5–DISS, Erlangen, 1990.

[Bud87] T. Budd: *A little Smalltalk.* Addison-Wesley, Reading, Mass., 1987.

[Bun85] H. Bunke: *Modellgesteuerte Bildanalyse*. Leitfäden der angewandten Informatik, Teubner, Stuttgart, 1985.

[Can86] J. F. Canny: *A Computational Approach to Edge Detection*. IEEE Trans. on Pattern Analysis and Machine Intelligence (PAMI), 8(6): S. 679–698, 1986.

[Cap90a] V. Cappellini (Editor): *Time-Varying Image Processing and Moving Object Recognition: Proc. of the 3rd Int. Workshop*. Elsevier, Amsterdam, 1990.

[Cap90b] V. Cappellini, A. Del Bimbo, A. Mecocci: *Object Oriented System for Image Processing*. In V. Cappellini (Editor): *Time-Varying Image Processing and Moving Object Recognition: Proc. of the 3rd Int. Workshop*, S. 69–74, Elsevier, Amsterdam, 1990.

[Car84] L. Cardelli: *A Semantics of Multiple Inheritance*. In G. Kahn, D. Macqueen, P. G. (Editoren): *Proc. of the Internat. Symp. on the Semantics of Data Types*, S. 51–67, Springer, Berlin, 1984.

[Car85] L. Cardelli, P. Wegner: *On Understanding Types, Data Abstraction, and Polymorphism*. Computer Surveys, 17(4): S. 471–522, 1985.

[Cas90] C. Cassolino, F. Mangili, S. Mascinalgelo: *3-D Object Recognition: A matching paradigm oriented to data fusion*. In *Proc. of an Int. Conf. Intelligent Autonomous Systems 2*, S. 834–844, Amsterdam, 1990.

[Cha88] H. Chang, K. Ikeuchi, T. Kanade: *Model-based vision system by object-oriented programming*. In *Robots: Coming on Age. Proceedings of the International Symposium and Exposition on Robots (19 th ISIR)*, S. 295–313, Sydney, Australia, 1988.

[Cha89] D. Charnley, R. Blisset: *Surface Recognition from outdoor image sequences*. Image Vision and Computing, 7(1): S. 10–16, 1989.

[Che90] R. Checcini, A. Del Bimbo, P. Nesi: *IPOOS: An Advanced System for Automatic Classification*. In V. Cappellini (Editor): *Time-Varying Image Processing and Moving Object Recognition: Proc. of the 3rd Int. Workshop*, S. 75–81, Elsevier, Amsterdam, 1990.

[Cla92] A. F. Clark: *Image Processing and Interchange — The Imaging Model*. In R. B. Arps, W. K. Pratt (Editoren): *Proc. SPIE on Electronic Imaging, Image Processing and Interchange: Implementation and Systems*, S. 106–116, San Jose, 1992. Proc. SPIE 1659.

[Clo81] W. F. Clocksin, C. Mellish: *Programming in PROLOG*. Springer, Berlin, 1981. 2. Auflage.

[Cog87] J. M. Coggins: *Integrated Class Structures for Image Pattern Recognition and Computer Graphics*. In K. Gorlen (Editor): *Proceedings of the USENIX C++ Workshop*, S. 240–245, Santa Fe, New Mexico, 9.-10. November 1987.

[Cox86] B. Cox: *Object Oriented Programming/ An Evolutionary Approach.* Addison-Wesley, Reading Mass., 1986.

[Dav80] L. Davis: *Representation and Recognition of Cartographic Data.* In H. Freeman, G. Pieroni (Editoren): *Map Data Processing*, S. 169–189, Academic Press, New York, 1980.

[Dic90] E. Dickmanns, T. Christians: *Relative 3-D Estimation for autonomous visual guidance of road vehicles.* In *Proc. of an Int. Conf. Intelligent Autonomous Systems 2*, S. 683–693, Amsterdam, 1990.

[Dre87] L. Dreschler-Fischer: *Das 'Bootstrap-Problem' bei der geometrischen Szenenrekonstruktion – ein Überblick.* In K. Morik (Editor): *Proc. 11. German Workshop on Artificial Intelligence*, S. 1–15, Springer, Berlin, 1987.

[Dro83] G. Drosdowski (Editor): *Duden, "Deutsches Universalwörterbuch".* Bibliographisches Institut, Mannheim, Wien, Zürich, 1983.

[Dud72] R. Duda, P. Hart: *Pattern Classification and Scene Analysis.* J. Wiley, New York, 1972.

[Eco85] U. Eco: *Ökologie und fleischgewordenes Coca-Cola.* In *Über Gott und die Welt*, S. 89–101, Hanser Verlag, München, 1985.

[Eco89] U. Eco: *Das Foucaultsche Pendel.* Hanser Verlag, München, 1989.

[Ell90] M. A. Ellis, B. Stroustrup: *The Annotated C++ Reference Manual.* Addison-Wesley, Reading, Mass., 1990.

[End84] G. Enderle, K. Kansy, G. Pfaff: *Computer Graphics Programming, GKS: The Graphic Standard.* Springer, Berlin, 1984.

[Eva77] J. Evans, R. Kirsch, R. Nagel (Editoren): *Workshop on Standards for Image Processing.* NBS Standard Publication, Washington DC, 1977.

[Eve88] C. Evers: *Analyse von Exoskeletten.* In H. Bunke, O. Kübler, P. Stucki (Editoren): *Proceedings 10. DAGM-Symposium*, S. 219–225, Springer Verlag, Berlin, 1988.

[Ezz89] B. Ezzell: *Object-Oriented Programming in Turbo Pascal 5.5.* Addison-Wesley, Reading, Mass., 1989.

[Fel88] J. A. Feldman: *Time, Space and Form in Vision.* TR244, University of Rochester, Nov. 1988. Department of Computer Science.

[Fis86] R. B. Fisher: *From Surface to Objects.* Wiley and Sons, Chichester, 1986.

[Fre80] H. Freeman: *Analysis and Manipulation of Lineal Chain Codes.* In H. Freeman, G. Pieroni (Editoren): *Map Data Processing*, S. 151–168, Academic Press, New York, 1980.

[Fry89] S. Frydrychowicz: *Ein neues Verfahren zur Kontursegmentierung als Grundlage für einen maßstabs- und bewegungsinvarianten Strukturver-*

gleich bei offenen, gekrümmten Kurven. In H. Burkhardt, K. Höhne, B. Neumann (Editoren): *Mustererkennung 89 (11. DAGM Symposium)*, S. 240–247, Springer, Heidelberg, 1989.

[Gal75] M. Galloway: *Texture Classification Using Gray Level Run Length.* Computer Graphics and Image Processing (CGIP), 4: S. 172–179, 1975.

[Gem89] P. Gemmar, G. Hofele: *Empfehlung für ein Ikonisches Kernsystem IKS.* FIM , Karlsruhe, 1989. Unter Mitarbeit von: L. Dreschler-Fischer, H. Faasch, D. Haaks und D. Paulus, Bericht der Fachgruppe ITG im VDE, Fachgespräche IKS 1987-1989.

[Gem90] P. Gemmar, G. Hofele: *An Object Oriented Approach for an Iconic Kernel System IKS.* In *Proceedings of the 10th International Conference on Pattern Recognition (ICPR), Volume II*, S. 85–90, Atlantic City, 1990.

[Geu82] W. Geuen, H. Preuth, T. Sarfert: *Bewertung von Segmentierungsverfahren.* In *Proc. Int. Conf. on Acoustic, Speech and Signal Procesing*, S. 1936–1939, Paris, 1982.

[Gia84] C. Giardina: *The Universal Imaging Algebra.* Pattern Recognition Letters, 2: S. 165–172, 1984.

[Gir87] G. Girandon: *An efficient edge following algorithm.* In *Proceedings of the 5th Scandinavian Conference on Image Analysis*, S. 547–554, 1987.

[Gla92] N. Glaser: *Modeling and Interpreting 3-D Polyhedral Scenes.* I5–DA, Erlangen, 1992. In Kooperation mit CRIN–CNRS und INRIA Loraine.

[Glo88] J. Gloger: *Extraktion von Segmentierungsobjekten aus Grauwertbildern.* I5–DA, Erlangen, 1988.

[Gol83] A. Goldberg, D. Robson: *Smalltalk-80: The Language and its Implementation.* Addison-Wesley, Reading, Mass., 1983.

[Gon77] R. Gonzales, P. Wintz: *Digital Image Processing.* Addison-Wesley, Reading, Mass., 1977.

[Goo69] N. Goodman: *Languages of Art. An Approach to a theory of symbols.* Oxford Univ. Press, New York, 1969.

[Goo89] A. M. Goodman, R. M. Haralick, L. G. Shapiro: *Design of an Integrated Programming Language and Data Management System for Knowledge-Based Computer Vision.* 89-8-3, University of Washington, Department of Computer Science, Seattle, Washington, 1989.

[Gor87a] W. Gora, R. Speyerer: *ANS.1.* DATACOM–Verlag, Pullheim, 1987.

[Gor87b] K. Gorlen: *An Object-Oriented Class Library for C++ Programs.* Software Practice and Experience, 17(12): S. 899–922, 1987.

[Gor90] K. E. Gorlen, S. Orlow, P. S. Plexico: *Data Abstraction and Object-Oriented Programming in C++.* John Wiley and Sons, Chichester, 1990.

[Got78] C. Gotlieb, L. R. Gotlieb: *Data Types and Structures.* Prentice-Hall, Englewood Cliffs, NJ, 1978.

[Gra71] S. B. Gray: *Local Properties of Binary Images in Two Dimensions.* IEEE Trans. Computers, 20: S. 551–561, 1971.

[Gri81] J. Grimson: *From Images To Surfaces.* MIT Press, Cambridge, 1981.

[Gro82] J. Grosch: *Eine Programmiersprache mit mengentheoretischen Konstrukten und deren effiziente Implementierung.* Dissertation, IMMD 2 (Programmier- und Dialogsprachen sowie ihre Compiler), Universität Erlangen–Nürnberg, Erlangen, 1982.

[Gut89] S. Guthery: *Are the Emperor's New Cloths Object Oriented?* Dr. Dobb's Journal, December 1989.

[Hab87] P. Haberäcker: *Digitale Bildverarbeitung.* Hanser-Studienbücher, Hanser, München, 1987. 2. durchges. Aufl.

[Hal87] D. Halbert, P. O'Brian: *Using Types and Inheritance in Object-Oriented Languages.* In *Proceedings of the First European Conference on Object-Oriented Programming,* S. 20–31, Paris, 1987.

[Han76] A. Hanson, E. Risemann: *Representation and Control in the Construction of Visual Models.* A Progress Report on Visions, University of Massachusetts, Amherst, Mass., 1976. TR 76-9, Dep. of Computer and Information Science.

[Han80] A. Hanson, E. Riseman: *Processing Cones: A Computational Structure for Image Analysis.* In S. Tanimoto, A. Klinger (Editoren): *Structured Computer Vision,* S. 101–133, Academic Press, New York, 1980.

[Har92] R. M. Haralick, V. Ramesh: *Image Understanding Environment.* In R. B. Arps, W. K. Pratt (Editoren): *Image Processing and Interchange: Implementation and Systems,* S. 159–167, San Jose, 1992. Proc. SPIE 1659.

[Hea87] G. Healey, T. Binford: *Local Shape from Specularity.* In *Proc. First Int. Conf. on Computer Vision (ICCV),* S. 151–160, London, 1987.

[Her89] A. Hermann: *Implementierung von Matrizen in C++.* I5–SA, Erlangen, 1989.

[Her90] A. Hermann: *Segmentierungsobjekte als universelles Mittel zur Ergebnisdarstellung objektorientierter Segmentierungsalgorithmen.* I5–DA, Erlangen, 1990.

[Hes87] P. Hess: *Dreidimensionale Modellbildung in der Bildanalyse.* I5–DISS, Erlangen, 1987.

[Hil86] W. Hildesheimer: *Mitteilungen an Max über den Stand der Dinge.* Surkamp, Frankfurt, 1986.

[Hof80] D. R. Hofstadter: *Gödel, Escher, Bach.* Vintage Books, New York, 1980.

[Hoh88] K. Höhne, M. Bomans, A. Pommert et al.: *3D-Segmentation and Display of Tomographic Imagery.* In *Proc. of the 9. ICPR*, S. 51–55, 1988.

[Hor75] B. Horn: *Obtaining Shape from Shading Information.* In P. Winston (Editor): *The Psychology of Computer Vision*, S. 115–155, Mc Graw-Hill, New York, 1975.

[Hor76] S. Horowitz, T. Pavlidis: *Picture Segmentation by a Tree Traversal Algorithm.* J. Assoc. Comput. Mach., 23: S. 368–388, 1976.

[Hor77] B. Horn: *Understanding Image Intensities.* Artificial Intelligence, 8: S. 201–231, 1977.

[Hor81] B. Horn, B. Schunck: *Determining Optical Flow.* Artificial Intelligence, 17: S. 185–203, 1981.

[Hor89] R. Horaud, T. Skordas: *Stereo Correspondence Through Feature Grouping and Maximal Cliques.* IEEE Transactions on Pattern Analysis and Machine Intelligence (PAMI), 11(11): S. 1168–1180, 1989.

[Iba90] D. Ibaroudene, V. Demjanenko, R. S. Acharya: *Adjacency algorithms for linear octree nodes.* Image Vision and Computing, 8(2): S. 115–123, May 1990.

[Ike84] K. Ikeuchi: *Shape from Regular Patterns.* Artificial Intelligence, 22: S. 49–75, 1984.

[Ike86] K. Ikeuchi, T. Kanade: *Modeling sensors: towards automatic generation of object recognition program.* Int. Journal Robotics Research, 5(1): S. 46–65, 1986.

[Ike88] K. Ikeuchi, K. Hong: *Determining linear shape change: towards automatic generation of object recognition programs.* In *Proceedings CVPR 1989*, S. 450–457, San Diego, CA, 1988.

[Ike89] K. Ikeuchi, T. Kanade: *Modeling sensors: towards automatic generation of object recognition program.* Computer Vision, Graphics and Image Processing (CVGIP), 48(1): S. 50–79, 1989.

[Jah89] B. Jähne: *Digitale Bildverarbeitung.* Springer, Berlin, 1989.

[Jap85] D. Jäpel: *Beteiligung des Lehrstuhls für Informatik 5 der Universität Erlangen am Verbundvorhaben IKS.* 1985. Anlage zum Antrag beim BMFT (unveröffentlicht).

[Jar83] R. Jarvis: *A Perspektive on Range Finding Techniques for Computer Vision.* IEEE Transactions on Pattern Analysis and Machine Intelligence (PAMI), 5(2): S. 122–139, 1983.

[Jen85] K. Jensen, N. Wirth: *Pascal User Manual and Report.* Springer, New York, 1985.

[Kae86] T. Kaehler, D. Patterson: *A Small Taste of Smalltalk.* Byte, 11(8): S. 145–159, Aug. 1986.

[Kah75] K. M. Kahn: *Mechanization of Temporal Knowledge.* MIT Press, Cambridge, Mass., 1975.

[Kak86] A. Kak, K. Boyer, R. Srfanek, H. Yang: *Knowledge Based Stereo and Structured Light for 3D Robot Vision.* In A. Rosenfeld (Editor): *Techniques for 3D Computer Vision*, S. 185–218, North Holland, Amsterdam, 1986.

[Kat90] D. Katic: *Using neural network model for learning control of manipulation robots.* In *Proc. of an Int. Conf. Intelligent Autonomous Systems 2*, S. 424–433, Amsterdam, 1990.

[Ker78] B. W. Kernighan, D. M. Ritchie: *The C Programming Language.* Prentice-Hall Software Series, Englewood Cliffs, NJ, 1978.

[Kir89] B. Kirkerud: *Object-Oriented Programming with Simula.* International Computer Science Series, Addison-Wesley, Wokingham, England, 1989.

[Koe89] A. Koenig: *C Traps and Pitfalls.* Addison-Wesley, Reading, Mass., 1989.

[Kro86] W. Kropatsch: *Curve Representations in Multiple Resolutions.* In *Proc. Eighth International Conf. on Pattern Recognition*, S. 1283–1285, IEEE Comp. Soc., Paris, France, 1986.

[Kro87] F. Kröger: *Temporal Logic of Programs.* EATCS Monographs on Theoretical Computer Science, 8, Springer, Berlin, 1987.

[Kro89] D. Krömker, G. R. Hofmann: *Zum Stand der Normung in der Bildverarbeitung – Programmierschnittstellen und Bildaustauschformate.* In H. Burkhardt, K. Höhne, B. Neumann (Editoren): *Mustererkennung 89 (11. DAGM Symposium)*, S. 564–571, Springer, Heidelberg, 1989.

[Kum87] F. Kummert, H. Niemann, G. Sagerer, S. Schröder: *Werkzeuge zur modellgesteuerten Bildanalyse und Wissensakquisition - Das System ERNEST.* In M. Paul (Editor): *Proc. 17. GI-Jahrestagung Computerintegrierter Arbeitsplatz im Büro*, S. 556–570, Springer Verlag, Berlin, 1987.

[Kur82] Y. Kurozumi, W. Davis: *Polygonal Approximation by the Minimax Method.* Computer Graphics and Image Processing (CGIP), 19: S. 248–264, 1982.

[LaL85] W. LaLonde, J. Pugh: *Specialization, Generalization and Inheritance, Teaching Objectives Beyond Data Structures and Data Types.* ACM SIGPLAN Notices, 20(8): S. 88–92, 1985.

[Law84] D. Lawton, S. Levitan, E. Weems, C. Riseman, M. Hanson, A. Callahan: *Iconic to Symbolic Processing Using a Content Addressabele Array Parallel Procesor.* In *Proceedings SPIE Int. Soc. Opt. Eng. 1984*, S. 92–111, Amherst, Mass., 1984.

[Lev80] M. Levine: *Region Analysis Using a Pyramid Data Structure.* In S. Tanimoto, A. Klinger (Editoren): *Structured Computer Vision*, S. 57–100, Academic Press, New York, 1980.

[Lev85] P. Levi: *Ikonisches Kernsystem.* Robotersysteme, 1: S. 172–178, 1985.

[Lex78] *Lexikon der Symbole.* Herder Buchgemeinde, Freiburg, 1978.

[Lip89] S. B. Lippman: *C++ Primer.* Addison-Wesley, Reading, Mass., 1989. Reprint with corrections.

[Lis76] B. Liskov, S. Zillies: *Programming with Abstract Data Types.* ACM SIGPLAN Notices, 9(4): S. 50–60, 1976.

[Lum83] R. Lumia: *A New Three-Dimensional Connected Components Algorithm.* Computer Vision, Graphics and Image Processing (CVGIP), 23: S. 207–217, 1983.

[Lut90] J. Lüttich: *Maschinenunabhängige Repräsentation von Objekten mit speziellen Anwendungen für die Bildverarbeitung.* I5–SA, Erlangen, 1990.

[Man90] N. Mansfield: *The X Window System.* Addison-Wesley, Amsterdam, 1990.

[Mar78] D. Marr: *Representing Visual Information.* In A. Hanson, E. Risemann (Editoren): *Computer Vision Systems*, S. 61–80, Academic Press, New York, 1978.

[Mar82] D. Marr: *Vision: A Computational Investigation into the Human Representation and Processing of Visual Information.* Freemantle, San Francisco, 1982.

[Mat89] L. Matthies: *Dynamic Stereo Vision.* CMU-CS-89-1989, Carnegie Mellon University, Oktober 1989.

[Mey86] B. Meyer: *Genericity Versus Inheritance.* SIGPLAN Notices, 21(11): S. 391 - 405, 1986.

[Mis75] M. Misky: *A Framework for Representing Knowledge.* In P. Winston (Editor): *The Psychology of Computer Vision*, S. 211–277, McGraw–Hill, New York, 1975.

[Mol85] D. Moldovan, C. Wu, J. Nash, S. Levitan, C. Weems: *Parallel processing of iconic to symbolic transformation of images.* In *Proceedings CVPR 85*, S. 257–264, Silver Spring, 1985.

[Mor71] J. Morris: *Warum ist das Kunst?* Humbold Taschenbuch, München, 1971.

[Mun87] A. Munz: *Philipp Matthäus Hahn: Pfarrer, Erfinder und Erbauer von Himmelsmaschinen, Waagen, Uhren und Rechenmaschinen.* Jan Fohrbecke Verlag, Sigmaringen, 1987.

[Mun92] J. Mundy, T. Binford, T. Boult, A. Hanson, R. Veveridge, R. Haralick, V. Rameshj, C. Kohl, D. Lawton, D. Morgan, K. Price, T. Strat: *The Image Understanding Environments Program.* In *Proc. of the DARPA Image Understanding Workshop*, Jan. 1992.

[Mus85] H. G. Musmann, P. Pirsch, H. Grallert: *Advances in Picture Coding.* Proc. of the IEEE, 73(4): S. 523–548, April 1985.

[Nag80] G. Nagy: *What is a 'good' Data Structure for 2-D Points?* In H. Freeman, G. Pieroni (Editoren): *Map Data Processing*, S. 119–136, Academic Press, New York, 1980.

[Nay90] S. Nayar, K. Ikeuchi, T. Kanade: *Determining shape and reflectance of hybrid sufraces by photometric sampling.* IEEE Transactions on Robotics and Automation, 6(4): S. 418–431, 1990.

[Nev80] R. Nevatia, R. Babu: *Line feature extraction and description.* Computer Vision, Graphics and Image Processing (CVGIP), 13: S. 257–269, 1980.

[Nie74] H. Niemann: *Methoden der Mustererkennung.* Akademische Verlagsgesellschaft, Frankfurt, 1974.

[Nie83] H. Niemann: *Klassifikation von Mustern.* Springer, Berlin, 1983.

[Nie85a] H. Niemann: *Wissensbasierte Bildanalyse.* Informatik Spektrum, 8: S. 201–214, 1985.

[Nie85b] H. Niemann, G. Sagerer: *Semantische Netze als Ansatz zur Repräsentation und Nutzung von Wissen für die automatische Bildanalyse.* Robotersysteme, 1: S. 139–150, 1985.

[Nie85c] H. Niemann: *A Homogeneous Architecture for Knowledge Based Image Understanding.* In *Proc. 2. Conf. Artificial Intelligence Applications*, Miami, Florida, 1985.

[Nie87] H. Niemann: *Wissensbasierte Bildverarbeitung industrieller Szenen.* In K. Feldmann, M. Geiger, U. Herzog, H. Niemann, B. Schmidt, H. Wedekind (Editoren): *Proc. Fachtagung Rechnerintegrierte Produktionssysteme*, S. 133–148, Universität Erlangen-Nürnberg, Erlangen, 1987.

[Nie89] H. Niemann, R. Salzbrunn: *Repräsentation und Nutzung geometrischer Bezüge für die Objekterkennung.* In W. Schwerdtmann (Editor): *Ausgewählte Verfahren der Mustererkennung und Bildverarbeitung*, S. 52–65, VDI Verlag, Düsseldorf, 1989.

[Nie90a] H. Niemann: *Pattern Analysis and Understanding.* Springer, Berlin, 1990.

[Nie90b] H. Niemann, G. Sagerer, S. Schröder, F. Kummert: *ERNEST: A Semantic Network System for Pattern Understanding.* IEEE Transactions on Pattern Analysis and Machine Intelligence (PAMI), 9: S. 883–905, 1990.

[Nie91] H. Niemann: *Knowledge Based Image Processing.* In *Proc. of the 43rd Photogrammetric Week*, S. 215–226, Stuttgart, 1991.

[Nil80] N. Nilsson: *Principles of Artificial Intelligence.* Tioga Publishing Company, Palo Alto, 1980.

[Nov78a] Novalis: *Das allgemeine Brouillon.* In R. S. Hans-Joachim Mähl (Editor): *Band 2 Das philosophisch-theoretische Werk*, Carl Hanser Verlag, München, 1978.

[Nov78b] Novalis: *Teplitzer Fragmente.* In R. S. Hans-Joachim Mähl (Editor): *Band 2, Das philosophisch-theoretische Werk*, Carl Hanser Verlag, München, 1978.

[Oes88] M. Oestreich: *Linien als Objekte für die Bildverarbeitung.* I5–SA, Erlangen, 1988.

[Par74] D. Parnas: *On a 'Buzzword': Hierarchical Structure.* Information Processing, 3: S. 336–339, 1974.

[Pas86] G. Pascoe: *Elements of Object-Oriented Programming.* Byte, 11(8): S. 139–144, August 1986.

[Pau91] D. Paulus: *Objektorientierte Bildverarbeitung.* I5–DISS, Erlangen, 1991.

[Pau92] D. Paulus, H. Niemann: *Iconic–Symbolic Interfaces.* In K. P. Ronald. B. Arps, William (Editor): *Image Processing and Interchange: Implementation and Systems*, S. 204–214, San Jose, 1992. Proc. SPIE 1659.

[Pav77] T. Pavlidis: *Structural Pattern Recognition.* Springer, Berlin, 1977.

[Pav82] T. Pavlidis: *Algorithms for Graphics and Image Processing.* Springer, Berlin, 1982.

[Pen86] A. Pentland: *From Pixels to Predicates.* Ablex Publishing Co., Norwood, 1986.

[Pfe86] J. J. Pfeiffer: *Integrating High Level and Low Level Computer Vision.* Dissertation Univerität Washington, Washington, D.C., 1986.

[Pic84] M. Picket, J. Boyse (Editoren): *Solid Modelling by Computers.* Plenum Press, New York, 1984.

[Pip85] J. Piper, D. Rutovitz: *Data Structures for Image Processing in a C Language and Unix Environment.* Pattern Recognition Letters, 3: S. 119–129, 1985.

[Pip88] J. Piper, D. Rutovitz: *An Investigation of Object-Oriented Programming as the Basis for An Image Processing and Analysis System.* In *Proc. 9th Int. Conf. on Pattern Recognition (ICPR)*, S. 1015–1019, Rome, 1988.

[Pop75] R. Poppelstone, C. Brown, A. Ambler, G. Crawford: *Forming Models of Plane-And-Cylinder Faceted Bodies from Light Stripes.* Proceedings of th 4th IJCAI, S. 664–668, 1975.

[Pos90a] S. Posch: *Automatische Bestimmung von Tiefeninformation aus Grauwert-Stereobildern.* Deutscher Universitäts Verlag, Wiesbaden, 1990.

[Pos90b] S. Posch: *Parallele Implementierung eines hierarchischen linienbasierten Stereoverfahrens.* In R. Großkopf (Editor): *Proceedings 12. DAGM-Symposium*, S. 356–363, Springer, Berlin, 1990.

[Poy92] C. A. Poynoton: *An Overview of TIFF 5.0.* In R. B. Arps, W. K. Pratt (Editoren): *Image Processing and Interchange: Implementation and Systems*, S. 150–158, San Jose, 1992. Proc. SPIE 1659.

[Pup87] F. Puppe: *Diagnostik Expertensysteme.* Informatik Spektrum, 10: S. 293–308, 1987.

[Qui68] M. Quillian: *Semantic Memory.* In M. Minsky (Editor): *Semantic Information Processing*, MIT Press, Cambridge, Mass., 1968.

[Rad84] B. Radig: *Bildverstehen und Künstliche Intelligenz.* In J. Laubusch (Editor): *Proceedings GWAI 1984*, S. 88–109, Springer, Berlin, 1984.

[Rai90] B. Raithel: *Erstellung einer initialen symbolischen Beschreibung für die regionenbasierte Bildsegmentierung.* I5–SA, Erlangen, 1990.

[Ram72] U. Ramer: *An Iterative Procedure for Polygonal Approximation of Plane Curves.* Computer Graphics and Image Processing (CGIP), 1: S. 244–256, 1972.

[Ris92] E. Riseman, A. Hanson: *A Methodolgy for the Development of General Knowledge–based Vision Systems.* In C. Torras (Editor): *Computer Vision, Theory and Industrial Applications*, S. 293–336, Springer, Berlin, Heidelberg, New York, 1992.

[Rit88] G. Ritter, J. Wilson, J. Davidson: *Image Algebra, an Overview.* UF-CIS TR-88-05, Gainesville, FL, 1988. Department of Computer and Information Sciences, University of Florida.

[Ros90] M. Rose: *The Open Book, a Practiacl Perspective on OSI.* Prentice-Hall, Englewood Cliffs, NJ, 1990.

[RPC86] *RPC eXternal Data Representation Standard: Protocol Specification.* Sun OS 4 Manuals, Network Programming, Part 2, Mountain View, CA, Revision B, 1986.

[Rum87] J. Rumbaugh: *Relations as Semantic Constructs in an Object-oriented Language.* ACM SIGPLAN , 22(12): S. 466–481, 1987.

[Rup92] M. Rupprecht: *Verallgemeinerter Split & Merge Algorithmus für Linien.* I5–SA, Erlangen, 1992.

[Sag85] G. Sagerer: *Darstellung und Nutzung von Expertenwissen für ein Bildanalysesystem.* Springer, Berlin, 1985.

[Sag87] G. Sagerer, F. Kummert, E. Schukat-Talamazzini: *Flexible Steuerung eines sprachverstehenden Systems mithilfe mehrkomponentiger Bewertungen.* In *Proceedings 9. DAGM-Symposium*, S. 123–127, Springer Verlag, Berlin, Heidelberg, New York, Tokyo, 1987.

[Sag90] G. Sagerer: *Automatisches Verstehen gesprochener Sprache.* Vol. 74 von Reihe Informatik, BI Wissenschaftsverlag, Mannheim, 1990.

[Sak88] M. Sakkinen: *On the darker side of C++.* In *Object-Oriented Programming Systems, Languages and Applications*, S. 162–176, ACM Press, 1988. Conference Proceedings OOPSLA.

[Sam83] H. Samet: *A Quadtree Medial Axis Transformed.* Comm. ACM, 26(9): S. 680–692, 1983.

[San90] M. Santifaller: *TCP/IP und NFS in Theorie und Praxis.* Addison-Wesley, Bonn, 1990.

[Sar73] A. Sarane: *Surrealismus.* Präger, München, 1973. Übersetzt von Christian Herburg.

[Sch75] H. Schneider: *Compiler.* Walter de Gruyter, Berlin, New York, 1975.

[Sch80] H. Schneider: *Set–theoretic concepts in programming languages and their implementation.* In H. Noltemeier (Editor): *Graphtheoretic concepts in computer science*, S. 42–54, Springer, Berlin, 1980. Lecture Notes in Computer Science.

[Sch86a] C. Schaffert, T. Cooper, B. Bullis, M. Kilian, C. Wilpolt: *An Introduction to Trellis/Owl.* OOPSLA '86 Conference Proceedings, S. 9–16, 1986.

[Sch86b] J. T. Schwartz: *Programming with Sets.* Springer, New York, 1986.

[Sch89a] G. Schmidt, T. Stöhlein: *Relationen und Graphen.* Springer, Berlin, 1989.

[Sch89b] S. Schröder, H. Niemann, G. Sagerer, H. Brünig: *A Knowledge Based Industrial Vision System.* In R. Mohr, T. Pavlidis, A. Snfeliu (Editoren): *Structural Pattern Analysis*, S. 95–111, World Scientific Publ. Co., 1989.

[Sch90] S. Schröder: *Integration einer Wissenserwerbkomponente in eine Systemumgebung für die Musteranalyse.* Reihe 10: Informatik/Kommunikationstechnik, VDI Verlag, Düsseldorf, 1990.

[Sco85] D. Scott, S. Iyengar: *A new Data Structure for Efficient Storing of Images.* Pattern Recognition Letters, 3: S. 211–214, 1985.

[Ser82] J. Serra: *Image Analysis and Mathematical Morphology.* Academic Press, New York, 1982.

[Sha77] L. Shapiro, R. Baron: *ESP3: A Language for Pattern Description and a System for Pattern Recognition.* IEEE Trans. Software Eng., 3: S. 169–183, 1977.

[Sha80] L. Shapiro: *Design of a Spatial Data Structure.* In H. Freeman, G. Pieroni (Editoren): *Map Data Processing*, S. 101–117, Academic Press, New York, 1980.

[She90] C. Sheppard, C. Cogswell: *Three-Dimensional Image Formation in Cofocal Microscopy.* Journal of Microscopy, 159(2): S. 179 194, 1990.

[Shi87] Y. Shirai: *Three-Dimensional Computer Vision.* Symbolic Computation, Springer, Berlin, 1987.

[Shu90] P. Shuttleworth: *Vision guided robot control.* In *Proc. of an Int. Conf. Intelligent Autonomous Systems 2*, S. 459–64, Amsterdam, 1990.

[Ste89] D. J. Steele: *Golden Common LISP.* Addison-Wesley, Singapore, 1989.

[Sto84] H. Stoyan, G. Görz: *LISP.* Springer, Berlin, 1984.

[Str88] G. Ströhlein: *Graphen als Objekte für die Bildverarbeitung.* Studienarbeit, IMMD 5 (Mustererkennung) und IMMD 2 (Programmier- und Dialogsprachen sowie ihre Compiler), Universität Erlangen-Nürnberg, Erlangen, 1988.

[Str90] G. Ströhlein: *Objektorientierte Regionensegmentierung.* I5–DA, Erlangen, 1990.

[Str91] B. Stroustrup: *The C++ Programming Language.* Addison-Wesley, Reading, Mass., 2 Ed., 1991.

[Tam82] H. Tamura, et al.: *Design and Implementation of SPIDER.* Computer Vision, Graphics and Image Processing (CVGIP), 23: S. 273–294, 1982.

[Tan76] S. Tanimoto: *An Iconic/Symbolic Data Structuring Scheme.* In C. Cheng (Editor): *Pattern Recognition and Artificial Intelligence*, S. 452–471, Academic Press, New York, 1976.

[Tan80] S. Tanimoto: *Image Data Structures.* In S. Tanimoto, A. Klinger (Editoren): *Structured Computer Vision*, S. 31–56, Academic Press, New York, 1980.

[Tan85] S. Tanimoto: *An Approach to the Iconic/Symbolic Interface.* In S. Levialdi (Editor): *Integrated Technology for Parallel Image Processing*, S. 31–39, Academic Press, London, 1985.

[Tan89] S. L. Tanimoto, E. W. Kent: *Architectures and algorithms for iconic-to-symbolic transformations.* Techical Report 89-8-2, Seattle, University of Washington, 1989.

[Tom77] F. Tompa: *Data Structure Design Data Structures for Pattern Recognition Algorithms.* In A. Klinger, K. Fu, T. Kunii (Editoren): *Data Structures, Computer Graphics and Pattern Recognition*, S. 3–30, Academic Press, New York, 1977.

[Uhr86] L. Uhr: *Workshop on Goal-Directed 'Expert' Vision Systems: My Position and Comments.* Computer Vision, Graphics and Image Processing (CVGIP), 34(1): S. 104–109, 1986.

[Ull79] S. Ullman: *The Interpretation of Visual Motion.* The MIT Press Series in Artificial Intelligence, MIT Press, Cambridge, Mass., 1979.

[Uni81] United States Department of Defense: *The Programming Language Ada.* Lecture Notes in Computer Science 106, Springer, Berlin, 1981.

[vdV90] H. van der Voort, G. Brakenhoff: *3-D Image Formation in High-Aperture Fluorescence Confocal Microscopy: A Numerical Analysis.* Journal of Microscopy, 158(1): S. 43–54, 1990.

[Voe77] H. Voelker, A. Requicha: *Geometric Modelling fo Mechanical Parts and Processes.* Computer, 10: S. 48–57, 1977.

[Voe86] A. Voelk: *Ein vollstaendiges Mengenkonzept in Programmiersprachen.* Dissertation, IMMD 2 (Programmier- und Dialogsprachen sowie ihre Compiler), Universität Erlangen-Nürnberg, Erlangen, 1986.

[Wah84] F. M. Wahl: *Digitale Bildsignalverarbeitung.* Springer, Berlin, 1984.

[Wed81] H. Wedekind: *Datenbanksysteme 1.* BI Wissenschaftsverlag, Zürich, 1981.

[Weg88a] P. Wegner: *The Object-Oriented Classification Paradigm.* In B. Shriver, P. Wegner (Editoren): *Research directions in object-oriented programming*, S. 479–560, MIT Press 1988, Cambridge, Mass, 1988.

[Weg88b] P. Wegner, S. B. Zdonik: *Inheritance as an Incremental Modification Mechanism or What Like Is and Isn't Like.* In *Object-Oriented Programming Systems, Languages and Applications*, S. 55–77, ACM, 1988. Conference Proceedings OOPSLA.

[Wei88] F. Weil, L. Jamieson, E. Delp: *An Algorithm Database for an Image Understandig Task Execution Environment.* In S. Levialdi (Editor): *Multicomputer Vision*, S. 35–51, Academic Press, Orlando, 1988.

[Wey90] S. Weyers: *Relationen zwischen Bildverarbeitungsobjekten.* I5–DA, Erlangen, 1990.

[Wie85] J. Wiesel: *Entwurf eines Bildverarbeitungskernsystems.* Bildmessung und Luftbildwesen, 53: S. 91–96, 1985.

[Wij69] A. van Wijngaarden: *Report on the algorithmic language ALGOL 68.* Numerische Mathematik, 14: S. 79–218, 1969.

[Wil88] P. Wilke: *Entwurf und Implementierung der mengentheoretischen Programmiersprache CANTOR.* Dissertation, IMMD 2 (Programmier- und Dialogsprachen sowie ihre Compiler), Universität Erlangen-Nürnberg, Erlangen, 1988.

[Win89] A. Winzen: *Eine Analysestrategie für die Zuordnung von Segmentgruppen.* I5-SA, Erlangen, 1989.

[Wir79] N. Wirth: *Algorithmen und Datenstrukturen.* Teubner, Stuttgart, 1979.

[Wir83] N. Wirth: *Programming in Modula 2.* Springer, Berlin, Heidelberg, New York, 1983.

[Wit81] A. Witkin: *Recovering Surface Shape and Orientation from Texture.* Artificial Intelligence, 17: S. 17–45, 1981.

[Wol92] M. Wolf: *Segmentierung von MR-Bildern.* I5-SA, Erlangen, 1992.

[Woo75] W. A. Woods: *What's in a Link? Foundation for Semantic Networks.* In D. G. Bobrow, A. Collins (Editoren): *Representation and Understanding: Studies in Cognitive Science*, S. 35–82, Academic Press, New York, 1975.

[Woo78] R. Woodham: *Photometric Stereo: A reflectance Map Technique for Determining Surface Orientation from Image Intensity.* SPIE, 155: S. 136–143, 1978.

[Wul71] W. Wulf, D. Russel, A. Habermann: *BLISS — a language for systems programming.* Comm. Assoc. Comp. Mach., 12(14): S. 780–790, 1971.

[Xu90] J. Xu: *Modellierung und Identifikation dreidimensionaler Objekte mit gekrümmten Oberflächen.* I5-DISS, Erlangen, 1990.

[Yac77] M. Yachida, S. Tsuij: *A Versatile Machine Vision System for Complex Industrial Parts.* IEEE Transactions on Computers, 26(9): S. 882–894, 1977.

[Zad65] L. Zadeh: *Fuzzy Sets.* Information and Control, 8: S. 338–353, 1965.

[Zah77] C. J. Zahn: *Data Structures for Pattern Recognition Algorithms.* In A. Klinger, K. Fu, T. Kunii (Editoren): *Data Structures, Computer Graphics and Pattern Recognition*, S. 59–102, Academic Press, New York, 1977.

Index